노회찬, 함께 꾸는 꿈

노회찬, 함께 꾸는 꿈

1판 1쇄 2019년 1월 21일

지은이 노회찬
기획 노회찬재단(준)

펴낸이 정민용
편집장 안중철
편집 최미정, 윤상훈, 이진실, 강소영

펴낸 곳 후마니타스(주)
등록 2002년 2월 19일 제300-2003-108호
주소 서울 마포구 양화로6길 19, 3층(04044)
편집 02-739-9929, 9930
제작·영업 02-722-9960
팩스 02-733-9910
홈페이지 www.humanitasbook.co.kr

인쇄 천일 031-955-8083
제본 일진제책 031-908-1407

값 18,000원
ⓒ 평등하고 공정한 나라 노회찬재단 2019

ISBN 978-89-6437-321-7 03300

이 도서의 국립중앙도서관 출판시도서목록(CIP)은 e-CIP 홈페이지(http://www.nl.go.kr/ecip)에
서 이용하실 수 있습니다(CIP제어번호: CIP2019000514).

노회찬,

함께 꾸는
꿈

노회찬 지음 | 노회찬재단(준) 기획

후마니타스

일러두기

— 단행본, 정기간행물에는 겹낫표(『 』)를, 법명에는 홑낫표(「 」)를, 기사 제목에는 큰따옴표(" ")를, 공연·영상물·노래 제목에는 가랑이표(〈 〉)를 사용했다.
— 본문에 등장하는 인물의 직책은 당시의 현직을 기준으로 했다.
— 본문에 실린 일부 연설문은 축약되었으며, 맞춤법 오류나 비문의 경우, 또 의미가 불명확한 경우 일부 수정된 부분이 있다.

행복해지기를 두려워하지 않는 사람들의 꿈

노회찬재단 창립에 맞춰 그의 말과 글을 묶어 "노회찬, 함께 꾸는 꿈"이라는 제목을 붙였습니다. 그의 말과 글에는 그가 사람들과 함께하고 싶었던 꿈이 무엇이었는지가 오롯이 담겨 있습니다. 그는 "대학 서열과 학력 차별이 없고 누구나 원하는 만큼 교육받을 수 있는 나라, 지방에서 태어나도 그곳에서 교육받고 취직하고 결혼하고 아이를 낳는 데 아무 불편함이 없는 나라, 비정규직이라는 이유로 차별 받지 않는 나라 …… 모든 시민이 악기 하나쯤은 연주할 수 있는 나라"(30)를 만들자고 했습니다. 그리고 더 많은 사람들이 같은 꿈을 꾸고 함께 걸으면 그 '거창한 꿈'은 현실이 될 것이라 믿었습니다. 그래서 '노회찬, 함께 꾸는 꿈'은 노회찬이 마지막까지 꾸어 온 꿈이자, "행복해지기를 두려워하지 않는" 우리가 앞으로 이어 나가야 할 꿈을 의미합니다.

그의 말과 글을 크게 다섯 가지 주제로 나누어 정치인 노회찬의 꿈과 삶을 엮었습니다. 그리고 그의 길동무였던 다섯 사람이 안내자 역할을 맡았습니다.

시작은 '진보 정당'입니다. 진보 정당은 진보 정치의 설계자이자 개척자인 노회찬의 삶의 원천이었고, 그것을 통해 다른 세상을 꿈꿨기 때문입니다. "한 사람이 평생 한 가지 일만 추구해도 이루기 힘든데 어떻게 여러 가지 일을 하겠습니까? 학창 시절 결심한 대로 이 사회의 약자와 빈자의 권익을 위해 일생을 바치겠다는 저 자신과의 약속을 지킬 뿐입니다."[1] 노회찬이 자신과의 약속을 지키기 위해 선택한 길이 바로 진보 정당 운동이었습니다. 그는 또 이렇게 말합니다. "저는 진보 정치가 더 세속화되어야 한다고 봅니다. 더 현실화되어야 하고, 더 냉정하게 대중에게 평가받고, 평가받은 것을 인정하고, 그것을 바탕으로 개선하고 반성해야 합니다. …… 진보 정치의 세속화란 분절되어 있는 이상과 현실의 거리가 좁혀져야 함을 의미합니다. 자신이 하고 있는 일이 자기 이상이 되어야 한다는 겁니다(128~130)."

'삼성 엑스파일 사건'은 정치인 노회찬의 운명에 결정적인 영향을 미친 사건이었습니다. 그는 "법 앞에 만인이 평등한 것이 아니라 만 명만 평등"한 세상(174), 불의한 거대 권력의 카르텔에 맞섰습니다. 그 결과 시대착오적인 대법원의 판결로 국회의원직을 상실했지만, '국민의 법정', '역사의 법정'에서 노회찬은 무죄였습니다. "8년 전 그날 그 순간이 다시 온다 하더라도 저는 똑같이 행동할 것입니다. 국민들이 저를 국회의원으로 선출한 것은 바로 그런 거대 권력의 비리에 맞서 이 땅의 정의를 바로 세우라는 뜻이었기 때문입니다(173~174)."

노회찬은 '선거제도'야말로 진보 정당이 제 역할을 하고 민주주의를 꽃피우면서 더 나은 세상을 이루기 위한 제도적 발판이라고 생각했습니다. "선거제도 개혁의 원천 기술 보유자"(191)로서 그는 1인 2표제, 결선투표제, 연동형 비례대표제, 선거 연령 낮추기 등을 관철시키기 위해 진력했습니다. "지지율 10퍼센트의 정당은 결정권 10퍼센트를, 51퍼센트의 정당은 51퍼센트 결정권을 가져야 대의 기구인 의회가 국민의 의견을 완벽하게 재현하는 것입니다(206)." "국민의 지지가 국회 의석에 정확히 반영되는 선거제도, 즉 연동형 비례대표제의 도입이야말로 공정한 정치를 만드는 시작입니다(277)."

국회의원으로서 노회찬은 활발한 '의정 활동'을 전개했습니다. 17대, 19대, 20대 국회의원 선거에 당선한 3선 국회의원이었지만 사실 임기를 다 채운 적은 없었습니다. 의정 활동 7년 동안 127건의 법안 및 결의안을 대표 발의했습니다. 이 가운데 34건이 국회 본회의를 통과했습니다. "현실 정치는 현실의 국민과 소통하고, 그들에게 이해를 구하고, 지지를 얻고, 참여를 도모하는 것"(128)임을 강조한 노회찬의 의정 활동은 부조리하고 불평등한 현실을 누리는 기득권 세력과의 싸움이었고, 사회 약자들의 현실을 정치 의제로 만드는 것이었습니다.

노회찬의 정치적 삶은 '연대'라는 한 마디 말로 압축할 수 있습니다. 그는 여성, 노동자, 철거민 등 사회적 약자들의 '동반자'이자 '호민관'이었습니다. 이들과 함께 비를 맞고, 또 함께 눈물을 흘

행복해지기를 두려워하지 않는 사람들의 꿈

리면서 '사람이 사람답게 사는 세상'을 꿈꾼 정치가였습니다. 국회 청소 노동자 이야기(337~339)와 함께 '6411번 버스' 연설은 그한 단면을 잘 보여 줍니다. "이분들의 삶이 고단하지 않았던 순간이 있었겠습니까. 이분들이 그 어려움 속에서 우리 같은 사람들을찾을 때 우리는 어디 있었습니까. 그들 눈앞에 있었습니까. 그들의손이 닿는 곳에 있었습니까. 그들의 목소리가 들리는 곳에 과연 있었습니까. …… 정치한다고 목소리 높여 외치지만 이분들이 필요로 할 때 이분들이 손에 닿는 거리에 우리는 없었습니다(104~105)."

정치인 노회찬의 꿈과 삶, 그리고 그와 함께해 온 진보 정당의역사를 온전히 책에 담고 싶었습니다. '동물의 왕국'을 '인간의 나라'로 바로 세우기 위해 달려온 노회찬의 모습을 담고 싶었습니다. 좌절과 희망, 아픔과 기쁨이 공존하는 현실, 이를 직시하는 지혜와 용기, 그것을 가능케 한 따뜻한 인간애와 함께 인간적 고뇌까지도 읽어 내고 싶었습니다.

전하고 싶은 노회찬의 글과 말, 그것을 통해 하고 싶은 이야기들을 다 담지는 못했습니다. 못다 채운 것은 여백으로 남기겠습니다. 이 여백을 채우는 것은 노회찬과 함께 다시 새로운 길을 떠나는 사람들의 몫이라 생각합니다.

책을 만들면서 역사는 어제로 떠나는 여정만이 아니라, 동시에오늘의 과제로 돌아오는 귀환이라는 말의 의미를 새삼 깨달을 수있었습니다. "책은 만나기 위해서 읽습니다." 노회찬의 말처럼 이책을 통해 독자들도 세상을 만나고 사람을 만나고 과거를 만날 수있으면 좋겠습니다.

김윤철, 김종철, 박갑주, 박규님, 박창규, 박치웅, 신장식, 윤영상, 이종석, 임영탁, 조승수, 조현연. 재단 창립 준비 작업을 처음부터 함께해 온 열두 명의 실행위원입니다. 노회찬과 오랜 시간을 함께한 길동무들로 각자 '노회찬의 의미'를 책 말미에 짧은 글로 남겼습니다. 그리고 소중한 순간들을 사진에 담아 이 책에 생기를 불어넣어 준 한겨레 김종효 기자, 김홍구 작가, 이상엽 작가, 이종수 전 수행실장에게 감사의 인사를 전합니다.

"밤이 깊을수록 별이 더욱 빛난다는 사실은 힘겹게 살아가는 모든 사람들의 위로입니다."[2]

노회찬이 마음의 스승으로 존경했던 신영복 선생의 말 가운데 특히 좋아했던 글귀입니다. 그는 어두운 밤길을 걸어가는 수많은 사람들의 길동무가 되고 싶어 했습니다. 이 책을 다 읽고 나면 깊은 밤에 빛난 별은 노회찬 자신이 아니었을까 하는 생각이 문득 들 수도 있겠습니다.

끝으로 노회찬이 남긴 말로 대신 인사를 전할까 합니다.

"그동안 여러모로 부족한 저를 믿고 여기까지 함께 온 분들께 감사와 격려의 인사를 드립니다. 칠흑같이 어두운 밤길을 걸을 때 가장 소중한 사람은 함께 손을 잡고 그 길을 걷는 길동무들이라 합니다. …… 사랑합니다."[3]

노회찬재단은 그의 삶이자 뜻이었던 '평등하고 공정한 나라', '평화로운 한반도'로 나아가는 여정에 따뜻한 길동무가 되겠습니다.

함께한 모든 이들의 마음을 담아

조현연 노회찬재단(준) 실행위원회 공동실행위원장

여는 글

행복해지기를 두려워하지 않는 사람들의 꿈 + 조현연 5

진보 정당, 같은 꿈을 꾸는 집을 지으며 ━━━━━━━━━

권력의 카르텔에 맞서

우리의 친구 노회찬

진보 정당,

같은 꿈을 꾸는 집을 지으며

진보 정당 운동과 노회찬

이광호 | 도서출판 레디앙

권영길, 단병호 그리고 노회찬

1997년 9월 4일 저녁.

권영길과 단병호는 양재역 사거리 인근 허름한 술집에서 단둘이 마주 앉았다. 소주를 시켰다. 단병호는 이 자리에 오기 전에 단단히 다짐한 게 있었다. '오늘만큼은 내가 먼저 이야기를 꺼내지 않으리라, 절대로.' 침묵의 리더십으로 유명한 권영길 아니던가. 믿기 어렵겠지만 두 사람은 소주 세 병을 비울 동안 거의 말이 없었다. 말없이 마시기만 했기 때문에 세 병이 금세 비워졌다. 만나자고 먼저 연락을 했으면 뭔 말을 해야 할 것 아닌가, 단병호는 기다렸지만 권영길은 끝내 침묵했다. 결국 이번에도 단병호가 졌다. 입술을 굳게 다문 채 버티고 버티던 단병호가 입을 열었다.

"권 위원장님, 꼭 가셔야겠습니까?"

"민주노총은 다른 사람이 맡아서 해도 될 것 같습니다. 노동자 정치 세력화 과제는 내가 맡아야 할 것 같습니다."

두 사람의 이야기는 길게 가지 않았다. 둘은 다음날 보기로 하고 헤어졌다.

9월 5일 오후. 성균관대학교 유림회관.

민주노총 대의원대회가 열렸다. 권영길이 국민승리21(민주노동당 전신)의 대통령 후보로 나가는 것을 동의해 줄 것인가 반대할 것인가를 결정하는 원포인트 임시 대의원대회였다. 단병호가 발언권을 얻어 마이크를 잡았다. 권영길이 만약 본인은 대선 후보로 나서고 싶지만 조직의 뜻을 따르겠다고 한다면 나는 반대표를 조직할 것이다, 권영길은 대선 후보로 나갈 때가 아니며 1996~97년 총파업을 성공적으로 이끈 지도자로서 출범한 지 2년이 채 안 된 민주노총을 강화하는 데 앞장설 때다, 하지만 권영길이 뜻을 분명히 밝히고 있으니 표결 없이 대통령 후보로 밀어 주자. 단병호의 발언 요지다. 민주노총 대의원들은 만장일치로 권영길을 국민승리21 대통령 후보로 선출했다. 대의원대회가 끝나자 노회찬이 단병호에게 다가와 악수를 청하며 고마움을 전했다.

양재동 만남 하루 전인 9월 3일, 노회찬과 단병호는 대학로 한 찻집에서 만났다. 노회찬이 먼저 연락을 했다. 노회찬은 단병호를 설득했다. 1996~97년 노동법 개정 총파업은 성공적인 대중 투쟁이었다, 이 과정에서 민주노총의 위상이 높아졌고 정치적·대중적 지도력도 형성됐다, 더욱이 대선과 맞물린 좋은 조건이다, 이런 기회는 다시 오기 어렵다, 권영길을 후보로 세워야 노동운동 진영 모두가 동의할 수 있다, 어렵겠지만 노동자들이 진보 정당을 만드는 데 같이해야 한다, 단 위원장이 도와 달라. 노회찬의 설득 논리였다. 단병호가 듣기에 틀린 말은 아니었다. 하지만 단병호는 노회찬과 같은 이유로 권영길이 대선 후보가 아니라 민주노총 위원장 일을 해야 한다고 반박했다. 대중적 지도력이 확고하게 형성된 권영길만이 산별노조 건설 등 민주노총의 당면 과제를 수행할 수 있다, 민주노총이 조직적으로 성장하고 토대가 더 튼튼하게 됐을 때 권영길이 나서도 된다. 단병호의 반박 논리였다. 팽팽하게 맞선 두 사람의 논리는 합의점을 찾지 못했다. 둘은 그날 '허심탄회하게' 의견을 나눴다.

1997년 9월 7일. 여의도 63빌딩 국제회의장.

'국민 후보 추대와 국민승리21(가칭) 준비위원회'가 출범했다. 이 자리에서 권영길은 국민 후보로 공식 추대됐다. 제15대 대통령 선거 결과 권영길 후보는 30만6026표를 얻어 기대에 크게 못 미쳤다. 하지만 국민승리21은 민주노총 등 대중 조직의 공식 결정을 배경으로 한 사실상 대중적 진보 정당의 출발점이라는 점에서 진보 정치 역사에서 중요한 의미를 가진다. 노회찬의 말이다.

제가 1997년 1월에 월간 『말』에다 이른바 민주민중 세력들이 총집결해 1997년 대선을 치르고 그 힘으로 진보 정당을 건설하자는 제안을 했었습니다. 이후 저희는 바로 그 작업에 착수했는데 일단 민주노총은 그해 6월 민주노총 대의원대회에서 공식 참여 결의를 했습니다. …… 민주노총과 전국연합, 그리고 진보정치연합, 주요하게는 이 세 조직을 중심으로 하되 폭넓게 오세철, 김세균 교수 같은 좌파 지식인들도 참여했고 장기표 씨도 초기에는 참여했습니다. …… 그리고 거기서 권영길 위원장을 대통령 후보로 추대해서 선거를 치렀던 거죠.⁴

인천지역민주노동자연맹(인민노련)**이 태어난 지 10년 만의 일이었다. 권영길과 단병호는 당시를 이렇게 이야기한다.**

1996~97년 노동자 총파업 이후 내가 대선 후보로 나갈 수도 있다는 생각은 전혀 하지 않았다. 내가 후보로 나서야 된다는 얘기가 떠돌아다닌다는 것은 알았지만 실제로 내게 그런 일이 있을 것으로 생각하지 않았다. 총파업이 끝난 후 어느 날 노회찬이 만나자고 했다. 두 시간 이상 나를 설득했다. 그전에도 노동자 정치 세력화와 진보 정당 건설에 관한 이야기를 많이 나눴다. 만약 노회찬이 없었다면 나는 1997년 대선에 후보로 나서지 않았을 것이다.(권영길)

우리나라에서 독자적인 진보 정당이 여기까지 오게 된 데에는 노회찬의 역할이 대단히 크다. 그는 노동자 정치 세력화, 독자적인 진보 정당 건설 노선을 끝까지 지켜 왔다. 많은 명망가들이 이런 노선

진보 정당 운동과 노회찬

을 주장하다가 떠나갔다.(단병호)

노회찬과 레닌 그리고 인민노련

시베리아 대륙을 넘어, 대서양과 태평양을 건너 현실 사회주의의 조종 소리가 아스라이 들려올 즈음, 이 나라의 젊은 혁명가들은 사회주의를 꿈꾸며 인천으로, 노동 현장으로 모여들었다. 동기생들보다 4년 늦은 1979년 고려대학교에 입학한 노회찬이 주로 움직인 곳은 안암동 캠퍼스가 아니라 인천의 공장이었다. 학생운동은 잠시 지나가는 것이고 자신은 노동운동을 하면서 평생 살겠다고 다짐했고, 실제 노동자가 되기 위해 용접공이 됐다. 그가 국회의원이 되기 전에 받아 본 유일한 정기 수입이 바로 이때(1983~85년) 인천에서 공장에 다니며 받은 월급이다.

노회찬은 위장 취업자라는 용어가 만들어지기 전인 1982년에 공장에 들어갔다. "끈도 동료도 없이 혼자만의 판단으로 현장에서 일했다."[5] 이후 광주에서 벌어진 일을 알게 된 전두환 정권 시기 대학생들의 상당수가 절망적인 현실을 뒤엎겠다며 '혁명의 희망'을 품고 공장으로 대거 몰려들었다. 노회찬은 이들과 함께 노동자 정치 조직을 만들면서 혁명을 설계했다.

1987년 6월 인민노련이 만들어졌다. 노회찬에 따르면 인민노련의 핵심 멤버들은 이미 1984~85년에 구성됐다. 이들은 1986년 5월경, 비합법 조직인 '인천 노동자계급 해방 투쟁 동맹'을 만들었다. 이듬해인 1987년에는 소련의 개방 정책이 본격화되고 우리나라에서는 6월 항쟁과 7, 8월 노동자 대투쟁이 일어났다. 인민노련의 탄생 배경을 노회찬은 이렇게 설명한다.

> 1960, 70년대 변혁 지향적 노동운동은 일종의 '장기 매복' 노선을 취하고 있었습니다. 노동자의 의식 수준, 공안 기관의 감시 등을 이유로 장기적인 관점에서 매우 신중한 활동 노선을 맞이한 듯했으나 대개는 인맥, 학맥에 따른 서클주의적 노동운동을 탈피하지 못하고 있었습니다. 이런 상황에서 첫째로 가내수공업적으로 노동운동을 하던 분산된 서클들을 모아 체계적이고 조직적인 노동운동으로 새롭게 개편할 필요성이 대두되었고, 둘째로 과학적인 정치 노선과 조직 노선으로 노동운동을 통일시킬 필요성을 느끼고 있었고, 셋째로 현장 노동자의 소모임 활동이나 일회적인 경제투쟁을 넘어선 공공연한 정치 선전과 선동 활동이 필요했고, 넷째로 전국적인 노동자 정치 조직을 만들기 위해 노동운동이 가장 활성화된 인천 지역에서 지역 정치 조직을 먼저 만들기로 했던 것입니다.[6]

인민노련은 노동자의 독자적 정치 세력화, 즉 노동자 중심의 진보 정당 건설을 목표로 삼았다. 노회찬은 이 조직을 만든 핵심 활동가 중 한 명이었다. 인민노련은 초기 레닌식의 비합법 전위 정당 노선을 채택했으나, 이후 동유럽 사회주의 국가들의 몰락, 국내 노동자계급의 성장 등 안팎의 정세 변화에 맞춰 1991년 이른바 '신노선'을 선언했다. 노동자 중심의 대중적·합법적 진보 정당 노선으로의 전환이다. 이 노선은 지금 정의당까지 이어지고 있다. 물론 정의당 내부에서 '노동자 중심'을 강조하는 것에 대한 이견이 없는 것은 아니다. 하지만 노회찬에게 '노동자 중심'은 진보 정당의 중요한 정체성이다. 노회찬의 말이다.

노동에 기반한 대중정당은 진보 정당 정체성의 가장 주요한 축이다. 강한 노동은 복지국가 건설의 물적 기반이며 정책의 중심 가치여야 한다. 이를 실현할 방법은 과거의 관성을 벗어난 새로운 로드맵으로 기획되지 않으면 안 된다. 민주노총의 배타적 지지 방식은 과거의 낡은 방식이 되었으며 민주노총 조직률이 5퍼센트 남짓한 현실에서 내부 정파 구조에 위탁하는 조직화 방식의 한계와 폐단도 분명하다. 이제부터 노동과 정치는 직접 만나야 한다. 비정규직 등 가장 어려운 처지에 놓여 있는 노동 대중과 진보 정당이 직접 만나는 다양한 장과 소통 구조가 만들어져야 한다. 진보 정당의 미래는 노동자와 청년과 여성의 어깨 위에 놓여 있다.[7]

다만 여기서 중심이 되는 노동자는 민주노총으로 대표되는 조직된 노동자에서 조직의 바깥에 있는 다수 가난한 노동자로 옮겨졌다. 노회찬의 이런 입장은 유명한 "6411번 버스를 아시나요" 연설문에 깔려 있는 문제의식이나 지난 대통령 선거 때 심상정 후보가 내세운 '노동이 당당한 나라'라는 슬로건과도 맞닿아 있다.

인민노련의 '노선'은 이후 민중당, 진보정당추진위원회(진정추), 진보정치연합, 국민승리21, 민주노동당, 정의당으로 이어졌다. 정의당의 기원을 찾다 보면 끄트머리에서 만나는 것이 바로 인민노련이고 거기에는 노회찬과 그의 동지들이 있다. 1990년 민중당이 창당될 때 장기표, 이우재, 김문수, 이재오가 간판이었지만 지구당 위원장의 80퍼센트 이상이 인민노련에서 나왔다는 사실만 봐도 인민노련이 어떤 조직이었는지 알 수 있다.

절반의 목표

2000년 1월 30일 오후 2시.

올림픽공원 제3경기장인 역도 경기장에서 민주노동당 창당 대회가 열렸다. 그는 마흔네 살에 드디어 자신의 과제이자 꿈인 진보 정당의 출범을 보게 됐다. 그가 일찍부터 정치를 하겠다고 결심한 것은 진보 정당을 만들겠다는 말과 같은 의미였다. 그가 이 광경을 보면서 "내 인생 목표의 절반이 이루어졌다"고 말한 것도 이 때문일 것이다.

앞선 1997년 대통령 선거 결과는 기대에 크게 못 미쳤다. 마포에 있던 선거대책본부 사무실은 폐허처럼 고요했다. 당시 여당이었던 한나라당 선대본 사무실과 규모가 비슷했고 일하는 사람도 200명이 훨씬 넘던 사무실이었다. 사람들은 썰물처럼 빠져나갔다. 노회찬과 후보 권영길을 포함해 남은 이들은 열 명 남짓. 이들은 함께 봇짐을 싸고 삼선교 부근 허름하고 어두침침한 사무실로 자리를 옮겼다. 이곳에서 다시 시작해야 한다는 생각은 새삼스런 것

진보 정당 운동과 노회찬

도 아니었다. 그와 '봇짐 동지'들에게는 당연한 일이었다. 노회찬의 말이다.

> 진보 정당 운동의 시행착오를 극복하기 위한 새로운 시도였다. 그로 인해 민주노동당이 창당됐고, 결국 원내 진출로까지 이어졌다. 진보 정당의 오랜 단절 끝에 대중적 진보 정당 시대가 열리는 계기를 마련한 조직이었다. 국민승리21은 애초에 그런 용도로 '설계' 되었다.[8]

노회찬은 국민승리21이 대통령 선거라는 국면을 최대한 활용해서 진보 진영의 독자적인 목소리를 내고 이를 바탕으로 창당 작업에 들어가는 것을 구상했다. 그는 1998년부터 진보 정당 건설을 위한 진보 진영 원탁회의를 제안해서 만들었고, 회의 결과 1998년 하반기 진보 정당 창당 추진위원회가 만들어졌다. 몇 차례 회의를 거쳐 1999년에는 민주노동당 창당 준비위원회를 결성하고 2000년 1월 30일 민주노동당을 창당하게 된 것이다.

노회찬은 민주노동당 부대표를 맡았으며 2000년 제16대 국회의원 선거, 2002년 지방선거, 2004년 제17대 국회의원 선거에서 선거대책본부장을 맡아 민주노동당 선거 대부분을 지휘했다.

거대한 소수의 등장

2004년 4월 15일 밤.

민주노동당 사무실이 있는 여의도 한양빌딩 주변에 사람들이 몰려들기 시작했다. 텔레비전은 개표 결과를 시시각각 쏟아 냈다. 개표가 완료돼 가면서 유권자들은 놀랐고, 민주노동당 당원들은 흥분했다. 민주노동당 득표율이 10퍼센트를 훌쩍 넘어서면서 지역구 당선자 두 명을 포함해 두 자리 당선자 수를 낼 수도 있었다. 전국의 시청자들이 두 명의 막판 레이스를 숨 가쁘게 전달하는 텔레비전 중계방송을 손에 땀을 쥐며 지켜봤다. 노회찬이냐, 김종필이냐? 떠오르는 스타와 기울어 가는 노정객의 접전이 총선 레이스의 대미를 장식하고 있었다.

시간이 지날수록 하나둘씩 늘어난 사람들로 당사 주변 호프집들은 앉을 자리가 없었다. 텔레비전이 개표 결과를 전할 때마다 환호와 박수, 그리고 한숨이 교차됐다. 0.1퍼센트 싸움이었다. 개표는 끝났고 당사 주변 골목에는 민주노동당 당원과 지지자들의 환호성이 그칠 줄 모르고 이어졌다. 마지막 299번째 당선자 노회찬이 드디어 여의도에 입성한 것이었다. 다음 날 아침 뉴스는 이렇게 보도했다.

간신히 3퍼센트대를 유지하던 자민련의 정당 득표율은 자정쯤 2.9퍼센트로 떨어지고 맙니다. 이후 2.9퍼센트와 3퍼센트 사이를 오락가락하기 두 시간. 김종필 후보와 노회찬 후보의 당락도 덩달아 엎치락뒤치락한 두 시간이었습니다. 하지만 새벽 2시가 지나자 2.9 퍼센트는 3퍼센트로 돌아오지 못했습니다. 차이는 불과 0.1퍼센트. 결국 0.1퍼센트 때문에 보수 정객 김종필은 퇴장하고 노동운동가 출신 노회찬은 한국 정치의 전면에 화려하게 등장했습니다.[9]

양 어깨에 '노동자와 민중'을 짊어지고 등장한 민주노동당 의원 열 명을 취재하기 위해 4월 16일 당사에는 100명은 족히 되는 기자들이 몰려들었다. 진보 정당의 원내 진출은 이렇게 화려한 막을 올렸다. 당 기관지 『주간 진보정치』는 일면에 "거대한 소수"라는 제목을 달았다.

남은 과제

하지만 2004년 총선 승리의 기쁨은 미래를 향한 힘으로 전환되지 못하고, 내부 정파 간 권력투쟁으로 파국을 맞았다. 2000년 창당, 2004년 의석 10석 확보, 2008년 분당. 믿기지 않는 반전의 연속이었다. 창당 18년 만에 민주노동당, 진보신당, 사회당, 통합진보당, 진보정의당이 생겼다가 사라졌다. 압축 성장과 압축 붕괴는 격심한 진통과 내파된 진보 정당사를 말해 준다. '거대한 소수'를 표방했던 민주노동당은 거대한 대중에게 실망을 안겨 준 채 소수로 전락했고, 결국 그 이름도 사라졌다.

함께하기 쉽지 않은 정치적 이념을 가진 두 정파의 동거는 창당

8년, 국회 진출 4년 만에 깨졌다. 이후 어지러운 궤적을 그리면서 정파별 이합집산이 진행됐다. 복잡한 정략결혼은 실패로 끝났다. 이제 정의당, 민중당, 노동당, 녹색당이 저마다 자기 색깔의 깃발을 흔들고 있다. 18년의 짧지만 격렬했던 역사와 경험이 빚어낸 풍경이다.

노회찬은 불가피하게 분당을 택할 수밖에 없었다. 노회찬뿐 아니라 권영길, 단병호, 심상정 등 의원 대부분이 분당을 반대했지만 이들을 지지하는 수많은 당원들이 탈당 행렬을 이루며 압력을 가했다.

처음에 나는 여러 가지 이유를 들어 분당을 강력하게 반대했다. 당시 제기된 문제들은 당 안에서 해결해야 하고, 기본적으로 NL과 PD가 당을 같이해야 한다고 생각했다. 그러다 보면 북한 문제가 제기될 수밖에 없지만 그것도 당 안에서 해결해야 할 문제였다. 민주노동당은 민주노총, 전농 등을 기반으로 하고 있었다. 나는 분당하면 민주노총도 두 개로 쪼개야 하느냐며 강하게 반대했다. 그러나 현실은 분당을 재촉하는 방향으로 진행됐다. 일심회 사건 관련자들 문제가 핵심이었다. 조직의 주요 당직자가 조직원들의 인적 사항을 포함한 주요 기밀을 조직 외부(북한)로 유출시켰는데 이를 내부에서 징계하는 것조차 불가능한 상황이었다. 결국 분당했다기보다 그냥 밖으로 내몰렸다고 생각한다.[10]

노회찬은 '통합'주의자였다. 인민노련을 만들 때도 두 정파가

같이했으며, 민중당 시절 노회찬의 동지들이 장기표를 개량주의자라고 비판할 때도 그와 함께해야 한다고 주장했다. 민주노동당이 진보신당으로 쪼개질 때도 마찬가지였다. 하지만 역설적이게도 그를 지지하는 당원들 중에는 그의 생각에 동의하지 않는 사람이 더 많았다. 노회찬, 심상정 등이 진보신당으로 당적을 옮길 수밖에 없었던 이유다. 노회찬은 이후 통합진보당, (진보)정의당으로 당적이 바뀌었다.

정의당은 2012년 창당됐다. 현재 우리나라 정당들 가운데 가장 오래된 정당이다. 대한민국이 정당정치 불모지라는 사실을 엿보게 해주는 농담 같은 사실이다. 노회찬은 진보 정당 건설로 삶의 목표 절반은 이뤘다고 말했다. 나머지 절반은 무엇일까?

나는 다시 꿈을 꾼다. 대학 서열과 학력 차별이 없고 누구나 원하는 만큼 교육받을 수 있는 나라, 지방에서 태어나도 그곳에서 교육받고 취직하고 결혼하고 아이를 낳는 데 아무 불편함이 없는 나라, 비정규직이라는 이유로 차별받지 않는 나라, 인터넷 접속이 국민의 기본권으로 보장되는 나라, 그리고 무엇보다 모든 시민이 악기 하나쯤은 연주할 수 있는 나라. 토머스 모어는 고작 하루 노동시간을 여섯 시간으로 줄여 놓고 그 섬을 존재하지 않는 섬, 유토피아라 불렀지만 나는 그보다 더 거창한 꿈을 꾸지만 단지 꿈이라 여기지 않고 있다.[11]

더 많은 사람들이 같은 꿈을 꾸고 함께 걸으면 그 '거창한 꿈'은

진보 정당, 같은 꿈을 꾸는 집을 지으며

현실이 될 것이라는 믿음, 그런 현실이 우리의 일상이 되는 세상을 만드는 것, 그것이 노회찬의 남은 목표가 아니었을까?

2004년 4월 14일, 명동에서

썩은 정치판을 이제 바꿔야 합니다. 50년 동안 삼겹살을 같은 불판 위에서 구워 먹으면 고기가 새까맣게 타버립니다. 이제 바꿀 때가 됐습니다.

— 2004년 3월 20일 〈KBS 심야토론〉 중에서

3급수에다가 2급수를 타면 그게 2급수가 됩니까? 국민들은 1급수를 원하고 있어요. 마실 물을 원하고 있는데 왜 3급수에다가 2급수를 타고 있느냐 이거에요.

……

50년 동안 정치를 끌어온 분들, 지금 말이죠, 학교에서 학생들이 이 정도로 학생의 본분을 다하지 못하면 유기 정학 내지 무기정학입니다. 우리나라 국회의원들, 우리 국민들이 보기에는 유기 정학 내지 무기정학 감이에요. 그러면 이번 선거 다 안 나와야 됩니다. 한 4년 동안 유기 정학 당해야 돼요. 그런데 왜 자꾸 나오려고 그래요, 그렇잖아요. 그래서 판갈이를 해야 된다 이런 얘깁니다.

……

사람에 대한 여론조사는 다들 지적하신 것처럼 일정한 문제가 있습니다. 이게 사실 선거제도 문제인데 정당에 대한 여론조사로 정당 의석을 정하는 것, 이게 사실은 비례대표제 같은 거거든요. 민주노동당 같은 경우에 여론조사 6퍼센트입니다. 그러면 국회 의석으로 따지면 17석입니다. 지금 한 석도 없습니다. 자민련, 실례지만 1퍼센트 나오는데, 지금 10석 차지하고 있습니다.

— 2004년 1월 15일 〈MBC 백분토론〉 중에서

작년 3월 노무현 대통령 취임 초에 4당 대표들이 대통령과 오찬을 하고 나오면서, 2차로 강남 룸살롱에 가서 2시간 동안 800만 원어치 술을 먹어 가지고 언론으로부터 호되게 혼이 난 적이 있습니다. 며칠 전에 평택에서 열다섯 살 소녀 가장이 월 70만원 생계 보장비로 생활하다 너무 힘들어 자살을 했습니다. 2시간 동안 800만 원 먹었으면요, 그건 이 소녀의 1년치 생계비예요. 이런 핏발 서린 투표용지가 지금 기다리고 있습니다.

......

1인 2표제는 민주노동당이 2000년 2월에 헌법 소원을 제기해 헌법재판소가 합당하다고 판단을 내려서 따낸 제도입니다. 이 제도는 사실 현재 소선거구제의 여러 불합리한 점을 보완하는 측면이 있습니다.

......

정당을 보고 정책을 보고 평가하는 그런 제도로 이것이 도입됐기 때문에 앞으로 17대 국회에서도 반드시 선거법, 정당법을 개정해 이 비례대표 부분은 늘려야 합니다.

......

각 당들이 1인 2표제 정당 투표에서 표를 많이 얻기 위해 경쟁을 해야 된다, 미래 지향적인 정책들을 많이 내놓고, 이렇게 하겠으니 우리를 선택해 주십시오, 우리 당의 지난 4년을 있는 그대로 보여 드릴 테니까 평가해 주십시오, 이렇게 나가는 것이 중요하지 않겠는가 이렇게 생각합니다.

......

국민 여러분, 그리고 유권자 여러분들, 과반수가 넘는 강력한 거대 여당에 대해서 걱정하지 마십시오. 다른 당은 이 문제를 해결하지 못하지만 민주노동당이 있습니다. 민주노동당이 제1야당으로서 잘 견제하고 발전시키겠습니다.

......

유권자 여러분들, 많이 어렵습니다. 또 저 정치꾼들에게 이 나라를 맡겨도 되는가, 지난 4년, 지난 40년처럼 앞으로 4년도 또 마찬가지가 아니겠는가, 이러면서 투표장에 안 가실 분들도 있을 것 같습니다. 그러나 우리 유권자가 잘 판단한다면 얼마든지 좋은 결과를 얻을 수가 있습니다. 민주노동당이 있기 때문입니다. 유권자 여러분 행복해지기를 두려워하지 마십시오. 감사합니다.

— 2004년 4월 3일 〈KBS 심야토론〉 중에서

"간신히 3퍼센트대를 유지하던 자민련의 정당 득표율은 자정쯤 2.9퍼센트로 떨어지고 맙니다. 이후 2.9퍼센트와 3퍼센트 사이를 오락가락하기 두 시간. 김종필 후보와 노회찬 후보의 당락도 덩달아 엎치락뒤치락한 두 시간이었습니다. 하지만 새벽 2시가 지나자 2.9퍼센트는 3퍼센트로 돌아오지 못했습니다. 차이는 불과 0.1퍼센트. 결국 0.1퍼센트 때문에 보수 정객 김종필은 퇴장하고 노동운동가 출신 노회찬은 한국 정치의 전면에 화려하게 등장했습니다."

2004년 4·15 총선 다음날, 〈MBC 뉴스〉는 지난 밤 노회찬의 당선을 이렇게 보도했다. 그때 노회찬 민주노동당 사무총장은 299명의 국회의원 가운데 299번째로 당선이 결정됐다.

총선이 있기 3개월 전인 1월 10일. 노회찬 대표가 서울 은평지구당 후보 선출 대회에서 했던 축사의 맨 마지막은 이랬다.

"김종필 총재의 10선 등극이 좌절되는 낭보를 준비 중이다!"

축사를 이렇게 하긴 했지만, 그 낭보를 이뤄 낸 당사자가 본인이 될 거라는 걸 노회찬 대표는 알지 못했을 것이다. 사실 김종필의 10선 등극이 좌절된 것보다 대한민국 정치에 더 낭보는, 노회찬이라는 정치인의 화려한 등장이었다.

"자, 우리 연습 한번 해보겠습니다."

2004년 총선 당일, 민주노동당은 말할 수 없는 흥분 상태에 빠져 있었다. 투표일 며칠 전, 공표되지 않은 여론 조사에서 20퍼센트를 훌쩍 뛰어넘는 지지율을 기록했다는 소식까지 들려왔기 때문이다.

개표 상황실에는 각 방송국의 개표 방송을 볼 수 있는 대형 텔레비전 여러 대가 설치되고, 그 앞에 의자 100여 개쯤이 가지런히 놓였다. 텔레비전 카메라가 수도 없이 와 있었다. 살면서 이런 광경은 처음이었다.

"6시가 딱 되고, 총선 출구 조사 결과가 뜨면 일제히 환호성을 지르는 겁니다. 아셨죠?"

진보 정당 최초의 원내 진출이 기정사실이었던 그날 밤, 몇 달 전까지만 해도 한나라당 당사였던 여의도 한 빌딩에서 우리는 개표를 기다리며, 연습을 했다. 야구 연습, 피리 연습 같은 건 해 봤어도, 원내 진출에 열광하는 연습이라니. 사람들은 난생 처음 하는 경험에 얼굴이 화사해졌다.

"우와~!!!!!"

정각 6시. 연습이 필요 없었다. 박수와 환호가 그야말로 폭발했다. 뒷줄에 앉아 있던 사람들은 벌떡 일어나 손을 번쩍 치켜들었다. 박수를 쳤고, 세상 가장 큰 웃음을 지었다. 앞줄에 있던 단병호, 천영세, 심상정, 최순영 등 당선자들이 미소를 지으며 악수를 나눴다. 그 사이에 노회찬 대표가 있었다.

사무실 앞은 축제 분위기였다. 대형 스크린이 설치됐고, 간단한 무대가 만들어졌다. 당사 앞에 몰려든 당원들과 시민들은 민주노동당을 상징하는 주황색 풍선을 흔들면서 행복감을 만끽했다. 어떤 사람들은 맥주를 마셨고, 누구는 춤을 췄다. 그 자리에 나온 노회찬 대표는 당선을 확신하는 표정으로 "아직까지 밥을 못 먹었습니다, 사발면 남은 거 없습니까?"로 시작하는 유쾌한 연설을 했다.

— 강상구, 〈오마이뉴스〉(2018/09/26)

2004년 4월 15일 출구 조사 결과 발표 직후 민주노동당 당사　　　　ⓒ연합뉴스

2004년 5월 31일 국회 본관 앞에서 17대 국회 민주노동당 의원과 보좌관들

민주노동당

2007 새세상 선언:
'진보 정당 집권의 꿈'을 실현하겠습니다

2007년 3월 11일, 17대 대통령 선거 민주노동당 후보 예비 경선 출마 선언문 중에서[+]

존경하는 국민 여러분, 사랑하는 민주노동당 당원 동지 여러분, 그리고 이 자리에 참석하신 내외빈 여러분.

저는 오늘 여러분 앞에서 17대 대통령 선거 민주노동당 후보 경선에 출마할 것을 엄숙히 선언합니다. 최초의 '민주노동당 출신 대통령'이 되기 위해 이 자리에 섰습니다. 저는 지금 민주노동당 대통령 후보라는 정치 경력을 쌓기 위해 이 자리에 선 것이 아닙니다. 대한민국 헌정 사상 최초의 민주노동당 출신 대통령이 되기 위해 이 자리에 섰습니다. 진보 정당의 집권을 통해 대한민국을 근본적으로 바꾸기 위해 이 자리에 섰습니다.

처음 이 길을 나설 때 저는 열여섯 살 철없는 소년에 불과했습니다. 그러나 1972년 10월 17일 박정희 정권이 비상계엄을 선포하고 국회를 해산하고 헌법을 정지시키는 것을 보면서 저는 더 이상 소년일 수 없었습니다. 고등학교 1학년의 신분으로 유신 독재 타도 유인물을 제작 살포하면서 35년 외길의 첫걸음을 떼었습니다.

1980년 광주민중항쟁이 전두환 군사독재 세력의 총칼 앞에 유린되는 것을 보면서 인텔리 운동의 한계를 절감하고 노동운동에 투신했습니다. 오늘 이 자리에도 와 있는 동료들과 전기용접공으로 일하면서 핏줄보다 진한 형제애를 느끼며 독재의 어둠 속에서 해방의 밭을 갈았습니다.

1987년 6월 항쟁과 7, 8, 9월 노동자 대투쟁의 성과가 직선제 개헌이라는 형식적 민주주의로 귀결되는 것을 보면서 노동운동의 최고 형태로서 진보 정당 운동의 한길로 달려왔습니다. 자갈밭에 씨앗을 뿌리는 듯한 10여 년의 진보 정당 운동이 2000년 1월 민주노동당 창당이라는 꽃을 피웠을 때의 감격을 저는 지금도 잊

+

노회찬은 2007년 대선에서 민주노동당의 대선 후보 출마를 결정하고 "제7공화국 건설"을 기치로 당내 경선에 뛰어들었다. 경선 출마 회견장에는 87년 체제를 극복하자는 뜻에서 모두 다른 직업을 가진 87명의 지지자 그룹 '새꿈사'가 함께했다. 이들의 직업은 학원 강사에서부터 학생, 미술가, 비정규직 교사, 대리 운전기사, 항공기 조종사, 노점상, 만화가, 농민, 간호사, 보험 설계사, 청소 노동자까지 마치 직업 박물관을 보는 듯했다.

8월 31일 민주노동당 중앙선관위 대선 후보 선거 개표 결과, 1차 투표에서 권영길 후보가 49.37퍼센트, 심상정 후보가 26.08퍼센트, 노회찬 후보가 24.53퍼센트를 득표했으며 과반수를 획득한 후보가 없어 결선투표를 실시했다. 노회찬은 경선 패배 후 심상정 후보를 지지했고 최종적으로 권영길 후보가 민주노동당 대선 후보로 선출되었다. 노회찬은 이후, 선대위원장을 맡았다.

을 수 없습니다.

2002년 지방선거와 대선에서 그리고 2004년 17대 총선에서 장수를 태운 말이 되어 결국 46년 만에 처음으로 진보 정당 원내 진출의 꿈을 이뤘을 때는 민주노동당과 당원들이 한없이 자랑스럽기도 했습니다. 그러나 저만이 아니라 우리 모두가 민주주의를 위해, 해방을 위해 청춘을 바쳐 달려왔음에도 불구하고, 이 땅에 전쟁의 공포는 여전하고 보수 정치의 독점 체제, 재벌 경제의 일방적 지배는 더욱 강고한 성채가 되어 땀 흘려 일하는 사람들의 행복과 평화를 가로막고 있습니다.

국민 여러분! 그리고 당원 동지 여러분!

박정희 시대의 소위 산업화와 문민정부를 거친 노무현 정부의 이른바 개혁의 결과는 무엇입니까? 바로 사회 양극화의 심화입니다. 소득 양극화는 자산 양극화를 거쳐 교육 양극화에 이르고, 이는 다시 건강 양극화로 귀결되어 악순환의 늪으로 빠져들고 있습니다. 기회균등을 통해 사회정의 실현의 바탕이 되어야 할 교육은 대대로 부가 승계되고 가난이 세습되는 기득권 재생산의 통로로 전락했습니다. 인간의 창의와 노력에 따라 무한대의 가능성이 보장되는 사회가 아니라, 대학을 가느냐 못 가느냐 서울의 대학이냐 지방의 대학이냐에 따라 열아홉 살에 사람의 운명이 결정되는 비정한 사회가 되었습니다.

사회 양극화는 최종적으로 평균수명의 양극화로 나타나고 있습니다. 강북구의 사망 위험이 강남구보다 30퍼센트나 높다는 사실이 확인된 것은 오래전 일입니다. 강남구에 비하자면, 강북구 주민 378명을 가득 태운 보잉747 점보 여객기가 매년 한 대씩 추락하는 것과 같은 기막힌 현실이 전개되고 있습니다.

도대체 무엇이 잘못되었습니까? 노동자·농민 등 서민들은 수십 년째 연평균 2800시간에 이르는 세계 최장의 노동시간을 기록한 죄밖에 없는데, 이 땅에서 살기 어렵다며 스스로 목숨을 끊는 자살률이 OECD 국가 중 2년 연속 1위를 차지하는 현실은 과연 누구 탓입니까?

많은 사람들이 경제가 문제라고 얘기하고 있습니다. 그래서 이번 대선에선 경제 대통령이 뽑혀야 한다고 말하는 사람도 있습니다. 과연 경제가 문제입니까? 2006년 경제성장률이 실현 가능한 최대 성장치인 5퍼센트에 이르러 OECD 국가 중 상위를 기록하고 있으며 수출도 기록적인 3000억 불에 도달했는데 경제에 무슨 문제가 있습니까?

바로 분배 문제입니다. 왜곡된 분배 구조의 문제입니다. 재벌 중심의 성장이 지속되면서 중소기업들은 수직 계열화되었습니다. 재벌 기업이 임금 상승 등에 따른 원가절감 압력을 연구 개발을 통한 생산성 향상으로 해결하지 않고 하청 업체, 납품 업체에 전가하고, 이들 업체는 비정규직 착취를 통해서 채산성을 유지하고 있습니다. 해외 농산물 수입으로 저농산물 가격을 유지함으로써 농가 소득은 감소한 반면, 자본의 노동비용 지출 압력은 완화되었습니다. 농촌 경제가 파탄 직전에 몰리는 한편 재벌과 해외 도대체 무엇이 잘못되었습니까?

노동자·농민 등 서민들은 수십 년째 연평균 2800시간에 이르는

세계 최장의 노동시간을 기록한 죄밖에 없는데,

이 땅에서 살기 어렵다며 스스로 목숨을 끊는 자살률이

OECD 국가 중 2년 연속 1위를 차지하는 현실은 과연 누구 탓입니까?

2007년 7월 17일, 중앙선거대책본부 출범식

자본의 이익은 증가했습니다. 국내 소비 분야도 대기업 유통사가 독식하면서 재래시장은 고사되고 있습니다. 노동시장의 유연화 등으로 자영업자는 빠르게 늘어나는 반면, 돈을 버는 자영업자는 전체의 8.3퍼센트에 불과한 실정입니다.

2002년 대통령 선거에서 노무현 후보는 외환 위기로 고통이 증대된 서민의 눈물을 닦아 주겠다고 약속하면서 당선되었습니다. 그러나 지난 2월 참여정부의 통계청은 2006년의 전국 가구 계층별 소득 격차가 2003년 이래 가장 크게 벌어졌음을 고백했습니다. 서민의 눈물을 닦아 주겠다던 대통령이 서민의 눈에서 피눈물이 나도록 만든 것입니다. 이제 노무현 정부가 양극화를 해소할 수 있다고 믿는 국민은 아무도 없습니다.

지금 한나라당은 노무현 정부의 실정으로 인한 반사 효과로 잔칫집 분위기입니다. 그러나 한나라당은 열린우리당과 함께 사회 양극화의 공동정범입니다. 또 한국 경제의 미래가 창의적이고 적극적인 중소기업의 육성에 있다면, 한나라당은 한국 경제의 거대한 암초가 될 것입니다. 한나라당의 강력한 재벌 중심 성장 노선은 중소기업의 성장 분야를 잠식하고 연구·개발보다 독점력에 의존하는 재벌 지배 체제를 강화함으로써 분배 구조를 악화시키고 사회 양극화를 더욱 조장할 것입니다.

한나라당의 주요 대선 후보들은 박정희의 1970년대를 찬양하고 있습니다. 1970년대가 어떤 시대입니까? 우리 역사에서 1970년대는 저임금과 저곡가 그리고 노동 탄압이 성장 동력이었던 시대입니다. 노동자·농민의 일방적 희생 위에서 고도성장을 구가하던 시대였습니다. 전쟁 위기를 고취시키고 인권 탄압과 간첩 조작 등으로 정권 안보를 취하던 시대였습니다. 이 시대에 행복했던 사람은 1970년대를 찬양하는 그들밖에 없었습니다.

국민 여러분! 그리고 당원 동지 여러분!

취업 노동자의 3분의 2 정도가 월 200만 원 이하의 임금을 받고 있는 실정에서, 그리고 이들 대다수가 100인 미만의 영세기업에 취업해 있는 현실에서, 기업의 임금 인상만으로 서민의 빈 지갑을 채울 순 없습니다. 결국 무상교육, 무상 의료 등 사회적 재분배를 통해 서민의 구매력을 증진시키는 길이야말로 내수 시장의 활성화를 통해 중소 영세 기업의 활로를 뚫어 주는 첩경이 될 것입니다.

제가 대통령이 되면, 가장 먼저 일자리, 주거, 교육, 건강 등 '서민의 4대 기본권'을 직접 챙기겠습니다.

우선 조세 정의 실현을 위한 탈세 범죄와의 투쟁을 전개하고 탈세 자금에 대한 전면 몰수를 실시하겠습니다. 그리고 백만장자와 대기업으로부터 매년 20조 원을 걷어, 650만 빈곤층에게 지원하겠습니다. 빈곤층 자녀들도 학비 걱정 없이 맘껏 공부할 수 있도록 무상교육 서비스를 확실히 지원하겠습니다.

돈이 없어 병원도 못 가는 의료보험 사각지대 60만 명을 포함, 모든 빈곤층에게 무상 의료 혜택을 드리겠습니다. 빈곤층도 일터에서 맘껏 일할 수 있도록 하겠습니다. 최소한의 주거 환경에서 살 수 있도록 하겠습니다.

진보 정당, 같은 꿈을 꾸는 집을 지으며

현재 부자 20퍼센트의 소득이 가난한 20퍼센트의 소득보다 7.64배나 많습니다. 빈곤층 650만 명에게 매년 300만 원씩 지원하고, 다양한 원스탑 복지 서비스를 제공해, 그 격차를 외환 위기 이전 수준인 4.49배 수준으로 줄이겠습니다.

비정규직을 IMF 이전 수준으로 줄이겠습니다. 해고될 걱정 없이 열심이 일하기만 하면 행복한 가정을 가질 수 있도록 만들겠습니다.

'공공 교육 복지 일자리 100만 개 창출 특별법'을 만들겠습니다. 서민 경제를 살리기 위해 좋은 일자리가 창출되어야 합니다. 현재 62퍼센트 수준인 고용률을 OECD 평균인 68퍼센트 수준으로 끌어올려야 합니다. 이 6퍼센트를 끌어올리기 위해선 230만 개의 신규 일자리가 필요합니다. 일자리 창출, 민간 기업에게만 맡겨 놓을 수는 없습니다. 공공서비스 분야에서 새로운 일자리를 창출해야 합니다. 비대한 관료 조직을 확실히 줄이되, 복지 서비스 분야와 교육, 소방, 치안 분야에서 100만 개의 일자리를 젊은이들에게 제공할 것입니다.

그리고 '부동산 투기 범죄 수익 몰수법', '분양원가 전면공개법', '주택 초과 보유 제한법', '공공 임대주택 150만 호 건설특별법'을 만들겠습니다.

이 모든 법을 취임 100시간 이내에 국회에 제출하겠습니다. 2008년도 정기국회까지 통과시키겠습니다. 국민 지지율이 50퍼센트가 넘는데도 보수정당이 발목을 잡는다면, 대통령에게 주어진 모든 권한을 사용해 그 장벽을 허물어 버릴 것입니다.

저는 두렵지도 외롭지도 않습니다.

민주노동당의 꿈은 인간이 인간답게 사는 세상을 바라는

수백만 민중이 함께 꾸는 꿈입니다.

300만 명이 500만 명이 되고 다시 1000만 명에 이를 때

진보 정당 집권의 꿈은 더 이상 꿈이 아니라 현실이 될 것입니다.

민주노동당은 1987년 6월 민주화 항쟁과 7, 8, 9월 노동자 대투쟁의 정신을 함께 계승한 유일한 정치 세력입니다. 1997년 노동자 총파업 투쟁을 바탕으로 탄생한 진보 정당입니다.

민주노동당이 창당한 지 어언 7년이라는 시간이 흘렀습니다. 원내에 진출한 지 3년이 되었습니다. 그간 민주노동당은 땀 흘려 일하는 서민들을 비롯한 사회적 약자와 소수자를 위한 정치를 실현하고 실천하기 위해 노력해 왔습니다. 민주노동당이 원내에 진출해 처음 입법 성과를 냈던 것은 장애인 이동권 보장 관련 법안이었습니다. 삼성이라는 거대 재벌 기업의 불의에 맞서 싸운 유일한 정당이 바로 민주노동당입니다.

하지만 민주노동당은 오랜 숙원이었던 원내 진출을 이루어 내고서도 땀 흘려 일하는 사람들의 희망으로 우뚝 서지 못했습니다. 서민들의 이해와 요구에 신속하게 부응하지도 못했습니다. 민주노동당에 기대를 걸고 있는 사람들에게 이 나라가 장차 어디로 가야 하는지 그 비전을 제대로 제시하지도 못했습니다. 당 안팎에서 민주노동당의 위기가 거론되었습니다. 이때 저는 "정체성만 빼고 다 바꿀 수 있어야 한다"고 했습니다.

그렇습니다. 세상을 바꾸기 위해서라도 민주노동당은 스스로의 힘으로 자신을 혁신할 수 있어야 할 것입니다. 그럴 때만이 국민들로부터 '신뢰받는 진보 정당'으로 거듭날 수 있을 것입니다.

저는 지금 17대 대선 승리를 통해 새 세상을 열고자 다시 광야에 나서려 합니다. 그러나 저는 두렵지도 외롭지도 않습니다. 진보 정당 집권의 꿈은 단지 민주노동당 8만 당원들만의 꿈이 아니기 때문입니다. 지난 총선에서 확인되었듯이 민주노동당의 꿈은 인간이 인간답게 사는 세상을 바라는 수백만 민중이 함께 꾸는 꿈입니다.

300만 명이 500만 명이 되고 다시 1000만 명에 이를 때 진보 정당 집권의 꿈은 더 이상 꿈이 아니라 현실이 될 것입니다. 민주노동당이 오늘 이 자리에 있기까지 걸어왔던 것처럼 태산을 옮기는 기백과 투지로 한발 한발 길을 만들어 나갈 것입니다. 더 낮은 곳으로 더 깊이 들어갈 것입니다. 4000만 민중이 기다리는 곳으로.

감사합니다.

2008년 2월 3일 개최된 민주노동당 임시 당대회에서 심상정 대표를 주축으로 한 비상대책위원회가 내놓은 혁신안이 부결된 이후 민주노동당은 창당 8년 만에 파국을 맞았다. 이후 노회찬은 심상정과 함께 민주노동당을 탈당해 진보신당 연대회의(약칭 진보신당)를 창당했다.

민주노동당을 통한 지난 8년의 진보 정치 실험은 실패했습니다. 낡은 운동권 정파의 자기만족적이고 관성화된 실천을 뛰어넘지 못했습니다. 유능한 진보 정치, 진보하는 진보 정치를 국민들에게 보여 드리지 못했습니다. 우리는 지금 살을 에는 듯한 그 실패의 아픔을 외면하거나 모른 척하지 않고 오히려 그 아픔을 감싸고 치료해 새살을 돋게 만들기 위해 진보신당의 창당에 나섰습니다. 누구를 탓하거나 책임을 떠넘기는 게 아니라 우리 스스로 반성하고 성찰하면서 진보 정치의 새로운 가능성을 만들겠다는 각오와 다짐을 해야 합니다. 그러한 각오와 다짐으로 저는 진보신당 총선 승리의 한 획을 긋기 위해 서울 노원 병에 출마하고자 합니다. 2004년 진보 정당 원내 진출의 새 역사를 만들어 낸 것처럼 이번 18대 총선에서 '진보 정치 서울에서 원내 진출'이라는 '정치혁명'을 만들어 내겠습니다.

— 노회찬 서울 노원 병 예비후보 출마의 변 중에서

수도권은 진보의 무덤이 아니다

〈대자보〉(2008/03/24)[+]

한나라당이 홍정욱 전 헤럴드미디어 대표를 노회찬 의원 지역구 (노원 병)에 전략 공천하면서 화제의 대결 구도가 형성됐다. 그런데 지난 19일자 중앙일보 여론조사에서 노회찬 후보가 한나라당 홍정욱 후보를 근소한 차이로 제치고 1위를 달리고 있는 것으로 나타났다. 노 의원과 선거 캠프에서는 상당히 고무됐을 텐데 이를 어떻게 받아들이고 있나? 아울러 노회찬 대 홍정욱 대결의 정치적 의미와 성격 그리고 노회찬의 강점을 꼽는다면?

이번 여론조사가 1위로 나왔지만, 어찌 보면 100미터 달리기 10미터 지점에서 반 발 앞서 있는 그런 상황이라고 봅니다. 그래서 앞으로 얼마든지 순위가 바뀔 수도 있고, 제가 당선되기 위해서 얻어야 할 표의 절반 정도밖에 얻지 못하고 있는 상황으로 봐야 됩니다. 25~26퍼센트 가지고 당선될 수는 없으니까요.

진보 정당, 같은 꿈을 꾸는 집을 지으며

그래서 저는 이번 여론조사 결과를 가지고 당선을 자신한다거나 그렇게 보진 않습니다. 여전히 긴장된 상황입니다. 서울에서 진보 정당의 후보가 당선된 역사가 없기 때문에 제가 당선된다면 60년 만에 처음 있는 일이라고 봐도 과언이 아닙니다. 그만큼 쉽지 않은 일입니다. 그래서 마음을 단단히 먹고 있습니다.

그리고 홍정욱 후보 개인에 대해서는 제가 사실 만난 적도 없고, 잘 알지도 못하기 때문에 평가하기는 어렵습니다. 다만, 사회화된 개인으로서 그분이 걸어온 길이라든가 또 앞으로 하고자 하는 일에 있어서는 대단히 대조적이라고 생각합니다. 어찌 보면 양극화 사회에서 서울의 강남과 강북으로 상징되는 그런 대결이 노원구에서 홍정욱과 노회찬으로 인격화되어서 표현되고 있는 게 아닌가 생각됩니다. ……

사실 노원구는 특히 다른 지역에 비해서 두터운 서민층, 땀 흘려 열심히 일하면서도 여러 가지로 고통스럽게 살아가고 계신 분들, 또 신자유주의하에서 고용이나 교육 등 여러 가지 면에서 고통을 받는 사람들이 다수 거주하고 있는 지역입니다. 그래서 이 문제를 어떤 방향으로 풀어 나갈 것인가. 이것을 강자와 엘리트에게 더

+

노회찬은 진보신당 창당 직후 2008년 18대 총선에 노원 병 국회의원 후보로 출마했다. 여론조사에서는 줄곧 한나라당의 홍정욱 후보에게 앞섰지만 실제 개표 결과 40.05퍼센트를 득표, 43.1퍼센트를 득표한 홍정욱에게 밀려 낙선했다. 하지만 진보 정당 후보로서 서울에서 선전하며 진보 정당의 가능성을 보여 주었다는 평가를 받았고 이후 노회찬의 패배를 아쉬워하는 당원의 증가도 이어졌다.

수도권은 진보의 무덤이 아니다

많은 기회를 주는 방향으로 풀 것인가, 아니면 더디더라도 함께 가는 방식으로 격차를 줄여 나갈 것인가 하는 노선의 차이가 홍정욱과 노회찬의 차이로 드러나고 있지 않나 이렇게 봅니다.

그리고 선거는 어떤 쟁점으로 구도가 잡히느냐가 더 중요하다고 봅니다. 그런 점에서 제가 혼자 있을 때보다 오히려 홍정욱 후보가 옴으로써 쟁점의 성격이 분명해지고, 구도가 분명해지면서 싸워 볼 만하다는 생각을 갖고 있습니다. 그런 점에서 이번 노원구 선거는 두 사람의 대결이고 또 진보 정당 차원에서 보면 노회찬이 되느냐 안 되느냐가 쟁점인 선거가 아닐까 싶습니다.

그런데 노회찬 하면 많은 사람이 여전히 민주노동당 사람으로 생각할 텐데, 선거 공보물에 진보신당 후보로 나오면 이게 뭔가 하는 사람도 많을 것 같다. 노회찬이 생각하는, 진보신당과 민노당의 차이는 핵심적으로 무엇인가?

상징적으로 얘기하자면, 진보신당은 폭넓은 진보 정당을 만들려는 사람들의 모임이지 아직 폭넓은 진보 정당은 아닙니다. 어찌 보면 진보신당은 민주노동당에서 분화되어 나왔기 때문에 '그 사람이 그 사람 아니냐'고 볼 수도 있습니다. 그러나 저는 상당한 차이가 있다고 보는 것이, 반성이 필요 없다고 생각하는 집단과 반성해야만 살아남을 수 있다고 생각하는 집단의 차이가 있다고 할 수 있습니다.

예컨대 지난 2월 달 임시 당대회에서, 지난 17대 대통령 선거에서 민주노동당이 거둔 성적을 '참패했다'라고 평가하는 분들이 진보신당으로 왔습니다. 그걸 부결시키고 수정안을 만들어 '실망스런 결과였다'라고 한 분들이 민주노동당에 남아 있습니다. 그래서 민주노동당과 이제까지 진보 정당 운동이 스스로를 성찰하고 환골탈태해야만 국민들에게 다가서는 제대로 된 진보 정당이 될 수 있다고 생각하는 사람들이 진보신당으로 모여 있다고 보고, 큰 대과 없이 여기까지 왔고 문제 있는 것은 다소 고치겠다 이런 정도로 생각하는 게 민주노동당이 아닌가 생각합니다.

저는 그래서 민주노동당이 두 동강 났다고 생각하지 않습니다. 어떻게 보면 진보신당은 낡은 진보의 껍질을 깨고 나온 병아리라고 생각합니다. 진보신당은 아직 병아리입니다. 약합니다. 그러나 낡은 껍질에 갇혀 있으면 그나마도 죽어 버리기 때문에 껍질을 깨고 나왔고, 껍질을 깨고 나옴으로써 앞으로 새벽을 알리는 장닭으로까지 성장할 수 있지 않느냐 그렇게 생각합니다.

그동안 수도권은 '진보 정당의 무덤'이라는 말이 회자될 정도로 험난한 곳이었는데 노회찬·심상정의 수도권 도전이 어떤 의미가 있다고 보는가.

지역구 도전은 단순히 250개가 넘는 지역 중에 한 군데에 출마하는 의미를 넘어선다고 봅니다. 이제까지 진보 정당은 노동자 밀집 지역이라는 상대적으로 특수하고 안정적인 조건 속에서 지역 의석을 확보해 왔습니다. 저는 사실 독일식 정당 명부 비례대표제를 주장한 사람이긴 하지만, 한국 현실에서 지역구 정치를 무시할 수 없는 것이고 그래서 수도권에서 진보 정당이 의석을 만들어 낸

수도권은 진보의 무덤이 아니다

다는 것은 국민들의 보편적인 지지를 받기 시작했다는 하나의 징표가 될 수 있습니다. …… 어찌 보면 당의 문턱을 낮추는, 당과 국민들(당과 유권자들) 사이의 문턱을 현저히 낮추는 그런 계기가 될 것이라는 점에서 아주 중요하다고 봅니다.

진보 정당의 무덤이라고 얘기하지만, 그건 이제까지 과정이 그래 왔다는 것이고 한번 무덤이 영원한 무덤일 수는 없는 겁니다. 선배들의 무덤 위에서 후대의 삶의 터전이 펼쳐지기도 하는 것이거든요. '수도권은 진보 정당의 무덤이다'라는 말이 이번 18대 총선을 계기로 더 이상 나오지 않게 할 자신이 있습니다. ……

한나라당과 통합민주당의 공천 결과를 어떻게 바라보나. 두 당 공천의 특징과 차이점을 말한다면? 그리고 진보신당 공천의 특징을 설명해 달라.

두 당 공천의 공통점이 있다면 낡은 권력층을 거세시켜 나가는 것에 국민들이 굉장히 재미있어 하는, 제가 볼 때는, 쇼인데요. 물론 도태되어야 할 부분들은 도태되어야 합니다. 그러나 그걸 도태시킨다고 해서 다른 것도 보장해 주는 것은 아니거든요.

17대 국회로 돌아가 보면, 당시에도 전체적으로 현역 의원의 2분의 1이 물갈이됐습니다. 이번 18대보다도 더 현역 의원 물갈이 비율이 높았습니다. 그러나 그 17대 국회가 과연 성공한 국회였는가를 다시 묻지 않을 수 없습니다.

그래서 (이번 물갈이 공천이) 보는 사람들이 카타르시스를 느끼게 하는, 정치에 대한 불신 속에 무능하고 부패한 권력층이 도태되는 것을 보면서 아주 속이 시원해 하는 부분은 분명히 있는데, 그러면 그것만 하면 다 되느냐 하는 의문은 사실 남는 겁니다. 특히 한나라당 같은 경우는 내부끼리 권력투쟁의 수단으로 공천 문제가 활용되고 있는 건 분명합니다. 그런 의미에서 과연 국민들의 진지한 선택을 받으려고 하는 자세에서 공천이 되고 있는 건지 아니면 정쟁의 도구로 악용되어 가지고 당내 권력투쟁의 장으로 변질된 게 아닌지 의문스럽습니다. ……

진보신당 공천의 경우 지역구 공천은 다 해당 지역에서 선출된 사람들입니다. 진성 당원제를 채택하고 있기 때문에 지역에서 선출된 사람을 전국 차원에서 인준하는 겁니다. 그러니까 '상향식 공천'이라는 점이 한나라당·통합민주당의 공천과 가장 큰 차이가 있습니다.

비례대표 후보 같은 경우는 저희들이 창당과 동시에 총선에 임해야 하는 급박한 관계로 이번에 한해서 지도부가 후보를 추천하고 추천된 후보에 대해서 확대운영위원회와 당대회에서 이중의 심의를 거치는 과정이 되었습니다.

또 진보신당 공천자들의 명단을 보면 아시겠지만, 대한민국 국회에서 가장 부족한 부분, 대한민국 국회가 갖지 못한 것 그래서 대한민국 국회가 보완되어야 할 것들을 저희가 비례대표 후보로 표현한 것 아닌가 이렇게 보고 있습니다.

진보신당 비례대표 후보 중에 눈에 띄는 인물이 '피우진 중령'인데, 노회찬 전 의원이 피 중령의 영입을 주도한 걸로 알려져 있다.

수도권은 진보의 무덤이 아니다

피 중령을 영입한 이유와 의미에 대해 설명해 달라.

피우진 중령을 비례대표 상위 순번으로 배치한 것 자체가 저희들에게도 여러 의미가 있습니다. 여성, 인권, 국방의 문제만이 아니라 어찌 보면 진보 정당의 이제까지 관성으로는 소화해 내기 힘든 부분입니다. 피 중령은 제가 직접 접촉해서 영입했습니다만, 피 중령이 비례대표 후보로 추천된 것에 대해서 진보신당의 일부 당원들조차 이걸 어떻게 받아들여야 되는지 상당히 곤혹스러워하거나 혼란스러워하는 부분들이 있었습니다.

그러나 우리가 잘못된 군사 문화나 군사주의를 반대하지, 군 자체를 반대하지는 않습니다. 우리가 '무군(無軍) 정책'을 쓰고자 하는 것은 결코 아니거든요. 그리고 실제로 현재의 국방 문제와 관련해서도 과연 우리가 얼마만큼 국방 문제를 개혁할 수 있는 준비가 되어 있는가. 그냥 군대 수 줄이는 것, 전쟁 반대 이런 선언적인 것 말고 현재 60만 명이나 가 있는 군에서 무슨 일이 벌어지고 있으며, 어떤 문제들이 쌓여 가고 있는가 하는 실상을 알고 이것을 해결하는 방법을 제시하는 것은 이제까지 잘 없었습니다. 민주노동당이 어떻게 보면 가장 취약한 과목 중의 하나였습니다.

그렇기 때문에 저는 군 관련 전문가들 또 실제로 군 생활을 27, 28년 해온 분들이 당에 참여하는 것 자체는 당의 외연을 넓히는 데 굉장히 중요하다고 생각합니다. 그리고 어찌 보면 진보 정당으로서 마땅히 갖춰야 될 대목을 이제까지 갖추지 못한 것을 보완하는 그런 의미가 크다고 보고, 이제 진보신당도 진보신당이 내세우는 가치에 공감하는 사람이라면 누구라도 참여할 수 있는 그런 편안

한 당으로 가야되지 않겠는가 생각합니다.

진보신당이 몇십 년 동안 서로 정서가 잘 맞는 운동권들만이 들어올 수 있는, 다른 분들이 들어오면 이질감 때문에 견디지 못하는 폐쇄적인 공간이 되어서는 안 된다고 봅니다. 그런 점에서 피 중령의 입당과 출마가 상당히 의의가 크다고 봅니다.

그리고 피 중령은 군 개선이나 군 정책에 있어서 진보적인 관점을 가지고 있습니다. 양심적 병역 거부자의 대체 복무제 허용뿐만 아니라, 감군 문제도 그렇고요. 무엇보다 그분은 헬기를 조종하기 위해서 28년 동안 고생한 분입니다. 그러면서도 특히 여성 인권과 관련해서 봉건적인 군 문화에 맞서서 목숨을 내놓고 싸워 온 사람입니다. ……

최근 들어 이번 총선의 기류가 좀 바뀌고 있는 것 같다. 한나라당 압승 분위기가 많이 퇴색하고 …… '한번 해볼 만하다'는 분위기가 점차 형성되고 있는데, 이번 총선의 의미와 전체적인 전망 그리고 진보신당의 목표와 달성 가능성을 말해 달라.

이번 총선은 크게 두 가지 의미를 갖고 있다고 생각합니다. 하나는 지금 한나라당의 '일당독재'를 국회 차원에서 어떻게 견제하고 막아 낼 것인가입니다. 사실 영남이나 이런 지역은 말할 것도 없고, 서울만 놓고 보더라도 서울시장, 서울시 구청장, 서울시의회 전부 다 한나라당입니다. 서울시의회는 90퍼센트 이상이 한나라당입니다. 구청장은 다 한나라당입니다. 이런 상황 속에서 한나라당의 정당 지지율 또한 50퍼센트 가깝게 높습니다. 한나라당의

수도권은 진보의 무덤이 아니다

일당 독재를 막을 수 있는 유일한 공간은 지금 국회밖에 없습니다. 그런 점에서 이번 총선에서 이명박 정부의 독주를 견제할, 견실한 세력을 창출하는 것이 대단히 중요하다고 봅니다.

두 번째는 지금 실제 우리 국민들이 느끼고 있는 가장 큰 문제로 지난 대선에는 경제 문제로 표현됐지만, 그 경제에도 여러 가지가 있습니다. 부자 경제냐 서민 경제냐. 지금 현재 문제가 생긴 것은 서민 경제라는 것이죠. 지난 10년 간 우리나라 부자 경제는 상당히 좋았고 불편함이 없었습니다. 그래서 서민 경제를 제대로 풀려면 이명박 정부와는 결이 다른 새로운 정치 노선과 정책 대안이 필요한 게 아닌가 생각합니다. 그런 점에서 이번 총선은 정말 국민들이 먹고사는 문제를 실질적으로 어떻게, 누가 풀어 나갈 것인가에 대한 판단을 하는 선거이고, 이명박 정부에 대한 견제 세력을 육성하는 선거라고 생각합니다. 견제도 그냥 견제가 아니고 '제대로 된' 견제 세력이 필요합니다. ……

또한 한나라당이 한 달 전과 다르게, 이명박 정부가 출범한 지 한 달도 채 안 돼서 지지율이 하락하면서 이번 총선에서 과반수 의석을 확보하는 것도 쉽지 않은 상황이 되었음에도 불구하고 그 반사이익이 통합민주당에게 다 돌아가지 않는다는 게 이번 선거의 특징이라고 봅니다. 특히 통합민주당 같은 경우는 이번 선거가 지난 5년에 대한 마지막 평가를 받는 측면이 있기 때문에 한나라당에서 실망한 세력들이 바로 통합민주당으로 다 가지 못할 것이라고 보는 거죠. 그런 점에서 저는 진보 세력들에게 새로운 기회가 열릴 수 있다고 보고 있습니다.

저희 진보신당은 원내 교섭단체인 20석을 목표로 하고 있습니다. 달성 가능성에 대해서는 누가 장담할 수 있겠습니까만, 서울에서 저와 경기도 고양 덕양 갑에 심상정 의원, 거제의 백순환, 울산 동구의 노옥희 후보들은 상당한 경쟁력을 갖고서 지역구 돌파 가능성이 꽤 높다고 보고 있습니다. 비례대표 같은 경우에도 지금 진보신당이 어떤 당인가만 제대로 알려진다면 두 자리 숫자의 지지율, 즉 10퍼센트 이상의 지지율은 충분히 가능하지 않겠는가 이렇게 보고 있습니다.

언론이 각 정당의 정책과 정치인의 질을 따져 보기는커녕 한나라당의 국정 안정론과 통합민주당의 거대 여당 견제론 대결로 몰고 가면서 더욱 내용 없는 선거가 되고 있다는 지적도 있다. 그 때문에 진보 정당이 통합민주당 주도의 견제론에 파묻히고 있는 느낌이 드는데 이를 어떻게 극복해 갈 것인가.

저는 견제 세력이 필요하다고 느끼는 국민들에게 누가 어떻게 견제할 것인가, 즉 견제 세력에도 종류가 있다고 말씀드리고 싶습니다. 의사가 필요하다고 해서 아무 의사나 만날 수는 없지 않습니까. 돌팔이 의사는 만나지 말아야 할 것이고, 의료사고를 낸 의사는 피할 필요가 있는 것입니다. 그런 점에서 실질적인 해결 대안은 역시 서민의 희망으로서 진보 정당이 갖고 있다는 것이고, 국민들이 진보 정당을 지원함으로써 진보신당이 힘을 가질 수 있기 때문에 힘이 없어서 뭘 못할 것이라는 생각은 하지 않으셔도 되겠다고 생각합니다. ……

수도권은 진보의 무덤이 아니다

이명박 정권이 취임 한 달도 안 돼 각종 불명예스런 평가가 쏟아지고 있다. …… 고소영, 강부자로 비유되는 부적절하고 편중된 인사, 영어 몰입식 교육과 한반도 대운하 정책에 대한 국민적 반대, 경제 대통령을 캐치프레이즈로 내걸고 당선된 대통령이 연일 경제 위기론을 말하는 등 …… 실망스런 반응이 늘고 있다. ……

이미 예견된 것이라고 봅니다. 이명박 정부는 높은 지지율로 당선됐지만, 역대 어느 정부보다도 빠른 민심 이반을 겪게 될 것이라고 보고 있습니다. 이명박 정부에 대해 제가 저주를 퍼붓기 위해서 하는 이야기가 아닙니다. 이명박 정부에 대한 기대는 주로 중소 자영업자들과 서민들의 경제적인 고통 때문입니다. 그러나 이명박 대통령이 실제로 처방해 줄 수 있는 약 가운데 서민들과 중소 자영업자들을 위한 약은 없습니다. 이명박 정부가 인수위 과정에서 실제로 꺼내 보였고, 지금도 계속 추진하고 있는 것을 보면 대개 다 대기업과 강자들에게 더 많은 기회를 주어서 문제를 해결하겠다는 것입니다.

예를 들면 일자리 문제만 하더라도 대기업이 일자리 창출을 못한 지는 이미 오래되었습니다. 세계적인 현상이 되었습니다. 일자리 창출은 오히려 중소기업에서 하게 됐는데 이명박 정부는 친대기업 정책으로 가기 때문에 이 문제는 풀리지 않을 것이라고 보는 거죠. 그리고 실제로 지금 이명박 정부가 얘기했던 높은 경제성장률은 원래부터 이루어질 수 없는 일이고, 억지로 인위적으로 경기부양책을 써서 그러한 성장 목표를 달성하려고 했을 때는 우리 경제가 훨씬 더 큰 타격을 받게 될 것입니다. 그런 점에서 이명박 정부는 이러지도 못하고 저러지도 못한 채 지지율은 빠져나갈 것입니다.

이번 총선에서 당선된다면 어떤 과제를 중점적으로 추진하고 싶은가? 그리고 지역구민들에게 당부하고 싶은 말이 있다면?

중앙으로 본다면 우선 교육 문제입니다. 지금 사교육비가 급등하고 있는 데다가 사교육비를 급등시키는 정책을 정부가 선도함으로써 국민들이 아주 허리가 휠 정도가 되어 있습니다. 또 교육이 기회균등을 통한 사회적인 실현의 기능이 큰데 공교육을 위축시키면서 사회정의가 뿌리째 흔들리는 사회가 되고 있습니다. 그래서 사교육비를 최대한 줄이고 공교육을 활성화시키는 게 지금 국가적으로 가장 중요하고 필요한 정책입니다. 제가 먼저 약속드리고 싶은 것은 이것을 주도적으로 하겠다는 겁니다.

노원구와 관련해서는 지금 노원 지역에 뉴타운이라고 해서 서울시의 재개발 계획이 추진되고 있는데, 그 계획을 제가 현지에 가서 들여다보니까 뉴타운이라는 이름하에 9평에서 13평까지, 13평 미만이 50퍼센트가 넘는 그런 '뉴 슬럼가'를 만드는 끔찍한 계획이 추진 중이어서 지역구민들 다수가 반대하고 있습니다. 그래서 이것을 계획대로 실행하도록 내버려 둘 수가 없다는 점에서 이 문제를 가장 집중적으로 신경 쓰려고 하고 있습니다.

이번 선거는 게임이 아닙니다. 누가 이기느냐의 게임이 아니라, 우리 유권자가, 즉 내가 어떻게 되느냐의 문제라고 봅니다. 누구를 당선자로 만들 것인가가 아니라 내가 어떻게 나아질 것인가, 내 삶

수도권은 진보의 무덤이 아니다

이 어떻게 달라질 것인가의 문제입니다. 따라서 이번 선거의 주인 공은 유권자입니다. 이번 선거의 승자는 당선된 사람이 아니라 유권자가 승자가 되어야 합니다. 유권자가 이기기 위해서, 즉 유권자가 자신의 삶을 좋은 방향으로 개선하기 위해서 어떤 선택을 할 것인가 이렇게 문제를 봐야 됩니다.

그래서 저는 계속해서, 이번 총선의 주인공은 여러분입니다, 여러분들을 위해서 사람을 뽑으십시오, 뽑힌 사람이 승리하는 것이 아니라 일 잘하는 사람을 뽑은 사람이 승리하는 것이라고 말씀드리고 있습니다. 그런 점에서 저는 지난 30년간 사회 활동을 해온 연장선에서 일관되게 흐트러짐 없이 우리 노원구민을 대표해서 지역과 나라 발전을 위해 열심히 뛰고자 합니다.

동물의 왕국, 인간의 왕국

2009년 3월 9일, 진보신당 대표 후보 출마 기자회견문 중에서

국민 여러분.

1997년 외환 위기 이후 지난 10년간 비정규직은 두 배가 늘어난 반면 한국의 백만장자는 세계에서 가장 빠른 속도로 증가했습니다. 강자를 더 강하게 함으로써 약자를 구하겠다는 그간의 약속은 거짓이었음이 여실히 증명되었습니다. 그럼에도 불구하고 이명박 정부는 부자 감세, 재벌 특혜, 비정규직 연장을 통해 사회 양극화를 더욱 심화시키고 있습니다. 입으로는 사교육비를 반으로 줄이겠다고 공언하고 실제로는 영어 몰입 교육, 대입 자율화, 고교 다양화, 일제 고사 강행, 국제중학교 설립 등을 통해 사교육 시장을 신 성장 동력인 양 키우고 있습니다. 일자리를 달라는 청년들에게 젊을 때 고생은 사서 한다는 게 이명박 대통령의 답변입니다.

집권 일 년 만에 현 정부의 지지율이 역대 정부의 정권 말기 수준에 도달한 것은 자업자득의 결과입니다. 그러나 이명박 정부는 국민의 원성에 귀 기울여 지지율을 높일 생각을 포기한 것 같습니다. 대신 방송을 장악하고, 국정원의 정치 사찰을 허용하고 집시법을 강화하는 것으로 정권 보위에 나서고 있습니다.

저는 오늘 이 자리에서 대한민국은 더 이상 민주공화국이 아님을 선언합니다. 이명박 정부에서 헌법 제1조 1항은 "대한민국은 동물의 왕국이다"로 이미 수정되었음을 확인합니다. 헌법 제1조 2항 역시 "대한민국의 주권은 상위 1퍼센트에게 있고, 모든 권력은 대통령과 그의 형으로부터 나온다"로 수정되었습니다. 호랑이와 사자를 더욱 강하게 키움으로써 사슴과 토끼도 잘살 수 있다는 이명박 정부의 말에 속아 넘어갈 순 없습니다. 호랑이와 사자에 대한 규제를 완화해야 한다는 시장과 경쟁 만능주의 노선 앞에 수많은 사슴과 토끼가 희생양이 되는 현실을 더 이상 방치할 수 없습니다. "동물의 왕국을 인간의 왕국으로" 바꿔 놓는 일. 이것이 저의 출마 이유이며 목표이고 노선입니다.

•

대안 야당이 필요합니다.

무능하고, 반서민적인 정부에 대한 원성이 점점 높아지고 있지만 국민들은 야당에 마음을 주지 못하고 있습니다. 여전히 이명박 정부와 한나라당의 지지율이 추락한 것은 사실이지만, 다른 야당은 1년째 제자리 지지율을 못 벗어나고 있습니다. 오늘 이 땅의 진정한 위기는 반민주, 반서민 정권인 이명박–한나라당 정권을 대신해, 노동자, 농민, 영세 상인 등 이 나라 대다수 서민들이 지지할 대안 야당이 없다는 것입니다.

제1야당인 민주당이 이명박 정권의 실정과 한나라당의 반민주, 반서민 행태에도 불구하고, 대안 야당이 되지 못하는 것은 비전이 없기 때문이며, 비전이 있다 하더라도 한나라당과 거의 다르지 않기 때문입니다. 오늘날 가장 큰 사회문제인 비정규직 차별을 해소하기는커녕 오히려 더 심화시킨 소위 '비정규직보호법'은 누가 만든 법입니까. 이명박 정부가 통과시키려 안달이 난 한미 FTA는 어느 정권에서 시작한 것입니까. 은행을 재벌에게 안겨 줄 금산 분리 완화는 어느 당이 먼저 발의한 법이며, 지난해 말 부자 감세안에 대한 민주당의 합의는 무엇을 말해 줍니까?

이 시대에 진정으로 필요한 대안 야당은 부자에게 세금을 거둬, 서민에게 복지를 실현해 줄 야당입니다. 재벌의 은행 소유를 막고, 국민에게 은행을 돌려줄 야당입니다. 막대한 사교육 격차로 부와 빈곤이 대물림되는 것이 아니라, 공평한 교육 기회를 이 땅의 모든 아이들에게 보장해 줄 야당입니다. 비정규직 차별을 철폐하고, 정규직의 확산을 실현할 야당입니다. 이 나라의 진정한 대안 야당은 이제 진보 정치에서 나와야 합니다.

◦

국민 여러분, 당원 여러분.

그러나 아쉽게도 우리는 바로 서지 못했습니다. 진보가 바로 서

는 것이 대안 야당, 민생 야당을 만드는 필수 조건임을 알고 있고
그 절박성도 알고 있었지만, 철저하게 혁신하고 치열하게 활동하
지 못했습니다. 진보신당 공동대표로서 저 자신도 그런 반성으로
부터 자유롭지 못합니다. 하지만 우리를 질책하는 그 이상으로,
우리를 믿고 바라보는 수많은 노동자, 서민이 있기에 그 믿음을
바탕으로 대안 야당을 향해 한걸음을 내딛고자 합니다.

∙

오늘 이 땅에서 노동자, 농민, 서민들의 고통의 종류는 이루 말
할 수 없을 만큼 많습니다. 그러나 그중에서도 저는 서민들의 고
통을 해결하는 3대 사업에 가장 먼저 나설 것입니다.

첫째, 노동문제 해결, 일자리 문제 해결입니다.

서민들에게 필요한 공공서비스를 중심으로 새로운 일자리 창
출에 나서고, 비정규직의 차별을 폐지하며, 정규직 전환을 지원하
도록 법과 제도를 고치는 일에 나서야 합니다. 우리 진보신당이
각 지역에서부터 노동-민생 상담 센터를 개설해 지역에서도 일자
리 창출과 일자리 보호에 나서도록 할 것입니다.

둘째, 사교육 문제 해결과 교육 정상화입니다.

부유층과 기득권층의 재산과 권력 대물림 수단으로 전락해 버
린 교육의 정상화를 이루기 위해 사교육에 대한 대수술에 들어가
야 합니다. 사교육 격차로 인해서 발생하는 모든 문제를 해결하기
위해 특단의 해결책을 제안할 것이며, 이것을 범국민적인 운동으
로 발전시킬 것입니다. 고액 과외-특목고-일류대로 이어지는 재

산, 권력 대물림 체제를 혁파하고, 이 땅의 모든 학생들에게 공평한 교육의 기회를 부여해, 평범한 서민들의 사교육 고통을 일소해야 합니다.

셋째, 영세 자영업자 보호와 연대에 나서야 합니다.

경제 위기의 고통과 더불어, 불공정한 경쟁으로 폐업에 내몰리는 영세 자영업자를 보호하기 위해 대형 마트를 규제해야 합니다. 영세 자영업자 지원을 위해 서민 은행을 설립하는 등 서민 금융을 강화해야 하며, 상가 임차인의 권리 확보에 나서야 합니다. 그리고 얼마 전 용산 참사와 같은 일이 다시는 일어나지 않도록, 뉴타운-재개발 지역에서 철거 위협에 내몰리는 상가 세입자와도 진보신당은 강력히 연대할 것입니다.

국민 여러분, 이 밖에도 진보신당에게는 수많은 과제가 있습니다.

그러나 제가 대표로 재임하는 동안에는, 적어도 이 세 가지 사업에서만큼은 진보신당이 가장 믿음직한 정당임을 보여 드릴 것입니다. 관념적인 진보, 머릿속에서 필요한 진보가 아니라, 생활에서 필요한 진보를 바탕으로 여러분께 다가가겠습니다.

●

당원 동지 여러분. 저는 진보신당을, 이 땅의 노동자, 서민의 대안 정당으로 만들기 위해 제가 할 수 있는 모든 일을 다하겠습니다. 흔히들 우리 진보신당을 가리켜 원외 정당이라고 합니다. 원외 정당의 어려움이 한두 가지가 아니라고 말합니다.

그러나 당원 동지 여러분! 우리가 원외에 있다는 것은 거꾸로 말하면 우리가 현장과 더욱 밀착할 수 있다는 뜻입니다. 세계 진보 정당의 역사가 말해 주듯이 현역 국회의원들이 모여서 만드는 보수정당과 달리 진보 정당은 국회 밖에서, 국회의원 한 명 없는 외생 정당으로 출발하는 것이 보편적인 현상입니다. 진보신당은 앞으로 원내에 강력한 교두보를 구축하는 것과 동시에 원외 삶의 현장에도 든든한 진지를 구축해야 할 것이며 우리의 노력은 이 두 방향으로 나아가야 합니다. 따라서 지금 진보신당은 단순히 원외 정당이 아니라, 현장 정당이며, 또한 현장의 정당이어야 합니다. 저 노회찬 역시 원외 정당 대표가 아니라 현장 정당 대표, 민생 현장의 대표가 될 것입니다.

이를 위해 저는, 주중이건, 주말이건 시간을 가리지 않고, 서울을 비롯해 전국 어디든, 비정규 노동자, 농민, 영세 상인 등 서민들이 모여 있는 어떤 곳이든 찾아가서, 즉석 만민공동회를 열겠습니다. 제가 사회를 보고, 시민 여러분을 모시겠습니다. 한나라당이 국회에서 민생을 죽이고, 민주당이 죽어 가는 민생을 바라보고 있을 때, 저는 현장으로 찾아가 민생을 살리겠습니다. 정치의 현장을 여의도가 아니라, 전국 방방곡곡으로 넓힐 것입니다.

당원 동지 여러분. 이런 현장 정당을 만들기 위해서 필요한 것이 무엇입니까. 바로 여러분입니다. 당원 동지 여러분 한 분 한 분이 현장 정당 당원의 마음가짐을 가져 주십시오. 당원 한 명 한 명이 모두 당의 현장 대표라는 마음으로 주민들을 만나 주십시오. 저는 진보신당 '대표' 노회찬이 아니라 진보신당 대표 '당원' 노회찬이 되고 싶습니다. 저 노회찬이 당의 얼굴이 아니라, 당원 동지 여러분이 당의 얼굴이자 마음입니다.

　당원 동지 여러분, 이런 노력을 통해 저는, 우리 진보신당을 전국 정당으로 만들겠습니다. 말로는 전국 정당이지만 실제로는 지역 정당인 한나라당과 민주당을 넘어서 전국 곳곳에서 지지를 받는 진보신당을 만들겠습니다.

．

　존경하는 국민 여러분. 이제 새롭게 태어날 진보신당을 지켜봐 주십시오. 철저한 반성과 치열한 실천으로 다시 태어나, 대안 야당으로 우뚝 설 진보신당에 많은 성원을 보내 주십시오. 삶의 현장에서 여러분을 만나겠습니다. 감사합니다.

미지의 세계를 향해 떠나는
모험가의 각오

2009년 3월 29일, 진보신당 대표 취임사

·

존경하는 국민 여러분 그리고 사랑하는 당원 동지 여러분.

저는 지금 전쟁에서 승리한 개선장군으로서 이 자리에 선 것이 아닙니다. 시합에서 우승하고 시상대에 오른 선수로서 이 자리에 선 것도 아닙니다. 다시 돌아올 기약도 없이 불확실한 전장으로 떠나는 장수의 심정으로 이 자리에 섰습니다. 아무도 가본 적 없는 미지의 세계를 향해 떠나는 모험가의 각오로 이 자리에 섰습니다.

돌이켜 보면 이제 60년이 넘는 대한민국의 역사 중 40여 년은 전쟁과 독재의 공포로 신음하던 시기였습니다. 1987년 6월 항쟁으로부터 시작된 나머지 20년 역시 우리가 손에 쥔 것은 대통령을 국민이 직접 뽑을 수 있는 자유와 나날이 늘어 가는 빈부 격차밖에 없었습니다. 이른바 민주화의 시대가 도래했다지만 경제민주화는 단 하루, 단 한 시간도 이 나라에서 실현된 적이 없습니다.

최근 경기 침체에 따른 조업단축으로 잔업, 특근이 없어진 현대자동차 노동자들의 급여가 평시의 60퍼센트로 낮아져서 여전히 장시간 연장 근로를 하는 비정규직 노동자들의 급여보다 더 낮아지는 상황까지 발생하고 있습니다. 그간 동네북이 되었던 대기업 노동자들의 고임금이라는 것도 실은 미래의 생명을 담보로 건강을 돈으로 바꾼 것에 불과했던 것입니다. 열악한 근로조건과 장시간 노동으로 차별받는 비정규직 노동자의 실태는 피를 팔아 연명하던 매혈자의 그것과 다를 바 없습니다. 세계 13위라 자랑하는 국내총생산 역시 세계 최장의 노동시간이 아니면 이룰 수 없는 결과인 것입니다.

그럼에도 불구하고 한국의 자본주의는 여전히 노동을 억압하고 수탈하는 것으로만 자신을 연명해 가고 있습니다. 아침에 출근하는 직장인 중 비정규직이 60퍼센트에 육박하고 헌법에 보장된 노동3권을 보장받는 노동자는 10퍼센트 미만인 것이 오늘의 현실입니다. 똑같은 일을 하는 비정규직에게 정규직 임금의 50퍼센트만 주는 악덕 사업주 중엔 정부 당국도 포함되어 있으며 이들이 비정규직의 고용 기간을 2년 더 늘리자고 주장하고 있습니다.

오늘 한국 사회가 직면하고 있는 것은 단지 경제의 위기만이 아닙니다. 정치, 사회, 문화 모든 영역에서의 총체적 위기가 엄습하고 있습니다. 부자들의 세금을 수십 조씩 깎아 주고 줄어든 예산만큼 사회적 약자들의 복지 비용을 줄이는 사회에서 과연 정의는 살아 있다고 말할 수 있습니까? 대통령 마음에 들지 않는 방송을

미지의 세계를 향해 떠나는 모험가의 각오

했다고 해서 프로그램 제작자들에게 체포 영장을 발부하고, 낙하
산 사장을 반대한다고 해서 현역 언론인이자 노조 간부인 사람을
구속시키는 나라에서 과연 언론과 표현의 자유는 존재하는 것입
니까? 살인적인 강제 철거에 맞선 용산 철거민들이 경찰의 폭력
적인 진압으로 다섯 분이나 사망하는 현실에서 헌법 제14조의 거
주 이전의 자유는 무슨 의미를 갖습니까? 음식 대금 80만 원을 횡
령한 중국집 배달원이 징역 10월을 선고 받는 한편, 공금을 횡령
해 수천억 원의 비자금을 조성한 재벌 총수는 조사 한 번 받지 않
는 나라에서 누가 사법 정의를 운운할 수 있습니까? 한강 노들섬
에 오페라하우스 등 문화·예술 시설을 짓는다며 4500억을 들이
면서 월급 70만 원씩 주던 오페라합창단을 집단 해고하는 대한민
국의 문화는 누구를 위한, 무엇을 위한 문화입니까? ……

　물론 오늘 한국 사회 위기의 핵심은 경제입니다. 지난 5년간 백
만장자 증가율이 전 세계에서 7위권 밖으로 나간 적이 없는 한국
의 부자 경제가 문제인 것이 아니라, 신장개업한 음식점 중 일 년
내에 폐업하는 경우가 80퍼센트에 이른다는 서민 경제가 문제의
핵심입니다. 지난 10년간 날로 심각해져 가는 사회 양극화는 교육
양극화를 넘어 건강 양극화로까지 치달으며 서민의 삶을 총체적
으로 파탄시키고 있습니다.

　　·

　존경하는 국민 여러분, 경제가 바뀌기 위해서는 정치가 변해야
합니다. 서민이 다수인 나라에서 진정으로 서민을 위하는 정당이

다수당이 되지 않고는 서민 경제가 살아날 수 없습니다. 저는 당대표로 취임하는 오늘 이 자리에서 진보신당을 진정으로 서민을 위하는 집권 정당으로 발전시키겠다는 약속을 감히 드리고자 합니다. 저는 이 위대한 목표의 달성을 위해 다른 정치 세력을 비판하기에 앞서 진보 정당 스스로의 반성과 혁신으로부터 첫걸음을 내딛어야 한다고 생각합니다. 세상을 바꾸려면 우선 스스로를 변화시키라는 격언이야말로 지금 저와 이 땅의 진보 세력들에게 요구되는 지상명령입니다. 그 첫 번째 과제는 바로 계승과 단절입니다.

진보의 위기는 어제오늘의 문제가 아닙니다. 진보의 위기는 탄압보다도 스스로의 무능과 오판으로부터 기인한 바가 더 크다고 생각합니다. 지금 이 순간에도 가장 낮은 곳에서, 음지에서 자신을 희생해 가며 어렵고 힘든 자들의 편에 서서 헌신하는 많은 활동가들이 있습니다. 진보의 위기는 이들이 자초한 것이 아니라 진보 운동을 주도해 온 사람들의 편협한 인식과 부족한 능력과 시대착오적인 낡은 노선으로부터 비롯된 것입니다.

저는 일찍이 정체성 빼고는 다 바꿀 수 있어야 한다고 소리 질렀지만 아무것도 이루지 못한 채 이 자리에 섰습니다. 저를 포함해 진보 정당에 대해 가해진 뜨거운 지적과 비판을 겸허히 받아들이면서 혁신을 꾀하겠습니다. 서민을 위한다고 선언만 하는 집단이 아니라 서민에게서 진정한 벗으로 인정받는 당으로 거듭나겠습니다. 민주노총에게만 의존하는 정당이 아니라 민주노총으로부터도 소외된 더 낮은 곳의 노동자와 고용 체계에서도 축출된 영세 자영업자들을 대변하는 데 주력하겠습니다. 노동이 강한 나라

여야만 서민들이 잘살 수 있다는 보편적 경험을 이 땅에서도 실현시키기 위해 노동과 정치의 기계적 분업 구조를 극복하고 노동과 진보 정당이라는 양날개를 동시에 강화시키는 일에 직접 나서겠습니다. 이중 삼중의 차별과 억압 구조하에 있는 여성의 정당이 되겠습니다. 이론과 이념에 갇힌 여성주의가 아니라 생활 속에서 인정받는 여성주의 정당이 되겠습니다. 21세기 진보는 녹색 진보일 수밖에 없습니다. 녹색과 생태를 수사학과 대선 공약에서 해방시켜 살아 있는 정책과 실천으로 녹여 내겠습니다. 오늘날 진보와 많은 국민들과의 괴리를 좁히기 위해 북한 문제에 대한 새로운 접근이 요구됩니다. 남북 관계의 특수성을 존중하면서도 국민의 상식과 인류의 보편적 가치 적용을 유보하지 않겠습니다.

존경하는 국민 여러분,

진보신당은 이번 4월 국회의원 재선거를 필두로 반드시 원내 의석을 확보해 여러분들 곁으로 달려가겠습니다. 2010년 지방선거에서도 전국 방방곡곡에서 새로운 진보 정당이 여러분들이 희망이 되도록 전력을 다하겠습니다. 사법부에 정의가 살아 있다고 믿는 국민이 적듯이 여의도 국회가 물에 잠겨도 눈 하나 꿈적하지 않을 국민이 대다수인 가슴 아픈 현실입니다. 정치를 근본적으로 바꾸겠습니다. 노동의 정치를 바로 세워 자본의 정치가 정치를 독점해 온 역사를 청산하겠습니다. 이를 위해 서민 중심형 복지 동맹으로 노동의 정치를 강화하겠습니다.

진보 정당, 같은 꿈을 꾸는 집을 지으며

사랑하는 당원 동지 여러분,

책임질 일도 많고 부족하기까지 한 저에 대한 여러분들의 신뢰에 감사함과 더불어 무한한 사명감을 갖고 있습니다. 저는 진보신당의 미래를 낙관하고 있습니다. 비록 비 한 방울 오지 않아 땅이 갈라지고 있지만 저 대지의 깊은 곳에서 도도히 흐르는 지하수가 있습니다. 우리 모두 마중물이 되어 땅속에 갇힌 지하수를 광명천지의 큰 강으로 만들어 냅시다. 당과 당원을 우선시하며 어려운 결단을 한 심상정 대표, 또 한 번 십자가를 멘 조승수, 염경석 후보가 모두 민중의 힘을 지상으로 끌어낼 마중물들입니다. 지난 3월 1일 당대회에서 13건의 수정동의안을 낸 권병덕 동지 등도 마중물입니다. 모든 집행 간부와 대의원들이 활동 보고를 이메일로 당원들에게 보내고 있는 서울시당 성동 당원협의회가 마중물입니다. 진보의 흑백 이미지를 컬러로 바꾼 〈칼라TV〉가 바로 마중물입니다. 이 모든 분들께 감사와 격려의 박수를 부탁드립니다.

여러분들이 신명나는 마중물 역할을 하도록 당을 운영해 나가겠습니다. 날이 갈수록 피곤해지는 당 생활이 아니라 하루하루가 생동감 있는 당 문화를 펼쳐 가겠습니다. 중학생에게도 당을 설명할 수 있도록 하겠습니다. 할머니도 찾아오는 당을 만들겠습니다. 진보신당의 당원협의회가 마을회관으로 여겨질 때 대한민국은 동물의 왕국이 아니라 인간이 왕국이 될 것입니다. 우리는 해낼 수 있습니다. 제가 앞장서겠습니다.

\+

노회찬은 2010년 1월 31일 2010년 지방선거 출마 후보를 결정하는 진보신당 서울시당 후보 선출 대회에서 서울 시장 후보로 선출되었다. 그는 "아이와 엄마가 행복한 서울"을 모토로 콘크리트 서울이 아닌, 보편적 복지 정책을 펼치는 도시를 만들 것을 주장했다.

6·2 지방선거를 앞두고 야5당(민주당, 국민참여당, 창조한국당, 민주노동당, 진보신당)과 4개 시민단체가 반MB연대를 목표로 '5+4 회의'를 결성했으나, 광역단체장 후보의 정치적 조율을 주장하는 진보신당의 입장과 무조건 경쟁 방식을 주장하는 민주당의 안이 대립했다. 이에 5+4 회의에서 탈퇴한 진보신당은 노회찬 서울시장 후보가 독자 완주를 하고 심상정 경기도지사 후보가 유시민 후보를 지지하며 사퇴했다. 선거 결과, 한명숙 서울시장 후보는 오세훈 후보에게 4000여 표, 0.6퍼센트포인트의 득표율 차이로 패했는데, 이를 두고 민주당 지지자들은 단일화를 하지 않은 노회찬 후보(14만여 표, 3.3퍼센트 득표)를 비난했다. 이에 대해, 노회찬은 "내가 얻은 표는 개인에 대한 지지표라기보다는, 이명박 정부도 심판해야겠지만 '민주당도 어떤 책임을 물을 대상'이라는 생각이 분명한 분들의 표"라고 해석했다. 또 "한 후보 쪽에서도 단일화 제안이 일절 없었다"라고 밝혔다. 진보신당 김종철 대변인은 논평에서 "한나라당의 실정을 평가하지 못해 아쉽지만 진보신당은 한 후보나 민주당과는 엄연히 다른 정치를 추구해 왔기 때문에 진보신당 탓으로 돌리는 것은 수용하기 어렵다"라는 입장을 밝혔다.

사람 사는 서울

2009년 11월 29일, 서울 시장 후보 출마 선언문

존경하는 서울 시민 여러분.

얼마 전 서울시 뉴타운 지역의 재개발 주민총회에 참석했던 주민 한 분이, 주민총회가 주민들끼리 고성이 오가고, 욕을 하는 아수라장으로 끝났다면서 저에게 이런 말을 하셨습니다. "우리 주민들은 어제까지만 해도 서로 인사를 나누는 이웃이었고, 그리 잘살지는 않았지만 평화롭게 살았는데 이제는 주민들끼리 서로 상종도 하지 않는 원수 사이가 되었다"고 말입니다.

그분 말씀대로 오늘의 서울은 나날이 피폐해지고 있습니다. 서울 시민 가구의 55퍼센트는 집이 있고, 45퍼센트는 집이 없습니다. 그러나 서울에서 집을 가졌다는 이유만으로 과연 행복합니까. 집이 없는 사람들은 말할 것도 없지만, 집을 한 채 가진 사람들도 늘 걱정이 앞섭니다. 1000만 시민들 중 900만 명은 수십, 수백 가

지 걱정을 안고 살아가는 '걱정의 도시'가 바로 서울입니다.

서울 시민 여러분. 이명박 정부가 들어설 때 많은 분들의 지지가 있었습니다. 경제를 살려 달라는 일념으로 많은 국민들이 이명박 대통령을 지지했습니다. 그러나 이명박 정부에서 서울 시민들의 삶은 오히려 곤두박질치고 있습니다.

지금의 이명박 대통령을 있게 한 가장 큰 자산은 서울 시장 재임의 경험입니다. 특히 이 대통령은 자신의 가장 중요한 업적이라고 일컬어지는 청계천 복원의 경험을 바탕으로 이제는 전국을 파헤치는 4대강 사업을 벌이고 있습니다. 청계천처럼 강과 하천의 바닥을 파헤치고, 콘크리트를 부어 강을 바꿔 놓으면 국민들이 지지할 것이라고 생각하는 것입니다. 명분도 실리도 없고, 환경만 파괴하는 4대강 사업을 60퍼센트가 넘는 국민이 반대해도 아랑곳하지 않습니다.

그러나 이명박 정부의 4대강 사업과 부자 감세로 인해 가뜩이나 열악한 시민들의 생활은 더욱 곤두박질치고 있습니다. 4대강 사업으로 3년간 22조 낭비, 부자 감세로 5년간 90조 세수 축소 등 이명박 정부는 대한민국의 서민 복지를 근본적으로 파탄 내고 있습니다. 경제를 살리기는커녕 복지의 근간까지 망가뜨리고 있습니다. 그에 더해, 광우병 파동, 미디어법 개악, 금산 분리 완화, 용산 참사, 비판적 언론인 탄압까지 민주주의 후퇴가 일상이 되었습니다. 국민들은 이제, 하루빨리 새로운 정권을 창출해 이 상황을 벗어나고자 합니다.

그러나 서울 시민 여러분. 이명박 정권 극복을 위해 2012년까지 기다려야 합니까. 그럴 순 없습니다. 내년 지방선거에서부터 서울에서 정권 교체를 시작해야 합니다. 2010년 서울이 바뀌어야 2012년 대한민국이 변화할 수 있는 것입니다. 그렇다면 서울에서 시작하는 정권 교체는 어떠한 교체여야 합니까.

지난 10여 년간 한나라당과 민주당, 참여정부 등의 정치 세력은 대통령과 서울 시장을 서로 주거니 받거니 하면서 민생 대책에서 별다른 차이점을 보여 주지 못했습니다. 민주당의 조순, 고건 시장, 한나라당의 이명박, 오세훈 시장으로 이어지는 15년 민선 서울시의 역사는 결코 행복한 역사가 아니었습니다. 그런 점에서 2010년 서울 정권 교체에서 시민 여러분이 선택하셔야 할 것은 단순히 한나라당에서 민주당으로 권력이 이동하는 수평적 권력 교체냐, 아니면 서울 시민들의 삶을 질적으로 변화시킬 진보적 정권 교체냐입니다. 다시 말하면 과거로 돌아가는 정권 교체냐, 아니면 미래로 나아가는 정권 교체냐 입니다.

서울 시민 여러분, 모든 사람은 태어나서부터 죽을 때까지 행복을 추구하며 살아갑니다. 그러나 지금까지 우리 국민들은 물론 서울 시민들 삶의 대부분은 생존을 위한 삶이었습니다. 그 어떤 정치 세력도 국민과 서울 시민들의 삶을 질적으로 변화시키지 못했습니다. 이제 그 변화의 방향은 '요람에서 무덤까지 불안하지 않은 삶'이어야 합니다. 저는 그런 점에서 '요람에서 무덤까지' 서울 시민들의 생애 주기에 맞추어 다음과 같은 '서울의 일곱 가지 행복한 변화'를 만들고자 합니다.

① 공공 보육

모든 아이는 행복하게 태어날 권리가 있습니다. 모든 부모는 축복 속에 아이를 낳을 권리가 있습니다. 그러나 오늘의 현실은 어떠합니까. 대한민국의 출산율은 약 1.19로 세계에서 두 번째로 낮습니다. 그중에서도 서울은 출산율 1.01로서 전국에서도 최하위권입니다. 아이 키우기 가장 힘든 도시가 서울입니다. …… 실제로 이명박 정부는 내년 예산에서 '국공립 보육 시설 신축 예산'을 무려 74퍼센트나 삭감했습니다. 말과 행동이 전혀 다른 정부입니다.

지구 반대편 칠레를 보십시오. 대통령이 저소득층 0~4세 아동들에게 무상 급식, 무상교육, 무상 의료 지원을 선언했습니다. 3년 전 1500개였던 국립보육원은 이제 4000개가 넘었습니다. 하루에 2.5개씩 보육원을 지었습니다. 그 결과 칠레의 출산율은 반등을 시작했습니다.

아이들의 행복한 탄생을 위해 저는, 선거 때만 되면 대표적인 거짓말 공약이 되고 있는 공립 보육 시설 확충을 이뤄 내겠습니다. 현재, 보육 시설 수의 12퍼센트, 수용 인원의 25퍼센트에 불과한 공공 보육 시설을, 임기 내에 보육 시설 수의 30퍼센트, 수용 인원의 50퍼센트까지 비중을 높이겠습니다. 필요하다면, 이명박 대통령이 이 문제에 나설 수 있도록 시민들의 총의를 모아 정부에 압력을 가하고, 끝장 승부를 보겠습니다. 그래서 기쁨과 축복 속에 아이가 태어날 수 있는 '출산율 2.0시대의 서울'을 열도록 하겠습니다.

② 평등한 교육

서울에서 교육은 아이들이 인간으로 성장하는 과정이 아니라, 경제적 격차를 확인하는 과정이자 빈부의 대물림 과정이 되어 버렸습니다. 나날이 늘어 가는 사교육비는 서울 시민들의 허리를 휘게 하고 있습니다. 교육을 이대로 방치해서는 안 됩니다. 우리 아이들이 공평한 시작을 할 수 있도록 어른들이 도와주어야 합니다.

저는 먼저, 교육이 낙후되고 소득이 적은 몇몇 지역을 '서민 교육 특구'로 지정하겠습니다. '서민 교육 특구'에 예산을 우선 지원해, 서울의 공교육이 핀란드와 같이 창의적이고 평등한 선진 교육으로 거듭나도록 하겠습니다. 서민 교육 특구에는 '평등 선진화 혁신 학교'를 설립하고, 우수 교원 유치와 교사 능력을 배가하는 데 앞장서겠습니다. 서울에서도 '남한산 초등학교'와 같은 학교를 만들 수 있다는 것을 보여 드리겠습니다.

더불어, 서울 모든 학교에서 급식 걱정, 준비물 걱정을 없애도록 하겠습니다. 서울 모든 초중등 학생들의 준비물에 소요되는 예산 200억 원 전액을 지원하겠습니다. 그리고 초등학교부터 친환경 무상 급식을 실시하고, 중고등학교도 단계적으로 무상 급식을 실시하겠습니다. 초등학교 무상 급식에는 매년 2200억 원 가량이 필요할 것으로 추산됩니다. 이 예산은 서울시가 쓸 수 있는 돈이 풍족하거나 부족하거나의 문제가 아닙니다. 서울시가 '디자인 서울'이라는 이름 아래 지난 1년 동안 쓴 돈이 900억 원, 오세훈 시장 취임 이후 치적 홍보에 쓰인 돈이 1100억 원입니다. 시민들에게 별로 와닿지 않는 한강 르네상스 사업에만 연간 2500억 원이 들어갑니다. 서울시 예산을 어디에 쓸 것인가 하는 문제는 철학의 문제입니다. 아이들의 안전한 먹거리 확보에 우선적 예산을 배정해야 한다는 것이 저의 철학입니다. 내년 서울 시장 선거에서는 이런 목표를 달성할 서울 시장과 서울시 교육감이 동시에 당선돼야 합니다.

③ 정보 기본권

서울 시민 여러분, 오늘날은 정보화 시대이며, 동시에 정보에 대한 접근이 가장 중요한 시대입니다. 그래서 정부도 IT산업을 육성한다고 강조하고 있습니다. 그러나 현실에서 진행되는 모습을 보면 IT산업이 발전하고, 정보 기본권이 실현되기보다는 오히려 후퇴하고 있는 실정입니다. 공공 IT의 기반이 조성되고, 시민 모두에게 정보 기본권이 보장돼야 합니다. 서울 시민 개인이 어느 곳에 있든 보장돼야 하며, 그런 점에서 현대인의 필수품인 핸드폰을 통한 정보 접근은 매우 유력한 수단입니다. 저 자신이 핸드폰으로 인터넷에 접속해 정보를 파악하고, 업무를 처리하면서 이에 대한 확신은 더욱 커졌습니다. 저는 서울 전역에 무상 인터넷 네트워크를 구축해 서울 시민 누구나 다 자유롭게 네트워크에 접속하고, 정보에 접근할 수 있는 '서울 시민 정보 기본권'을 실현하겠습니다.

사람 사는 서울

④ 안정된 일자리

오늘날 일자리 문제는 심각합니다. 특히, 여성과 청년의 일자리는 더 심각한 상태입니다. 열악하고 불안한 일자리는 사회 양극화의 주범입니다. 좋은 일자리를 만들어 내는 데에는 정부의 역할이 가장 중요하지만, 노동 유연화를 추구하는 이 정부 아래서 그것을 기대하기는 힘듭니다. 서울 시장이 나서야 합니다. 저와 같은 진보 정치인으로서 영국 런던 시장을 지낸 바 있는 켄 리빙스턴은 시장으로 재직하면서 공공 부문에 일자리를 창출하는 것은 물론, 일반 사기업들에 대해서도 '이윤이 아닌 사회적 기준'을 만족시키는 기업들에게 다양한 혜택을 주는 정책을 펼친 바 있습니다.

서울 시장도 공공 부문 일자리 창출에 앞장서야 합니다. 나아가 일반 기업에서도 안정적인 일자리를 제공하는 기업, 여성과 청년의 고용을 우대하는 기업, 성평등이 실현되는 기업 등 다양한 기준을 만들어 이것을 지키는 기업들에게 더 많은 혜택이 가도록 해야 합니다. 그래서 서울 시민들의 안정된 일자리를 만들어야 합니다. 저는 이것을 '(가칭)고용 안정 기업 우대제'라고 명명합니다. 시장이 의지가 있다면 충분히 가능한 일입니다.

또한 서울 시장은 대규모 기업과의 경쟁에서 내몰리고 있는 영세 자영업 일자리의 안정성을 확보해야 합니다. 저는 골목 경제와 영세 자영업을 위기로 내모는 대형 마트와 SSM을 규제해, 자영업 시민들의 일자리 안정을 위해 노력할 것입니다.

⑤ 주거 안정

서울 시민 여러분. 서울은 평범한 노동자가 30년을 꼬박 저축해야 33평 아파트 한 채를 장만할 수 있는 주거 불평등, 주거 불안정의 도시가 됐습니다. 저 역시 노원구에서 전세를 사는, 잠재적인 주거 불안정 계층이기도 합니다. 차기 서울 시장은 '주거 불안 없는 서울'을 만들어야 합니다.

지난 몇 년간 서울시는 뉴타운과 재개발로 홍역을 앓아 왔고, 지금은 그 여파로 전세까지 폭등하는 상황입니다. 오세훈 시장은 주거 안정을 위해 서울시 장기 전세 주택 '시프트'를 내년 임기 말까지 2만여 호 공급하겠다고 했지만 현재 6000여 호 공급에 그치고 있습니다. 더구나 전체 공급 계획 2만여 호 중 1만7000여 호는 기존의 공급 계획이던 국민임대주택을 이름만 '시프트'로 바꾼 것에 불과합니다. 결국, 오세훈 시장은 서울 시민들의 주택난을 해결하지 못했고, 뉴타운이 투기장으로 번져 가는 것을 막지 못했습니다. 아니 애초에 뉴타운 열풍으로 당선된 시장이었기에 이 문제를 막을 수 없었던 것입니다.

저는 '서울 시민 주거 안정'의 실현을 위해 '사람 중심의 주택 정책'을 펼칠 것입니다. 주택 재개발에 대한 서울 시장의 관리감독권을 충분히 행사해 시민들이 내 집을 마련하거나, 질 좋은 공공 임대주택에 살 수 있는 길을 마련하겠습니다. 아무리 비싸도 1억 원 미만인 공공 임대주택을 다량 공급해 서울 전역의 전세가를 내리도록 하겠습니다. 또한 현재 서울시처럼 '주변 시세에 비해 싸게 공공 주택을 지어 놓았으니 알아서 입주하라'는 것이 아니라,

시민들의 소득수준에 따른 공공 임대 정책을 실시할 것입니다. 장기적으로는, 지금 5퍼센트가 안 되는 서울시 공공 주택 비중을 20퍼센트까지 확보할 수 있도록 정책을 펼치겠습니다.

⑥ 생태 서울

서울 시민 여러분, 지방에 계신 분들이 서울에 오면 목이 따갑다고 합니다. 늘어나는 자동차는 교통사고는 물론, 대기오염의 주원인입니다. 초고층 빌딩의 과도한 에너지 사용은 서울의 도심을 열섬으로 만들어 시민들의 불쾌지수를 올리고 있습니다. 서울 시민들의 건강과 안전, 환경은 지금도 '위험 진행형'입니다.

서울의 녹색 에너지 생태 전환을 이뤄야 합니다. 정부가 추진하다가 중단한 발전 차액 지원 제도를 살려 서울 도시 각 건물에 태양광 발전설비를 설치하고, 냉난방 단열을 효율화하며, 초고층 아파트 건축을 제한하는 등 지금보다 에너지 사용을 확연히 줄이도록 하겠습니다. 대기질 개선을 위해 도심 승용차 진입을 억제하고 친환경 대중교통을 활성화하겠습니다. 여기에 더해, 서울 곳곳에 바람길과 숲길을 내고, 작은 개천들을 잘 복원하면 '3°C 더 쾌적한 생태 서울'을 만들 수 있습니다.

⑦ 따뜻한 노후

서울 시민 여러분, 현재 서울시는 '9988프로젝트'라는 이름으로 노인 어르신들에 대한 정책을 펼치고 있습니다. 가족이 점점 해체되는 시대에 '따뜻한 노후'를 위해서는 노인들에게 '건강 유지, 기본적 소득, 보금자리, 다양한 일자리'를 제공해야 합니다. 2012년부터 보험이 지원되는 틀니의 개인 부담 비용을 지원하고, 노인들을 위한 일자리를 마련하며, 독거노인들을 위한 임대주택 확보에 나서겠습니다. 더불어, 서울시에서 결혼, 장례를 포함한 경조사에 공공서비스를 제공하는 방안을 검토하겠습니다. 현재 우후죽순 설립된 상조 회사들로 인해 많은 서민들이 피해를 보고 있고, 장례식장과 결혼식장 등의 비용은 여전히 만만치 않습니다. 서울시의 공공 상조 설립으로 장례, 결혼 등 표준 서비스를 제공한다면, 비용 거품을 제거하고 서비스의 질을 높일 수 있을 것입니다.

존경하는 서울 시민 여러분. 오늘 저는 '요람에서 무덤까지' 서울의 변화를 말씀드렸습니다. 그리고 이를 위해서는 서울에서부터 정권 교체가 필요합니다. 지금까지 기성 보수정당 정치인, 학자, 관료, 기업인, 법조인 출신의 다양한 서울 시장이 있었습니다. 그러나 과연 서울에 얼마나 의미 있는 변화가 있었습니까. 이제는 지금까지와는 다른 진보적 변화, 지금까지 서울에 없었던 진보 시장의 탄생이 필요한 때입니다.

저 노회찬은 이런 변화를 위해 저부터 변화하고, 진보신당부터 변화하겠습니다. 그리고 그 변화는 이미 시작되었습니다. 그동안 진보 정치는 우리 사회의 구조적 문제를 해결하는 데 앞장서 왔지만, 상가임대차보호법, 신용카드 수수료 인하 등 작은 진보를 이루는 데도 노력해 왔습니다. 최근에 와서도 진보신당은 휴대전화 통신비 인하, 신종플루 특진비 폐지, 은행 수수료 문제 해결 등 생활 속의 진보를 실천하고 있습니다. 서울 시민들의 생활 속에 뿌리내리는 생활 진보, 합리적 진보, 현대적인 진보를 앞으로도 꾸준히 만들어 가겠습니다.

시민 여러분, 미국 정신의학회에서 발간하는 정신 질병 목록에 화병(hwa-byung)이라는 게 있습니다. 이들은 화병을 소개하면서 "한국인들의 토속 증후군으로서 화를 억눌러서 생기는 병이며, 증상으로는 불면, 피로감, 불쾌한 기분, 소화불량, 호흡곤란, 가슴 두근거림, 오목 가슴에 혹이 들어찬 것 같은 갑갑함 등이 있다"고 기록하고 있습니다. 외국인들이 오히려 우리를 정확하게 보고 있는 것입니다. 1000만 서울 시민들 역시 알 수 없는 불안과 스트레스, 우울증을 앓고 있습니다. 더욱이 청소년 자살률 1위의 서울을 보면 이 화병이 우리 자녀들에게까지 옮아감을 알 수 있습니다.

서울 시민들에게서 화병을 걷어 내려면, 시민들의 삶에서 걱정과 불안의 요소를 걷어 내야 합니다. 그런 점에서 서울 시민들에게 지금 필요한 것은 더 많은 분수가 아니라, 더 많은 공공 주택, 더 많은 교육 기회, 더 안정적인 보육 시설, 더 따뜻한 노후, 더 좋은 일자리입니다.

시민 여러분, 오늘 저는 여러분께 많은 말씀을 드렸습니다. 그러나 오늘 말씀이 끝이 아니라 저의 생각을 소통하기 위해 이제 여러분 속으로 들어가고자 합니다. 오늘 용산 참사 현장을 방문하는 것을 시작으로, 내일부터 시민 여러분이 계신 곳곳을 찾아뵐

터이니 가감 없는 질책과 격려 부탁드립니다. 충분히 듣고, 그 결과를 정책에 반영해 다시 제안드리겠습니다.

서울 시민 여러분, 지금까지 서울의 역사는 서울 시민들을 위해 서울시가 존재해 온 것이 아니라, 서울의 외형 성장 그 자체를 위해 서울 시민들이 희생해 온 역사였습니다. 서울 시민들은 끝없는 경쟁 속에 자신을 내맡겨야만 했습니다. 이제는 달라야 하지 않겠습니까.

서울을 위해 존재하는 서울 시민이 아니라, 서울 시민을 위해 존재하는 서울을 만들겠습니다. 2012년이 아니라, 2010년부터 서울에서 정권 교체를 시작하겠습니다. '요람에서 무덤까지' 새로운 복지 서울, 진보 서울을 만드는 데 많은 격려를 부탁드립니다.

감사합니다.

복지 혁명과 정치혁명을 위해

2010년 5월 14일, 진보신당 서울 시장 후보 기자회견문

오늘로써 6·2 지방선거 서울 시장 후보가 모두 확정됩니다. 진보신당의 노회찬을 비롯해 한나라당, 민주당, 자유선진당 등 주요 정당의 서울 시장 후보가 이번 선거에 출전합니다.

진보신당은 이미 지난번 야권 연대 논의 과정에서 진보 정치 세력을 들러리 세움으로써 이번 지방선거를 '구 여권 대 현 여권'의 일대일 대결 구도로 만들어 가려는 민주당 및 친노 세력의 '묻지 마 연대' 요구에 맞서 진보 정치의 한 길을 당당히 걸어왔습니다.

오늘 민주노동당 이상규 후보가 한명숙 후보의 지지를 선언하면서 후보 사퇴를 선언했습니다. …… 민주노동당 후보의 사퇴로 저 노회찬은 이제 유일한 진보 후보가 되었고, 어깨는 더욱 무거워졌습니다. 이미 2007년 대선에서 국민의 심판을 받고도 제대로 혁신하지 않은 민주당 등 구 여권 세력과, 지난 2년 6개월간 민주

주의와 서민 생활을 후퇴시킨 한나라당 모두 서울 시민에게는 선택지가 아닙니다. 현재가 고통스럽다고 5년 전으로 돌아가자는 것은 가능하지도 않고, 바람직하지도 않으며, 퇴행적인 정치에 불과합니다.

저는 천안함을 정치적으로 이용하려는 후보도 아니고, 전직 대통령의 추모에 기대는 후보도 아닙니다. 저는 오로지 노동자, 서민을 위해 현장에서 평생을 묵묵히 활동해 온 진보 정치 후보입니다. 현재가 고통스러울 때 과거로 돌아가는 것이 아니라 더 나은 미래로 나아가는 것은 기본적인 상식입니다. 서울 시민들은 바로 이런 당연하고 상식적인 선택을 할 것입니다. 미래를 책임질 수 있는 유일한 정치 세력, 진보 정치 후보인 노회찬을 선택할 것으로 믿어 마지않습니다.

현 정권도, 전 정권도 그 어느 누구도 국민에게 말만 해놓고 가져다주지 않은 복지 혁명을 안겨 줄 유일한 세력은 진보 정치 세력입니다. 민주당 7년, 한나라당 8년의 서울 시장들이 아무도 해내지 못하고 오히려 방치한 서울 시민들의 삶의 질 향상, 복지 혁명을 반드시 이뤄 내겠습니다.

노회찬은 이제 유일한 진보 후보로서 서울에서 완전한 복지 혁명과 제3의 정치혁명을 만들어 내기 위해 뚜벅뚜벅 나아갈 것입니다. …… 서울 시민 여러분의 많은 지지를 부탁드립니다.

감사합니다.

복지 혁명과 정치혁명을 위해

+

2011년 12월 6일 민주노동당, 국민참여당, 새진보통합연대(진보신당 탈당파) 등 3개 정치 세력이 통합해 통합진보당을 창당했다. 노회찬은 2012년 4월 11일 19대 총선에서 서울 노원구 병에 출마, 57.21퍼센트의 특표율로 당선되었다. 19대 총선에서 통합진보당은 비례대표 6명, 지역구 의원 7명 등 총 13명의 국회의원을 당선시켰다. 그러나 4월 20일 비례대표 경선을 둘러싼 부정선거 의혹이 제기되었고, 5월 2일 당 비례대표 경선 진상조사위는 "비례대표 경선에 총체적 부실"이 있었음을 발표했다. 이후 이 문제를 둘러싼 갈등의 결과 같은 해 9월 유시민, 심상정, 노회찬 등 국민참여계와 진보신당계는 통합진보당을 탈당하고, 진보정의당을 창당한다.

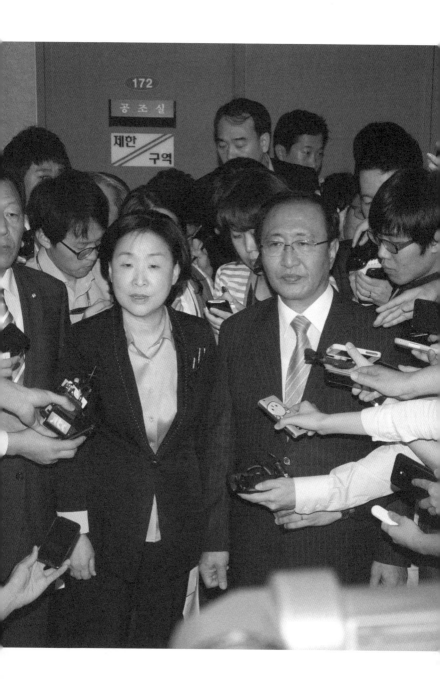

통합진보당 탈당 기자회견을 마친 후 국회 정론관에서

통합진보당을 탈당하며

2012년 9월 13일, 탈당 기자회견

　탈당이라는 또 한 번의 멍에를 쓰게 되었습니다. 국민 여러분들께 진심으로 사죄드립니다. 살아남기 위해 떠나는 것이 아니라 약속을 지키기 위해서 험한 길을 선택했습니다.

　특히, 저는 지역구 의원으로서 저의 거취와 관련해서 지난 9월 2일 노원구 주민들을 대상으로 여론 조사를 실시했습니다. 그 여론조사에서 분당 후 새로운 정당을 창당하라는 노원구 주민들의 여론이 42.1퍼센트, 분당하지 말고 내부에서 혁신하라는 뜻이 33.2퍼센트였습니다. 그리고 저의 거취와 관련해서 새로운 정당을 창당하는 데 참여하라는 것이 36.8퍼센트, 통합진보당에 잔류해서 혁신과 개혁에 힘쓰라는 것이 22.4퍼센트였습니다. 지역구 주민들에게 약속한 바를 앞으로도 계속 이행해 나가겠습니다.

　남아 있는 통합진보당 당원들께 한용운의 〈님의 침묵〉 중 한 구

진보 정당, 같은 꿈을 꾸는 집을 지으며

절을 들려 드리고 싶습니다. "우리는 만날 때 떠날 것을 염려하는 것과 같이 떠날 때에 다시 만날 것을 믿습니다." 저는 진심으로 다시 만날 것을 믿습니다. 그러나 그날은 결코 저절로 찾아오지 않을 것입니다. 우리가 서로 지금보다 훨씬 더 나아져야 그날도 가능할 것입니다. 흐르는 물은 산속에서 헤어져도 들판에서 다시 만나고, 들판에서 헤어진 물이 저 바다에서 다시 모입니다. 그러나 그 과정은 그 어떤 물이든 점점 더 낮은 곳으로 임할 때 그 만남도 가능해집니다. 진보 정당의 원래의 정신으로 되돌아가서 더 낮은 곳으로 임해서 결국에 함께 만나게 되기를 진심으로 바랍니다.

저 때문에 통합진보당에 입당하신 분들께 거듭 죄송하다는 말씀을 드립니다. 저를 용서하지 마십시오.

6411번 버스를 아시나요

2012년 10월 21일, 진보정의당 공동대표 수락 연설문

6411번 버스라고 있습니다. 서울 구로구 가로수 공원에서 출발해 강남을 거쳐 개포동 주공 2단지까지 대략 2시간 정도 걸리는 노선버스입니다. 내일 아침에도 이 버스는 새벽 4시 정각에 출발합니다. 새벽 4시에 출발하는 그 버스와 4시 5분경에 출발하는 두 번째 버스는, 출발한 지 15분 만에 신도림과 구로시장을 거칠 때쯤이면 좌석은 만석이 되고 버스 안 복도까지 사람들이 한 명 한 명 바닥에 다 앉는 진풍경이 매일 벌어집니다.

새로운 사람이 타는 일은 거의 없습니다. 매일 같은 사람이 탑니다. 그래서 시내버스인데도 마치 고정석이 있는 것처럼 어느 정류소에서 누가 타고 강남 어느 정류소에서 누가 내리는지 거의 다 알고 있는 매우 특이한 버스입니다. 이 버스 타시는 분들은 새벽 3시에 일어나서 새벽 5시 반이면 직장인 강남의 빌딩에 출근해야 하

낮에도 이 버스를 이용하는 사람들이 있고

퇴근길에도 이용하는 사람들이 있지만,

새벽 4시와 4시 5분에 출발하는 6411번 버스가

출발점부터 거의 만석이 되어 강남의 여러 정류장에서

50, 60대 아주머니들을 다 내려 준 후

종점으로 향한다는 걸 아는 사람은 거의 없습니다.

6411번 버스 새벽 첫차 안

는 분들입니다. 지하철이 다니지 않는 시각이기 때문에 매일 이 버스를 탑니다. 한 명이 어쩌다 결근을 하면 누가 어디서 안 탔는지 모두가 다 알고 있습니다.

낮에도 이 버스를 이용하는 사람들이 있고 퇴근길에도 이용하는 사람들이 있지만, 새벽 4시와 4시 5분에 출발하는 6411번 버스가 출발점부터 거의 만석이 되어 강남의 여러 정류장에서 50, 60대 아주머니들을 다 내려 준 후 종점으로 향한다는 걸 아는 사람은 거의 없습니다. 이분들이 아침에 출근하는 직장도 마찬가지입니다. 아들딸과 같은 수많은 직장인들이 그 빌딩을 드나들지만, 그 빌딩이 새벽 5시 반에 출근하는 아주머니들에 의해서 청소되고 정비되는 것을 의식하는 사람은 거의 없습니다. 이분들은 태어날 때부터 이름이 있었지만 그 이름으로 불리지 않습니다. 그냥 아주머니입니다. 그냥 청소하는 미화원일 뿐입니다. 한 달에 85만 원 받는 이분들이야말로 투명 인간입니다. 존재하되 그 존재를 우리가 느끼지 못하고 함께 살아가는 분들입니다. 지금 현대자동차 그 고압선 철탑 위에 올라 있는 비정규직 노동자들도 마찬가지입니다. 23명씩 죽어 나간 쌍용자동차 노동자들도 마찬가지입니다. 저 용산에서 몇 년째 허허벌판으로 방치되고 있는 남일당 건물에서 사라져 간 다섯 분도 투명 인간입니다.

저는 스스로에게 묻습니다. 이들은 아홉시 뉴스도 보지 못하고 일찍 잠자리에 들어야 하는 분들입니다. 그래서 이분들이 유시민을 모르고 심상정을 모르고 이 노회찬을 모를 수 있습니다. 그러나 그렇다고 이분들의 삶이 고단하지 않았던 순간이 있었겠습니까. 이분들이 그 어려움 속에서 우리 같은 사람들을 찾을 때 우리는 어디 있었습니까. 그들 눈앞에 있었습니까. 그들의 손이 닿는 곳에 있었습니까. 그들의 목소리가 들리는 곳에 과연 있었습니까.

그 누구 탓도 하지 않겠습니다. 오늘 우리가 함께 만들어 가는 이 진보정의당, 대한민국을 실제로 움직여 온 수많은 투명 인간들을 위해 존재할 때 그 일말의 의의를 우리는 확인할 수 있을 것입니다. 사실상 그동안 이런 분들에게 우리는 투명 정당이나 다름없었습니다. 정치한다고 목소리 높여 외치지만 이분들이 필요로 할 때 이분들이 손에 닿는 거리에 우리는 없었습니다. 존재했지만 보이지 않는 정당, 투명 정당. 그것이 이제까지 대한민국 진보 정당의 모습이었습니다. 저는 이제 이분들이 냄새 맡을 수 있고 손에 잡을 수 있는 곳으로 이 당을 여러분과 함께 가져가고자 합니다. 여러분, 준비되셨습니까.

강물은 아래로 흘러갈수록 그 폭이 넓어진다고 합니다. 우리의 대중정당은 달리 이루어지는 것이 아니라 더 낮은 곳으로 내려갈 때 실현될 것입니다. 진보정의당의 공동대표로 이 부족한 사람을 선출해 주신 데 대해서 무거운 마음으로 수락하고자 합니다. 저는 진보정의당이 존재하는 그 시간까지, 그리고 제가 대표를 맡고 있는 동안 저의 모든 것을 바쳐서 심상정 후보를 앞장세운 진보적 정권 교체에 성공하고, 그리고 우리가 바라는 모든 투명 인간들의 당으로 이 진보정의당을 세우는 데 제가 가진 모든 것을 털어 넣겠습니다.

신도림역 Sindorim Stn

⟨60⟩ 구로역 ←   다솜아파트
Guro Stn   Dasom Apt

⟨21⟩ 구로디지털단지
구로구청   170m

밝은서울

사8457

진보 정당의 위기와 정체성 찾기
: 한국형 사회민주주의

2013년 1월 25일, 진보정의연구소 제2차 집담회 발표문

지금 한국의 진보 정당은 2000년 1월 민주노동당 창당 이래 가장 심각한 위기 상황에 처해 있다. 대통령 직선제가 부활하며 치러진 1987년 대선 이래 가장 많은 수의 '진보 후보'가 난립하고 가장 혹독한 평가 속에 저조한 지지율을 기록한 제18대 대선은 진보 정치의 위기가 어디까지 진행되었는지를 보여 주는 상징적 사건이다.

진보정의당, 통합진보당, 진보신당으로의 분열과 갈등, 세 정당의 지지율을 합쳐도 원내 진출 전인 2003년 민주노동당 지지율에도 못 미치는 현상은 위기의 표면적 양상일 뿐이다. 위기의 심각성은 한국의 진보 정당이 이제까지의 발전 전략으로는 한걸음도 더 나아가기 어려울 뿐 아니라 무엇이 진보인가라는 근본적 물음 앞에서 유의미한 독자적 세력으로 존립할 가능성조차 불확실해

지고 있다는 사실이다.

2012년 10월 창당한 진보정의당은 2013년 2단계 창당을 약속한 바 있다. 어떤 당을 누구와 함께 만들 것인가는 진보정의당에게 올해 상반기 최대의 과제이다. 그러나 실패로 귀결된 2011년 통합진보당 창당처럼 기존의 관성을 유지한 채 단순한 몸집 불리기로 끝난다면 진보 정치의 위기는 가속화될 뿐이다. 따라서 진보정의당의 2단계 창당의 방향과 계획은 한국의 진보 정치가 당면한 위기를 타개해 가는 적극적인 해결책으로 제시될 때에만 그 의의를 가질 것이다.

현재 진보 정당의 위기는 무엇보다도 정체성의 위기로 나타나고 있다. 2000년 1월 창당한 민주노동당은 반세기 만에 다시 등장한 진보 정당의 상징이었다. 무상교육, 무상 의료, 부유세 도입 주장은 그 자체로 진보 정책의 상징이었다. 그러나 이들 정책은 새로운 국가 모델로 승화하지 못했고 정교한 복지 프로그램으로 구체화하지도 못했다. 대신 IMF 외환 위기 이래 세 차례의 정권 교체가 이뤄지는 동안 사회 양극화는 극대화되었고 새누리당이 무상 보육을 공약으로 걸 정도로 복지 경쟁이 시작되었다. 10년째 한 발짝도 나아가지 못한 '진보'는 더 이상 '진보적'이지 않으며 '진보'라는 정체성이 진보 정당 고유의 특성과 강점으로 인정되지 않는 현실이 되었다. 2012년 새누리당의 대선 공약이 2007년 민주당의 그것보다 '진보'적이며, 2012년 민주당의 대선 공약이 2007년 민주노동당의 그것만큼 진보적이며, 2012년 박근혜 후보의 무상 보육 공약이 2010년 노회찬 서울 시장 후보의 무상 보육 공약보다 더 진보적인 내용으로 제시되는 상황에서 한국의 진보 정당은 진보라는 정체성만으로 그리고 과거의 방식으로 자신을 차별화하기 불가능한 새로운 국면에 직면하게 되었다.

경쟁하는 다른 정당들과 차별성을 찾지 못한 데서 비롯된 진보 정당 정체성의 위기는 급증하는 복지 수요에 대응하는 총체적이며 정교한 프로그램을 발전시키지 못한 가운데 가중되고 있다. 동시에 선거 시기 대중의 환심을 사기 위해 대책 없이 '더 많은 복지'를 약속하는 포퓰리즘적 접근을 진보 정당이 선도하고 민주당과 새누리당이 이를 따르는 양상까지 나타나고 있다. 무상교육과 반값 등록금을 주장하면서 '대학 안 가고도 행복한 삶'을 위한 종합 프로그램을 제시하지 못하고 있으며, '비정규직 완전 철폐'라는 근본주의적 주장을 견지하면서 '동일노동 동일임금' 원칙에 기초한 유연한 차별 완화 대책에 소극적이다.

정체성의 위기는 당내 구심력의 제고에도 한계로 작용하고 있다. 십 년 남짓 기간 동안 15만 명 이상의 당원을 배출했지만 정치 이념과 노선상의 동질성 수준은 여전히 낮다. 교육, 토론, 설득, 합의를 위한 시스템이 열악하고 노력은 방기되는 경우가 많다. 당내에서 꿈을 공유하고 그 꿈을 시민들에게 전달하기 위한 노력은 오랫동안 중단되어 왔다. 당 강령은 창당 과정에서만 통과의례처럼 논란이 될 뿐 사문화되는 경우가 더 일반적이었다. 이런 상황은 결국 당내 민주주의에도 영향을 미쳐 당 운영은 정파라는 이름의 소수 활동가 그룹에 의해 독점되고 이들 정파의 담합으로 권력과 자원이 배분되는 전근대적 방식이 지배적이었다. 이런 방식의 폐해가 폭발적으로 드러난 것이 2008년 민주노동당의 분당 사태와 2012년 통합진보당 사태이다.

진보정의당의 2단계 창당은 2000년 이래의 진보 정당 운동을 정산하는 새로운 당 만들기 과정이 되어야 한다. 진보 세력의 이미지는 실추하고 신뢰는 저하되었지만 진보적 가치의 사회적 실현을 향한 시민들의 요구는 날로 커가고 있다. 낡은 진보가 설 자리는 점점 줄어들고 있지만 제대로 된 진보 정당을 바라는 요구는 반대로 커가고 있다. 이제 새로운 진보 정당은 진보라는 애매한 이름 뒤에 숨지 말아야 하며, 사탕을 쥐어 주는 대신에 자신의 영혼과 속내와 계획을 당당히 드러내고 심판받길 주저하지 말아야 한다.

1987년 6월 항쟁으로 정치적 민주화는 국민적 합의가 되었다. 1987년 대선은 이 정치적 민주화를 누가 주도할 것인가를 정하는 선거였고 양김의 분열로 그 역할은 노태우 대통령에게 주어졌다. 2012년 대선은 지난 15년간의 사회 양극화 속에서 국민적 요구로 등장한 경제민주화를 누가 주도할 것인가를 결정하는 선거였다. 개혁, 진보 진영의 무력한 대응 결과 박근혜 당선인이 경제민주화를 추진할 주도권을 쥐게 되었다. 박근혜 당선인이 이를 성공적으로 추진할지는 여전히 불투명하다. 복지 수요를 줄일 일자리 대책의 부재, 재원 마련을 위한 증세 계획의 결여, 내부 저항에 맞설 철학과 의지의 결여 등 부정적 요소가 적지 않다. 그러나 박정희 대통령이 긴급조치 제3호를 발동해 저소득층을 위한 근로소득세, 주민세 면제, 중·소상공업자에 대한 특별 저리 융자, 임금 체불과 부당노동행위 가중처벌, 재산세 면세점 인상과 사치품 중과세, 공무원 임금 인상 등을 추진했듯이 박근혜 정부의 복지는 시혜 차원에서 확대하되 경제력 집중은 오히려 심화하는 상황이 될 가능성도 높다. 그럼에도 불구하고 확대되는 복지는 복지국가로의 지향과 요구를 강화할 가능성이 더 크다. 이에 따라 진보 정당은 이 같은 시대적 요구에 자신의 역할을 제고할 사명을 요구 받고 있으며 진보 정당이 추구하는 국가 모델과 사회시스템 그리고 총체적 복지 프로그램을 정교하게 제출하지 않으면 안 되는 상황에 직면하고 있다.

노동에 기반한 대중정당은 진보 정당 정체성의 가장 주요한 축이다. 강한 노동은 복지국가 건설의 물적 기반이며 정책의 중심 가치여야 한다. 이를 실현할 방법은 과거의 관성을 벗어난 새로운 로드맵으로 기획되지 않으면 안 된다. 민주노총의 배타적 지지 방식은 과거의 낡은 방식이 되었으며 민주노총 조직률이 5퍼센트 남짓한 현실에서 내부 정파 구조에 위탁하는 조직화 방식의 한계와 폐단도 분명하다. 이제부터 노동과 정치는 직접 만나야 한다. 비정규직 등 가장 어려운 처지에 놓여 있는 노동 대중과 진보 정당이 직접 만나는 다양한 장과 소통 구조가 만들어져야 한다. 진보 정당의 미래는 노동자와 청년과 여성의 어깨 위에 놓여 있다.

이제까지 한국의 진보 정당들은 선거를 통한 권력의지의 실현, 추구하는 가치와 표명하는 정책들로 볼 때 일종의 사민주의 정당으로 분류되는 것이 정확하다. 그러나 지난 시기 국가사회주의와 사민주의 진영 간의 오랜 반목과 대립의 역사에 갇혀 사민주의를 살아 있는 정치과정과 미래 계획으로 다루는 것을 금기시해 왔다. 이제 이런 낡은 금기로부터 진보 정당을 해방시킬 때가 되었다. 진보정의당 당 간부 의식조사에서 북유럽의 스웨덴 모델에 대한 호감도가 90퍼센트를 넘는 현실에서 사회민주주의는 우리가 갈 길이 전혀 아니다 라고 강변하는 것이 과연 솔직한 태도인가? 사회민주주의는 나라 수만큼 다양하며 신자유주의의 공세 앞에서 유약한 모습을 보이는 경우도 허다하다. 그러나 우리는 민주주의에 기반해서 자본주의의 폐해를 극복하려고 노력해 온 여러 시도와 그 결과물들을 객관적으로 평가하지 않으면 안 된다.

진보정의당이 추구하는 가치는 강한 노동과 넓은 복지 그리고 생태와 평화의 존중이다. 민주주의에 철저하게 기반해서 자본주의의 무한 경쟁과 약육강식의 원리가 낳는 폐해를 극복하는 것은 변할 수 없는 우리의 신념이다. 현대적 진보 정당이 하나의 사상, 유일사상을 강요할 수는 없다. 최대 강령으로서의 이념적 지향은 각자의 몫이며 당은 다원적 민주주의로 이의 공존을 보장해야 한다. 동시에 복지국가를 열어 나갈 책임 있는 진보 정당으로서 우리는 우리의 정체성을 분명히 해야 한다. 우리의 정체성은 우리가 하나의 정당을 이루는 공통분모이며 국민들에게 약속하는 우리의 최소 강령이다. 집권을 목표로 하는 정당으로서 우리가 보장하는 한국의 미래 모델과 사회시스템을 만들어 가자. 그것이 바로 한국적 사회민주주의를 정립해 가는 과정이 될 것이다.

+

2013년 2월 14일 삼성 엑스파일 사건으로 국회의원직을 상실한 노회찬의 지역구 노원 병에 진보정의당 후보로 출마한 것은 김지선 후보였다. 그녀는 노회찬 의원의 부인이기도 했지만 평생 노동운동과 민주화 운동, 여성 인권 운동을 해온 인물로 더 잘 알려져 있었다. 대법 판결로 선거권과 피선거권이 모두 박탈된 채 자격정지 상태였던 노회찬은 선거 지원 활동을 할 수 없었다. 선거 결과 당선은 무소속으로 출마한 안철수 후보에게 돌아갔다.

김지선 후보를 지지합니다

2013년 4월 5일, 김지선 후보 선거사무소 개소식에서

제가 10여 년 전에 우연히 인터뷰를 하게 됐습니다. 그전에 인터뷰를 하면 보통 사적인 걸 물어보는 경우가 거의 없었는데, 이때는 개인적인 …… 결혼을 언제 했느냐, 어떻게 했느냐, 왜 했느냐 까지도 물어봤습니다. 결혼에 대해 "제가 이 세상에 태어나서 여러 가지 많은 일들을 했는데 그중에 솔직히 성공한 게 별로 없다. 유일하게 성공한 게 결혼이다" 그렇게 이야기했습니다. 프러포즈할 때 한 이야기인데, 제가 결혼하는 이유를 이렇게 말했습니다. "당신과 결혼하면 내가 좀 더 나은 인간이 될 것 같다."

제가 결혼을 유일하게 성공한 일이었다고 평가한 이유는 그런 제 기대대로, 결혼했기 때문에 (제 자신이) 그나마 조금 나아지지 않았는가, 조금 나은 사람이 되어 가고 있지 않은가 하는 생각이 들었기 때문입니다. 그런 생각을 갖고 20년 이상 같이 살아왔는데,

최근 한 달은 그런 생각을 감히 하기 힘들 정도로, 저와 같이 살아왔기 때문에 고통스러운, 더 힘든 길을 걷는 것이 아닌가, 그런 점에서 미안함을 감출 수가 없습니다. 특히나 진보정의당에 속해 있는 사람으로서 노원에서 치러지는 선거에 뭔가 저도 보탬이 조금이라도 되고 싶은데, 저는 법적으로 선거운동을 하지 못하는 사람입니다. 그래서 투표날에 투표권도 없습니다. 투표권만 없는 게 아니라 아침에 지하철역에서 인사할 때 옆에 서있어도 안 됩니다. 옆에 서있고 아무 말도 하지 않겠다고 선관위원들에게 애원했는데 아무 말 하지 않더라도 옆에 서있으면 안 된다고……. 제가 하도 답답해서 집에는 들어가도 되느냐고 했더니 그건 된답니다. 저는 집안에서만 수행하고 있습니다.

어려운 선거를 치르고 있는데 많은 분들이 이 힘든 선거에, 그리고 전망도 그리 밝아 보이지 않는 선거에, 마음과 뜻을 모아 주셔서 진심으로 감사합니다. 세상은 주판알 튕기듯이 금방 답이 떨어지는, 계산에 의해서만 바뀌지 않습니다. 이 세상이라는 것이 옳은 것이 끝내는 이긴다는 믿음, 확신, 그리고 대가를 한없이 치르더라도 양심을 지키려는 노력, 그런 순수함이, 늘 이기지 못했지만 끝내는 이겨 왔다고 저는 여전히 믿고 있습니다. 이런 믿음마저 무력해진다면 우리는 무엇을 위해 살아갈지, 정말 어디에도 기댈 데가 없다고 생각합니다. 저는 이번에 알았습니다. 김지선은 한 명이 아니다, 곳곳에 김지선이 있다고 생각합니다. 여러분 덕분에 더 나은 인간이 되어서 고맙습니다. 특히 후보 김지선에게 고맙습니다.

정의로운 새 정치를 향해,
사랑하는 노원을 위해 나섭니다

2013년 3월 10일, 진보정의당 노원 병 국회의원 후보 김지선 출마 선언문

사실 많이 떨립니다. 이런 날이 오지 않기를 바랐습니다. 35년 전 여의도 부활절 예배 단상에 올라 50만 인파 앞에서 '노동자는 기계가 아니다'라고 외쳤을 때만큼이나 긴장됩니다.

운명이라면 받아들여야겠지만, 노원(병) 선거의 무게를 생각할 때 쉬운 결정은 아니었습니다. 하지만 지난 세월 사회운동을 통해 만났던 벗들이 격려해 주셨고, 무엇보다 상계동의 이웃들과 진보정의당 당원들이 저에게 용기를 주셨습니다. 진보정의당 최고위원회의 추천과 어제 전국위원회의 인준을 거쳐 오늘 이 자리까지 서게 됐습니다.

이제 저는 35년 전 노동 현실을 고발하기 위해 여의도 광장 단상 위에 올랐던 그 심정으로, 정의로운 새 정치를 시작하기 위해 정치의 단상 위로 오릅니다. 저 김지선은 진보정의당의 노원 병

진보 정당, 같은 꿈을 꾸는 집을 지으며

보궐선거 후보로 출마합니다.

　존경하는 국민 여러분 그리고 노원 주민 여러분, 이번에 의원직을 상실한 노회찬 대표는 저와 함께 25년을 살아온, 사랑하고 존경하는 동반자입니다. 그리고 바로 그 이유 때문에 저에 대한 걱정과 우려가 있다는 것도 잘 알고 있습니다. 하지만 노회찬 대표가 저의 삶을 대신 살 수 없는 것처럼, 저 역시 노회찬 대표의 대리인으로 이번 선거에 출마할 생각은 없습니다. 저에겐 제가 살아온 길이 있고 제가 가야 할 길이 있습니다. 저는 가난으로 열여섯의 나이에 공장노동자로 사회생활을 시작했고 참담한 노동 현실 속에서 온몸을 내던져 노동자들의 권익을 위해 싸워 왔습니다. 또한 지난 20여 년 동안 우리 사회의 고질적인 성차별과 가정 폭력에 신음하던 여성들과 함께 울고 웃으며 여성 인권 운동의 일선에서 일해 왔고, 노원구 상계동의 지역공동체를 일구는 생활 정치인으로 살아왔습니다.

　저의 출마는 사회적 약자가 존중받고 더 정의롭고 인간적인 사회로 나아가야 한다는 저의 신념과, 이것을 실천해야 한다는 사명감에 따른 것입니다. 저는 오늘 그 누구의 배우자가 아닌 김지선으로 출마합니다.

　존경하는 국민 여러분, 새 대통령이 선출되고 새 정권이 출범했지만 낡은 정치체제와 행태에 대한 국민들의 원성은 여전히 높고 새 정치에 대한 바람은 뜨겁습니다. 그런데 무엇이 새 정치입니까? 새 얼굴이 곧 새 정치입니까? 국회의원 수를 줄이는 것이 새 정치입니까?

국민의 생각을 제대로 대변하지 못하고, 서민의 아픔을 어루만질 국회의원과 정당이 부족한 것이 정치가 불신당하는 가장 큰 이유입니다. 저는 새 정치의 출발이 다른 데 있다고 생각하지 않습니다. 시장의 영세 상인들과 비정규직 노동자들, 절망에 빠진 청년 세대의 목소리가 사라진, 한쪽의 목소리만이 들리는 우리 정치를 바꾸는 것이 새 정치입니다. 민생을 위한 대안과 비전으로 경쟁하는 것이 바로 새 정치입니다.

저는 만학으로 검정고시를 돌파하고 5년 전에 방송통신대학교를 졸업했습니다. 40여 년의 세월 동안 노동자, 여성, 서민 편에 서서 평생을 바쳐 왔습니다. 이제 저 김지선이 기꺼이 이러한 새 정치의 주역이 되겠습니다. 노동자와 여성을 위해 살아온 제 삶에 부끄럽지 않게, 노동자와 사회적 약자를 위한 정의로운 정치를 보여 드리겠습니다. 경제민주화와 땀의 정의를 실현하는 정당, 진보정의당의 후보로 진보정의당의 새 정치가 무엇인지 국민 여러분께 제시해 드릴 것입니다.

존경하는 노원 주민 여러분, 노원구 상계동은 이제 저의 고향입니다. 매주 뵙는 상계 복지관의 어르신들은 이제 저의 부모님입니다. 일 년 열두 달 빼먹지 않고 도시락 봉사를 하는 상계동 이웃들이 저는 자랑스럽습니다. 중앙시장에서 만나는 상인들과, 뉴타운 주민들의 안타까운 소식을 접할 때 저는 가슴이 아픕니다.

이처럼 사랑하고 존경하는 노원 주민 여러분께서는 1년 전 노회찬을 압도적으로 지지해 주셨습니다. 저는 노원의 선택이 옳았음을 입증하겠습니다. 노원 주민의 주권 행사를 무시한 대법원의 판결에 종지부를 찍고, 주민의 자존심을 되찾는 승리를 이룰 것입니다.

존경하는 국민 여러분, 이번 노원(병) 보궐선거는 안기부 엑스파일 사건에 대한 대법원의 잘못된 결정을 바로잡는 국민 법정이 되어야 합니다. 그래서 4월 24일은 거대 재벌과 부도덕한 권력에 의해 짓밟힌 정의를 바로 세우는 날이 되어야 합니다.

2월 14일 대법원 유죄 선고 이후, 수많은 국민들이 직접 서명으로 진보정의당 노회찬 대표의 무죄를 확인해 주셨습니다. 뇌물을 준 재벌과 뇌물을 받은 검찰이 무죄가 된 현실을 바꿔야 한다고 말씀해 주셨습니다.

안기부 엑스파일 사건에 대한 국민 법정인 이번 선거에서, 정의가 무엇인지 노원 주민의 힘으로 입증하겠습니다. 정의가 바로 서고, 노원의 자존심을 다시 찾는 일을 진보정의당의 김지선이 이루겠습니다. 4월 24일 국민과 함께, 노원 주민과 함께 반드시 승리할 것입니다.

+

2014년 7월 30일에 치러진 국회의원 보궐선거에서 동작구 을에 정의당 후보로 출마한 노회찬은 새정치민주연합의 기동민 후보와 단일화를 통해 사실상 야권 단일 후보로 선거에 나섰다. 하지만 48.69퍼센트의 득표율로 2위에 그쳐 패배했다. 1위는 나경원이었으며, 노회찬과의 표 차이는 929표였다.

다시, 불판을 갈겠습니다

2014년 7월 8일, 7·30 보궐선거 서울 동작 을 출마 기자회견문

국민 여러분 그리고 동작 주민 여러분!

이번 7·30 재보궐선거는 새누리당과 새정치민주연합 양당이 하는 '6·4 지방선거의 연장전'이 아닙니다. 또한 '새누리당 과반 의석 확보'나 '새정치민주연합에 의한 그것의 저지'라는 식으로 이번 선거의 의미가 호도되어서도 안 됩니다. 집권 여당과 제1야 당의 '적대적 공생 정치'가 정치와 국민들 사이를 더 멀게 하는 잘못된 현실이 가려지기 때문입니다.

정부 여당에 대한 실망과 원망이 켜켜이 쌓여 가지만 야당 역시 희망이 되지 못하는 것은 마찬가지인 현실입니다. 새 정치를 내걸 었지만 깃발만 나부낄 뿐 낡은 정치의 모습은 일일 연속극처럼 계속되고 있습니다. 야당의 체질 개선 없이 야권의 재편 없이 2017년 정권 교체는 불가능합니다. 이번 7·30 재보궐선거는 한국 정

치의 판갈이 시즌2의 신호탄이 되어야 합니다. ……

제가 10년 전에 "50년 된 불판을 갈아야 한다"고 했을 때 국민 여러분들께서 진보 정당 국회의원을 열 명 당선시켜 주셨듯이, 이번 7·30 재보궐선거에서 오만한 새누리당과 무기력한 제1야당인 새정치민주연합 모두를 '환골탈태'시키는 '정치 판갈이'를 할 수 있도록 저를 당선시켜 주십시오. 대한민국 정치의 혁신을 위해 '노회찬이 있는 국회'를 만들어 주십시오. ……

끝으로 한 말씀만 더 드리겠습니다. 잘 아시는 것처럼, 저는 2005년 8월 이른바 '삼성 엑스파일'에 등장하는 '떡값 검사' 명단을 공개했고, 그 대가로 지난 2013년 2월 14일 국회의원직을 잃었습니다. "도둑이야"라고 소리쳤는데 도둑은 안 잡고 소리친 사람에게만 죄를 물은 '사법 살인'이었습니다. 하지만 대법원은 삼성 엑스파일 사건 민사소송에서 제가 무죄임을 판결했습니다. 많은 희생을 치렀지만 당시의 제 행동에 어떠한 후회도 없습니다. 어떠한 희생이 따르더라도 대한민국 국회의원으로서 재벌, 언론, 검찰이라는 거대 권력의 검은 결탁을 뿌리 뽑아야 한다는 제 책무를 피하지 않았습니다. 저는 지금도 그 마음 그대로입니다. ……

오늘 저는 이 출마 기자회견 직후 첫걸음으로 동작구에 위치한 국립현충원의 무명용사탑을 참배할 계획입니다. 실로 이 나라는 이름 없는 수많은 분들의 희생으로 지켜져 왔고 그들의 땀방울로 성장해 왔습니다. 이름 있는 사람 앞에 줄 서는 정치가 아니라 이름 없는 사람들을 주인으로 모시는 정치를 펼쳐 나가겠습니다.

감사합니다.

저는 패배했습니다. 그러나,

2014년 7월 30일, 재보궐선거 낙선 인사 중에서

제가 선거운동 기간 중에 가장 많이 들었던 이야기는 저를 지지한다거나 저에게 표를 주겠다는 이야기가 아니었습니다. 동작구 주민들로부터, 유권자들로부터 가장 많이 들은 이야기는 꼭 이겨 달라는 이야기였습니다. 반드시 이겨야 한다는 이야기였습니다. 저는 그 이야기를 들을 때마다 정말 우리 국민들이 지금 이기고 싶어 하는구나 하는 것을 느꼈습니다. 무책임하고 무능력하고 탐욕스러운 그런 정부와 여당, 그리고 각종 기득권층에 대해서 국민들이 바로잡고 싶어 했습니다. 그런 점에서 우리 국민들은 스스로 이기고 싶어 했고, 그것을 저에게 맡겼습니다. 그런 당부와 부름에 제대로 응하지 못해 정말 죄송합니다.

저는 패배했습니다. 그러나 이기고 싶어 하는 국민들은 아직 패배하지 않았습니다. 아마도 우리 국민들은 이번 선거 결과를 보고

진보 정당, 같은 꿈을 꾸는 집을 지으며

서 더욱더 이겨야 한다는 다짐을 하고 있다고 저는 보고 있습니다. 동작구 을에서 정말 죄송스럽게도 패배했지만 우리 국민들이 끝내 이기는 그날까지 저 역시 굽히지 않고 나아가겠습니다. 비록 이곳 전투에서는 졌지만 전쟁은 아직 끝나지 않았습니다. 국민들이 승리하는 그날까지 정의당은 함께할 것입니다.

진보의 세속화 전략

『대한민국 진보, 어디로 가는가?』(비아북, 2014), 179-182쪽, 286-289쪽

·

(보통 사람들의 실질적인 삶의 문제를 해결할 수 있는 능력과 관련해) 가장 중요한 문제는 정치를 재인식하는 것이다. 현실 정치는 현실의 국민과 소통하고, 그들에게 이해를 구하고, 지지를 얻고, 참여를 도모하는 것이다. 그런데 우리는 정치를 자기 운동의 관성과 관념을 위한 하나의 수단으로 본다. 정치 그 자체를 중시하는 게 아니라 운동을 통해 다른 어떤 것을 추구하는 경향이 있다.

나는 진보신당에서 그런 것들을 참 많이 느꼈다. 서울 노원 병에 처음 출마했을 때 한 당원 부부는 내가 당선되지 않기를 바랐다고 한다. 내가 당선되면 현실 정치로 자꾸 세속화될 가능성이 있어서 당선되지 않고 계속 투사로 남아 주길 바랐다는 것이다. (웃음) 하지만 나는 진보 정치가 더 세속화되어야 한다고 본다. 더

현실화되어야 하고, 더 냉정하게 대중에게 평가받고, 평가받은 것을 인정하고, 그것을 바탕으로 반성하고 개선해야 한다.

한국의 진보는 운동과 정치를 잘 구분하지 못하고 있다. 운동이 정치의 우위에 있거나 운동이 정치보다 더 높은 가치를 지향하는 것으로 오해를 하고 있다. 그런 편견에서 벗어나야 한다. 심지어 '정치는 나쁜 것이다'라는 반정치적인 측면까지 있다. 정치를 안 할 사람이라고 하면 도덕적 우위를 부여한다. 정치를 건강하게 인식하지 못하고 있는 것이다.

('진보의 세속화 전략'이란) 그동안의 관념성을 버리고 적극적으로 정치의 영역을 활용하는 현실주의적 접근을 중시해야 한다는 것이다. 아직도 활동가들의 목표 자체가 굉장히 비현실적인 경우가 많다. 예를 들면 "내 목표는 사회주의다"라고 얘기하는 것이다. 그런데 사회주의가 금방 이루어지지 않는다는 것도 잘 안다. 사회주의가 금방 이루어지지 않기 때문에 자기가 바쁠 이유도 없다. 여기에 이상한 패배주의가 결합한다. 그 때문에 현실을 향한 적극성이 떨어진다. 신념을 간직하는 것이 더 중요하다는 과거의 정서, 문화가 남아 있는 것이다.

자기 이상은 높고 자기는 옳다고 주장한다. 대중이 그렇지 않다고 평가해도 그것을 인정하지 않는다. '사람들이 아직 잘 몰라서 그런 것이다. 사람들 의식이 낮아서 그런 것이다. 이것은 내가 바꾸려 노력해도 쉽게 안 바뀐다'고 이야기한다. 현실을 가지고 평가하고 그것에 기초해 판단하고, 다시 그 현실의 개선을 도모하는 게 아니라 자기는 늘 높은 이상을 보고, 현실에서는 별로 할 수 있는 일이 없다고 한다. 선거를 위한 활동은 자신들의 순수성이나 이상주의적 지향을 오염시킬 수 있는 것으로 치부한다. 이렇게 의식이 분절돼 있다.

진보 정당이 더 세속화되어야 한다고 이야기하는 것은 이 거리가 좁혀지는 걸 의미한다. 자신이 하고 있는 일이 자기 이상이 되어야 한다. 그런 점에서 새정치민주연합 등은 굉장히 세속화된 세력들이다. 패배하면 당장 큰일 난다. 그래서 승리하기 위해 별짓을 다한다. 하지만 여기는 꼭 그렇지는 않다. 속 편하게 머리와 손발이 따로 논다. 아니면 손발을 묶어 버리고 머리만 가지고 세상을 바라본다.

('진보적 가치'와 '정치적 현실주의'는) 양립해야만 하고, 양립할 수 있다. 사람이 권력을 가까이하면 탁해질 수밖에 없다거나 인간이 권력과 관계를 맺으면 점차 이상과 현실의 괴리를 느끼며 타락해 간다고 하는데 이런 관점이 과연 옳을까? 정치가 원래의 기능을 하면 할수록 신뢰받는 권력의 과정으로 자리 잡을 수 있다고 본다. 그리고 그것은 이미 도달되어 있는 현실이다.

(진보적인 것과 정치적인 것은) 차원이 다른 개념이다. 그런데 정치적일수록 진보성을 잃는다거나 두 가지가 양립하기 힘들다고 보는 경향들이 더 많았다. 내가 세속화되어야 한다고 주장하는 것이 이 때문이다. 정치는 엄연한 하나의 현실이고, 진보주의자의 기본 덕목은 실사구시다. 현실을 인정하고 현실을 이해하고 현실 위에서 현실을 바꾸는 게 진보주의자의 덕목이라면 이것은 양립해야 한다. 진보의 가치는 정치화되는 만큼 실현되는 것 아닌가? 그런 점

에서 정치를 새롭게 인식할 필요가 있다.

　•

　나는 사회주의적 이상과 원칙이 가장 잘 실현되고 있는 것이 사민주의라고 본다. 이 이상으로 진도 나간 체제가 있는가? …… 사민주의는 개량주의이다. 혁명이 아니라 선거를 통해 자본주의의 모순을 극복한다는 점에서 혁명 노선이 아니라 개량 노선이다. 이제 이념적으로 NL도 버리고 PD도 버리고 사민주의에서 다시 만나야 한다. 현실적으로 우리가 하고 있는 일은 사민주의인데, 옛날 족보를 가지고 NL과 PD로 나뉘어 계속 싸울 수는 없다.

　진보 정당은 처음 나왔을 때보다 국민들에게 굉장히 친숙한 존재가 됐다. 우리가 어떤 사람이라는 것을 이제는 더 솔직히 보여 줄 필요가 있다. 이사 온 지 오래됐는데 아직도 어떤 사람인지 모르고 있으면 이상하지 않은가. 더 책임 있는 세력으로 거듭나기 위해서 우리가 어떤 사람들이라는 것을 보여 줘야 한다. 우리 안에는 트로츠키주의자도 있고, 혁명적 민주주의자도 있고, 사회주의자도 있고, 사민주의자도 있고, 자유주의자도 있다. 그런데 우리의 공통점은 스웨덴과 같은 사민주 복지국가를 만들려는 것이다. 지금 당장 우리가 집권해서 만들려고 하는 사회가 이런 정도의 사회라는 것은 솔직하게 밝히는 것이 도리다. 그것이 또 진보의 혁신이다. 진보의 이미지가 이렇게 망가지고 오해가 겹쳐 있는 상황에서 오해를 풀기 위해서라도 우리의 정체성을 더 적극적으로 표현할 필요가 있다. 사민주의 역사를 보면 좀 개량주의적인 측면이 있지만 우리가 실제로 하는 것이 사민주의이기 때문에 이제는 그것(개량주의 비판) 때문에 내부 논란을 키울 필요는 없다. 진보라는 말로 우리를 설명하는 데 우리도 지쳤고 국민들도 지쳤다. 설명이 안 된다. ……

나는 (진보의 미래를) 낙관한다. 두 가지에서다. 하나는 이 사회가 점점 더 진보를 필요로 하는 사회로 갈 것이기 때문이다. 다른 하나는 진보가 추구하는 가치의 우월성뿐만 아니라 계속 스스로를 감시하고 파괴하고 부정하면서 스스로를 혁신하는 진보의 속성 때문이다. 진보는 때로 길을 잃어 방황하고 우를 범하거나 실책을 범하기도 하지만, 그것을 바로잡으려는 고유의 특성을 내재하고 있다.

진보 정당, 같은 꿈을 꾸는 집을 지으며

© 이종수

요리사 노회찬이 되겠습니다

2015년 6월 18일 정의당 당대표 출마 선언문[+]

지난 2년은 제게 어느 때보다도 소중한 시간이었습니다. 밖에서 본 정의당은 좋은 정당이었습니다. 어려운 여건에서 좋은 정당을 만들고 유지해 온 모든 분들께 진심으로 감사와 격려의 인사를 올립니다. 그러나 정의당이 '좋은 당'인 건 사실이지만 아직 '강한 당'은 아닙니다. 권력은 국민으로부터 나오고 국민의 지지를 받아야 '강한 당'이 되는데 안타깝게도 정의당은 아직 '국민들이 표를 주고 싶은 당'은 되지 못하고 있습니다. 당 지지율 역시 지난 하반기 이래 4퍼센트 남짓한 수준에 머물러 있습니다.

무거운 책임감으로 수많은 성찰의 시간을 보냈습니다. 다수의 국민들이 양대 기득권 정당을 극복하는 새 정치를 원하는데 제대로 된 새 정치를 실현하려는 정의당은 왜 선택 받지 못하는가? 그간의 선거에서 진보 정당을 지지해 온 유권자가 최소 15퍼센트에 이르고 더 많은 국민들이 건강하고 합리적인 진보 정당을 지지할 준비가 되어 있는데 왜 정의당의 지지율은 4~5퍼센트의 정체 상태를 벗어나지 못하는가? ……

정의당, 이제 변해야 합니다. 국민이 변하길 바라기 전에 우리가 먼저 바뀌어야 합니다. 그간 정의당은 몸에 좋은 음식을 만든다는 자부심으로 일해 왔습니다. 그러나 국민의 밥상에서 우리는 4~5퍼센트의 선택밖에 받지 못했습니다. 몸에 좋다고, 진보 정당이 원조라고 자족하고 있을 때는 지났습니다. 몸에 좋을 뿐만 아니라 먹기 편하고, 맛도 좋고, 보기도 좋은 음식을 국민은 원하고 있습니다.

우선 경제민주화 관련한 제반 정책의 재검토를 추진하겠습니다. 철학도 재정적 준비도 없이 선거를 의식해서 남발되는 작금의 '더 많은 복지' 경쟁은 결국 복지국가 실현의 최대의 걸림돌이 될 수 있습니다. 특히 1997년 금융 위기 이래 강자 위주의 노동시장 정책이 자영업 급증과 위기로 이어지면서 1차 분배의 현장에서 중산층이 몰락하고 사회 양극화가 극심해졌습니다. 이런 상황을

+

2015년 정의당 3기 지도부를 선출하는 선거에는 당 대표 후보로 노항래, 노회찬, 심상정, 조성주가 출마했다. 7월 11일 개표된 1차 투표 결과 득표율은 각각 노회찬 43퍼센트, 심상정 31.2퍼센트, 조성주 17.1퍼센트, 노항래 8.7퍼센트였다. 7월 13일부터 18일까지 결선투표가 진행됐으며, 노회찬(3308표, 47.5퍼센트)은 심상정(3651표, 52.5퍼센트)보다 343표를 적게 얻어 낙선했다.

요리사 노회찬이 되겠습니다

방치해 둔 채 2차 분배, 즉 '더 많은 복지'로 양극화를 완화하겠다는 것은 '병 주고 약 주는 가짜 의사 노릇'에 다름 아닙니다. 노동시장과 자영업에서 약자와 강자가 공존할 수 있도록 1차 분배 구조를 정상화하는 '노동과 복지가 함께하는 전략'을 수립하겠습니다. 동시에 '지속 가능한 복지'의 폭과 속도 그리고 이를 위한 재정 분담 방안을 국민들과 함께 만들고 합의해 가는 '대한민국 복지국가 이행 전략' 수립을 주도해 가겠습니다.

양대 기득권 정당에 의한 낡은 정치는 국민의 낡은 의식 탓이 아닙니다. 영남과 호남에서 두 기득권 정당들의 승자 독식을 보장하는 잘못된 선거제도 탓입니다. 따라서 한국 정치 혁신의 출발점은 선거제도의 근본적 개혁에 있습니다. 선거제도 개혁의 핵심은 정당 득표율과 의석 배분율을 일치시키는 것입니다. 마침 헌법 기구인 중앙선관위가 가장 바람직한 선거제도 개혁안을 공식 제안했습니다. 이를 반영한 권역별 비례대표제를 중심으로 당론을 재정비하겠습니다. 또한 올바른 선거제도 개혁안을 주장만 하는 것에서 탈피해 이를 관철시키기 위한 이행 전략을 추진하겠습니다. 2017년 대선에서 야권의 선거 연대는 선거제도 개혁을 중심으로 이뤄져야 하며 정권 교체 후 1년 이내에 국민투표 회부를 공약하고 대선 승리를 통한 국민적 공감대 위에서 2018년 내에 국민투표를 실시하는 방안을 추진해 나가겠습니다.

월급쟁이들의 당, 가게 주인아저씨들의 당, 아줌마들의 당, 젊은이들의 당으로 거듭나겠습니다. 정의당은 특정 계급, 계층만을 위한 당이 아니라 국민 모두의 당입니다. 그중에서도 정의로운 복지국가를 앞당기기 위한 정의당의 노력이 청년과 여성, 비정규직과 영세 자영업 등의 취약 계층에 집중되는 것은 당연합니다. 그러나 그간 노동자의 정당, 농민의 정당, 여성의 정당, 청년의 정당이 관념과 구호 안에 머무른 적이 많았습니다. 구호와 선언에서 탈피해서 실제 월급쟁이들이 모여들고 가게 주인들의 고충이 나눠지고 아줌마들이 자신의 고민으로 드나들고 젊은이들이 편하게 의지하는 당으로 발전시켜 가겠습니다. 비정규직 노동자들이 스스로 '우리의 정당'이라 여길 때까지 아직 우리는 '비정규직의 당'이 아님을 명심하겠습니다. ……

저는 내년 총선에 지역에서 출마해 3선 의원으로 살아 돌아와야 하는 막중한 임무를 갖고 있습니다. 다만 저 혼자의 생환에 그치지 않고 정의당이 두 자리 수의 당선자를 내는 데 제가 더 많이 기여할 수 있도록 이 노회찬에게 일할 기회를 주십시오. 제가 간절히 바라는 것은 당대표의 권위가 아니라 국민의 밥상을 차릴 '요리사의 칼'입니다. 노회찬이 요리하면 더 맛있다는 것을 꼭 보여 드리겠습니다. 정의당이 국민의 밥상에서 삼시 세끼를 책임질 수 있도록 만들어 가겠습니다. 유능하고 유연하며 유쾌한 진보 정치가 국민들 속에 뿌리내리고 더 많은 분들의 가슴속에 확장되는데 이 노회찬이 최선을 다할 것을 약속드립니다. 고맙습니다.

땀 흘리는 사람들

2016년 2월 1일 19대 총선 창원 출마 기자회견문⁺

존경하는 창원 시민 여러분! 안녕하십니까? 노회찬입니다. 벅찬 가슴과 떨리는 마음으로 이 자리에 섰습니다. 저는 이번 총선에서 진보 정치의 1번지 창원을 복원하라는 정의당 당원들의 명령과 정권 교체의 밀알이 되라는 시민들의 요청을 겸허하게 받아들여 제20대 총선에서 창원시 성산구에 정의당 후보로 출마할 것을 엄숙하게 선언합니다.

오늘 새벽 첫 열차를 타고 창원으로 향해 오면서 온갖 상념들이 주마등처럼 머리를 스쳤습니다. 저의 생애 첫 직업은 전기용접사였습니다. 산업용 보일러를 만드는 회사에서 일당 5천 원을 받는 용접공으로 사회에 첫걸음을 내딛었습니다. 노동법이 무시되고 인간 이하의 대접이 강요되던 현실을 고쳐 보려고 전기용접 2급 기능사 자격을 취득하고 노동 현장에 투신한 것입니다.

그 대가는 3년에 가까운 옥중 생활이었지만 한 번도 이를 후회한 적이 없습니다. 그 후 10년에 걸친 천신만고 끝에 진보 정당을 만든 것도, 두 차례나 국회의원이 된 것도, 국회의원직 박탈을 두려워하지 않고 삼성 엑스파일을 공개한 것도, 평생 한 우물만 판 것도 모두 한 가지 목표, 땀 흘려 일하는 사람들이 인간다운 대접을 받는 사회를 만들려는 것이었습니다. 그래서 저는 고향이 어디냐는 물음에 이렇게 대답합니다.

"노동자 서민의 땀과 눈물과 애환이 서려 있는 곳, 그곳이 나의 고향입니다."

+

2016년 4월 13일 제20대 총선을 앞두고 서울 노원 병과 경남 창원 성산을 놓고 고민하다 창원 성산을 택한 노회찬은 무소속 손석형 후보와 더불어민주당 허성무 후보를 이기고 야권 단일 후보로 선출되었다. 선거 결과 그는 6만1897표 득표(51.50퍼센트)로 새누리당의 강기윤 후보를 누르고 3선에 성공했다.

땀 흘리는 사람들

저에겐 꿈이 있다. 선진 복지국가로 가는 것이다. 노동이 강할 때 선
진 복지국가는 그만큼 빨리 갈 수 있다. 제가 창원에서 하고자 하는 것은
무너진 노동자들의 자존심을 회복하는 것뿐만이 아니라 노동운동을
되살리는 것이다. 진보 정치하는 사람, 노동운동 하는 사람이
따로 있지 않다. 진보 정치는 강한 노동 없이 한걸음도 나아갈 수 없다.
여러분들과 함께 창원에서부터 강한 노동을 만드는 데 이 몸 바치겠다.

— 2016년 3월 11일 선거운동본부 사무실 개소식에서

2016년 12월 30일 한국GM 창원 공장에서 비정규직 노조원들과 함께

민심을 담는 그릇

2017년 7월 13일, 정의당 3 · 4기 지도부 이 · 취임식 축사 중에서

지금 여러 정당들이 있습니다. 그중에서 정의당이 가장 오래됐다고 이야기하는데 그 외에 또 하나의 기록이 있습니다. 한 번도 집권 안 해본 당이 우리밖에 없습니다. 다른 당은 온전한 형태는 아니지만 과거에 한 번씩은 집권을 했던 경력이 있는 반면에 우리만 없습니다. …… 저는 …… 우리끼리의 의지만 다져서 될 문제는 아니라고 생각합니다. 결국 정당이라는 것은 하나의 그릇입니다. 그 그릇은 빈 그릇입니다. 무엇을 채웁니까. 우리의 욕심을 채우는 게 아니라 국민들의 민심을 채워 나가는 그릇입니다. 그래서 이 그릇을 키워 나가는 것은 더 많은 민심을 담기 위한 것입니다. 우리가 이정미 대표를 비롯한 새로운 대표단을 뽑았습니다. 이제 남은 일은 대표와 부대표를 앞세워서 정의당이라는 큰 그릇이 가득 차게 민심을 담아내는 일이라고 생각합니다. 민심이야말로 우

리가 앞으로 약속한 바를 실천하는 힘의 원천입니다. 그 힘을 담아내는 일에 우리 모두가 일치단결해 정의당의 발전을 위해서 더 노력해 나가겠다는 다짐과 당부의 말씀을 축하의 인사로 대신하고자 합니다. 감사합니다.

권력의
카르텔에

맞서

삼성 엑스파일과 노회찬

박갑주 | 법무법인 지향

1

노회찬은 평소 7년의 수배 생활과 2년 4개월의 수형 생활을 했다는 점에서 자신도 "다년간 법무부의 보호와 관찰 아래 고락을 함께한 법조인"이라고 말했다. 한편 노회찬은 현역 국회의원 활동의 전 기간에 걸쳐 법무부, 법원 등에 관한 사항을 심의·감독하는 국회 법제사법위원회(이하 법사위) 소속으로 법조 권력의 감시자였다. 따라서 '나도 법조인'이라는 노회찬의 말은 그가 법조 권력의 감시자이자 피해자였다는 의미에서 이중적으로 해석되어야 한다.

'삼성 엑스파일 사건'은 그와 같은 노회찬의 '이중적 의미의 법조인 삶'의 상징적 사건이다. 그것은 2004년 17대 국회의원이 되고 나서 겨우 1년이 지난 2005년 8월부터 시작되어, 2012년 19대 국회의원 선거 당시 노원 병에서 재선되었지만 대법원에서 유죄가 확정되어 국회의원직을 상실하고, 다시 2016년 20대 국회의원 선거에서 3선으로 당선되어 2018년 여름 생을 마감하기까지 정치 인생 14년 전체에 걸쳐 정치인으로서 그의 운명에 직접적이고 결정적인 영향을 미쳤다.

2

삼성 엑스파일 사건은 두 가지 사건으로 이루어져 있다. 한 가지는 1997년 이학수 삼성그룹 비서실장과 홍석현 중앙일보 사장이 서울 신라호텔에서 만나 15대 대선 후보자들에 대한 정치자금 제공과 검찰 간부들에 대한 금품 제공을 논의하는 대화를 안기부(현 국가정보원)가 불법 도청한 사건이다. 다른 사건은 MBC 이상호 기자 등이 2005년 7월 도청 테이프 대화 내용을 보도하고, 법사위 소속 노회찬이 2005년 8월 18일 삼성으로부터 정기적으로 금품을 제공받은 것으로 보이는 최고위급 검찰 간부 7명의 실명 및 관련 도청 테이프 녹취록을 공개한 사건을 말한다.

전자의 삼성 엑스파일 사건에서 당사자들의 대화는 1997년에 있었던 15대 대선 여야 후보자들에게 100억 원대 불법 정치자금을 제공하고자 하는 내용, 정기적·계속적으로 검사들에게 돈을 제공하고 제공할 계획에 관한 내용, 정부 고위직을 관리하고 기아차와 관련해 유력 정치인들과 의견을 주고받는 것에 관한 내용, 삼성그룹과 밀접한 관련이 있는 국회의원 자리를 챙기는 것에 관한 내용 등을 담고 있다. 결국 전자의 삼성 엑스파일 사건은 '삼성,

중앙일보, 유력 대선 후보, 최고위급 검찰 간부' 간의 유착 관계와 불법 정치자금, 뇌물 공여, 정보기관의 일상적 불법 도청 문제를 드러낸 사건이다. 물론 본질은 경(삼성)-언(중앙일보)-정(대선 후보)-검(검찰)의 유착, 공모, 거래라는 부정과 불법의 거대 카르텔이다. 이에 대해 노회찬은 이렇게 일갈했다.

이번 사건을 통해 우리가 받은 가장 큰 충격은 낮의 제왕과 어둠의 황제가 동일한 실체라는 점이다. 헌법과 법률과 사회적 관습과 실제 생활 속에서 가장 큰 합법적 권력을 가진 세력들이, 바로 어두운 뒷골목 범죄의 현장에서 헌법을 뛰어넘고 법률을 짓밟고 이권과 청탁으로 연계된 불법행위의 주모자들이었다는 사실이다(155).

3

그런데 노회찬은 왜 두 번째 삼성 엑스파일 사건의 주체로 나설 수밖에 없었는가? 삼성 엑스파일 사건이 보도된 후 엑스파일에 담긴 범죄 사실을 수사하고, 엑스파일 내용을 공개해야 한다는 것이 압도적인 여론이었다. 하지만 검찰은 수사를 미적거렸다. 이학수를 소환하고도 도청 피해 사실 이외 대화 내용에 대해서는 수사에 착수조차 하지 않았다. 노회찬은 수사할 경우 전·현직 검찰 간부가 삼성으로부터 돈을 받은 사실이 밝혀질 수밖에 없다는 점 때문에 검찰이 엑스파일 대화 내용을 수사하는 데 의지를 보이지 않는 것이라 판단했다. 엄정한 수사를 위해 특별검사제를 도입해야 한다고 생각했다. 이에 노회찬은 2005년 8월 18일 소집된 법사위에서 전·현직 최고위급 간부 검사들이 삼성으로부터 돈을 받은 구체적인 내용을 공개해 국민의 알 권리를 보장하고, 국민의 수사 요구를 결집할 필요가 있다고 판단했다. 그런 이유로 삼성 엑스파일 대화 내용 속에 등장하는 최고위급 검사 7인의 명단을 공개하게 된 것이다.

이와 관련해 노회찬은 2009년 11월 2일 형사사건의 항소심에서 "그런 상황에서 이 파일의 내용을 제시하고 공정한 수사를 촉구하는 것은 법사위원으로서, 국회의원으로서 정당한 일이었다. 오히려 몰랐다면 모르되, 알면서도 입을 닫고 있었다면 역사의 심판대에서 유죄를 선고받아야 한다"라고 최후진술했고, 그 후에도 "삼성을 필두로 정치권과 언론계, 검찰의 검은 유착 관계를 파악하고서도 이를 공개하지 않는 것은 국회의원의 직무를 유기하는 것이라고 생각했다"라고 술회했다.[12] 실제로 그와 같은 노회찬의 행위는 형사처벌을 받거나 민사 손해배상을 해야 할 불법행위가 아니라 헌법 제46조 제2항의 "국회의원은 국가이익을 우선하여 양심에 따라 직무를 행한다"에 부합하는 합헌적 행위였다.

4

하지만 노회찬은 "그때까지만 해도 몰랐다. 잡고 있는 문고리를 당겨서 문이 열리면 거대 권력을 상대로 하는 본격적인 투쟁이 시작된다는 것을."[13] 그렇게 거대한 싸움이 시작되었고, 그 결과는 이미 우리가 알고 있는 것과 같다.

검찰은 2005년 12월 14일 수사 결과를 발표했다. 하지만 수사 결과는 국민 여론과 완전히 달랐다. 삼성의 불법 대선 자금 제공 의혹과 관련해 이건희 회장에 대해서는 부실한 서면조사 외에는 직접 조사하지 않았고, 이학수 등 삼성 관계자와 직접 자금을 전달하는 역할을 했던 홍석현 등에 대해서는 '입증 불가능', '공소시효 만료'를 이유로 불기소 처분을 내린 것이었다. 당연히 엑스파일 대화 내용 속에서 불법 정치자금의 전달 대상으로 등장하는 정치인들, 검사들에 대해서는 수사나 처분이 없었다. 삼성 엑스파일 사건을 총괄 지휘했던 황교안 서울 중앙지검 2차장은 수사 발표 다음날 "삼성 이건희 회장에 대해서는 이름이 거론됐다는 사실만으로 소환할 수 없어 서면조사만 했다"라고 '당당히' 이야기했다.

반면 검찰은 삼성 엑스파일의 대화 내용을 보도한 MBC 이상호 기자 등을 통신비밀보호법 위반으로 불구속 기소했다. 2007년 5월 21일 노회찬도 통신비밀보호법 위반 등으로 기소했다. 이에 대해 노회찬은 "주식회사 검찰의 고객은 세 부류가 있는 것 같다. 출국 금지 면제되고 검찰 소환도 면제되며, 서면조사로 처리되는 이건희 회장과 같은 다이아몬드 회원이 있고, 비공개로 조사를 하고 조사한 내용은 전부 진실로 인정되는 이학수 같은 골드 회원이 있으며, 반면 무조건 기소되는 이상호 기자 같은 일반 회원이 있다"라고 지적했다.[14] 결국 삼성 엑스파일 사건을 보도한 기자와 수사를 촉구한 국회의원만 사법 처리 대상이 되는 비상식적인 결론만을 내놓고 수사는 끝났다.

노회찬에 대한 검찰의 기소에 대해 사법부의 판단은 엎치락뒤치락했다. 2009년 2월 9일, 1심 재판부(판사 조한창)는 엑스파일 내용이 허위이고, 엑스파일 내용을 공개하는 행위가 정당행위에도 해당하지 않으며, 국회의원의 면책특권에도 해당하지 않는다며 명예훼손죄와 통신비밀보호법 위반죄로 유죄를 선고했다. 하지만 같은 해 12월 4일, 2심 재판부는 녹취록 내용이 일반인이라면 당연히 사실이라고 생각할 수밖에 없다면서 명예훼손죄에 대해 무죄를 선고하고, 보도 자료를 배포한 부분은 면책특권을 적용해 공소를 기각했으며, 인터넷에 명단을 공개한 부분에 대해서는 정당행위를 인정해 결국 공소사실 전부에 대해 무죄, 공소기각을 선고했다. 하지만 2011년 5월 13일, 대법원(주심 대법관 양창수)은 "(엑스파일상의) 대화 시점은 8년 전의 일로서, 이를 공개하지 아니하면 공익에 대한 중대한 침해가 발생할 가능성이 현저한 경우로서 비상한 공적 관심의 대상이 되는 경우에 해당한다고 보기 어렵다"는 등의 이유로 정당행위에 해당하지 않는다며 인터넷에 명단을 공개한 행위에 대해서는 다시 유죄 취지로 파기·환송했다. 노회찬의 표현을 빌려 이야기하면 "도둑의 도둑질에 대해서는 아무런 처벌도 하지 않으면서 '도둑 잡아라'라고 외친 시민만 모든 사람이 다 들리도록 크게 소리쳤다는 이유로 처벌"한 것이다. 결국 서울중앙지방법원 항소부는 같은 해 10월 28일, 대법원 판결과 같은 취지로 판결했고, 다시 대법원도 2013년 2월 14일, 재상고를 기각하는 판결을 하여 징역 4월에 집행유예 1년과 자격정지 1년이 확정되었으며, 노회찬은 당일로 19대 국회의원직을 상실했다.

5

노회찬은 국회의원직을 상실하던 날 국회를 떠나며 이렇게 심정을 밝혔다.

8년 전 그날 그 순간이 다시 온다 하더라도 저는 똑같이 행동할 것입니다. 국민들이 저를 국회의원으로 선출한 것은 바로 그런 거대 권력의 비리에 맞서 이 땅의 정의를 바로 세우라는 뜻이었기 때문입니다. 오늘의 대법원 판결은 최종심이 아닙니다. 국민의 심판, 역사의 판결이 아직 남아 있습니다(173~174).

그로부터 채 몇 년 지나지 않았지만, 이미 노회찬에 대한 국민의 심판과 역사의 판결은 무죄로 선고되었다고 생각한다. 다만, 삼성 엑스파일에서 드러난 경-언-정-검이라는 거대 카르텔의 범죄행위에 대한 국민의 판결, 권악징선(勸惡懲善)의 상징이 된 수사와 판결에 대한 역사의 심판만이 남아 있을 뿐이다. 노회찬은 그와 같은 거대 카르텔과의 싸움을 "골리앗과 다윗의 싸움"이라 표현했다. 하지만 이 과정에서 노회찬은 자신이 용기와 실력을 갖춘 정의의 골리앗, 정치적 거인이었음을 증명했다. 그리고 그가 끝내지 못한 거대 카르텔과의 싸움은 아직도 남아 있다.

엑스파일의 본질이
'도청'이라고 말하는 자 누구인가?

〈프레시안〉(2005/07/27)

옛 안기부 도청 테이프 공개로 시작된 '삼성그룹의 불법 로비 사건'은 아직 막을 내리지 않았다. 어둠 속의 관련자들이 이제 겨우 모습을 드러내기 시작하고 또 다른 테이프나 녹취록의 공개 가능성 역시 배제할 수 없기 때문이다. 그럼에도 불구하고 이제까지 밝혀진 사실들만으로도 이 사건의 본질과 성격을 파악하는 데는 부족함이 없다. 오히려 우리는 뒤늦게 나타난 엑스트라의 활극에 눈이 팔려 사건의 본질적인 흐름을 놓쳐서는 안 된다. 이 사건은 기본적으로 범죄 수사물이지 첩보 스릴러가 아니기 때문이다.

이 사건의 본질은 재벌 그룹과 정치권과 언론사와 국가 권력기관의 검은 커넥션이다. 삼성그룹의 불법 정치자금 공세가 그 주요 측면이고 이를 세상에 드러낸 옛 안기부의 불법 도청은 부차적인 측면이다. 그런 점에서 이 사건에 대한 조사와 수사를 국정원과 검찰이 맡는 것은 문제 해결의 첫 단추부터 잘못 끼우는 일이다.

국정원은 조사의 주체가 될 수 없다. 조사의 대상일 뿐이다. 이미 1999년에도 이 사건을 봉합하고 은폐한 전과가 있는 기관이다. 검찰 역시 이 사건에 관한 한 신뢰도가 제로 수준이다. 녹취록에 등장하는 두 명의 삼성 장학생이 법무부장관과 검찰총장의 지근거리에 있는데 삼성의 무엇을 수사한단 말인가? 대상그룹 사건에서 드러나듯이 삼성의 사돈도 제대로 수사하지 못한 검찰 아닌가? 또 대상그룹 부실 수사를 엄정히 감찰하라는 법무부장관의 지시에도 불구하고 주요 관련자를 조사 한 번 하지 않고 면죄부를 발급한 게 바로 어제의 일 아닌가? 게다가 해마다 지급되던 삼성의 장학금이 1998년부터 끊겼다고 볼 어떤 정황도 없으며, 졸업생이 생기는 만큼 그 후 신규 장학생이 새로 생긴 것도 분명할진대 미리부터 공소시효, 감찰 시효 다 끝났다고 못 박는 검찰총장이 무엇을 파헤칠 수 있단 말인가?

이번 사건을 통해 우리가 받은 가장 큰 충격은 낮의 제왕과 어둠의 황제가 동일한 실체라는 점이다. 헌법과 법률과 사회적 관습과 실제 생활 속에서 가장 큰 합법적 권력을 가진 세력들이, 바로 어두운 뒷골목 범죄의 현장에서 헌법을 뛰어넘고 법률을 짓밟고 이권과 청탁으로 연계된 불법행위의 주모자들이었다는 사실이다. 백주에는 도덕적 권위와 명예와 자긍심이 하늘을 찌를 듯 고귀하고 도도한 존재들이 바로 음모와 배신의 골방에선 자신들의 사적 이익을 위해 나라의 기강을 짓밟고 도덕과 정의를 압살하는 파렴치한 범죄자들이었다는 사실이다.

노태우 전 대통령에게 250억 원의 불법 정치자금을 제공해 법정에서 유죄판결을 받았던 삼성그룹 총수는 1997년 10월 개천절 특사로 사면을 받았다. 1997년 4월, 9월, 10월의 녹취록에 따르면 그는 1997년 불법 대선 자금을 나눠 주는 일도 총지휘하고 있다. 그리고 녹취록에 등장하는 두 명의 심부름꾼은 당시 현직 대통령 아들의 이름을 거명하며 1992년 대선 자금 문제가 안전한지 걱정하고 있다. 이 두 심부름꾼 중 한 명은 2002년 대선에선 자신이 삼성그룹 불법 대선 자금을 총지휘했다고 주장해 유죄판결을 받은 뒤 지난 5월 대통령 특사를 받았다.

사정이 이러하니 우리는 궁금하지 않을 수 없다. 과연 그 2002년 대선에서 이 오너도 아닌 심부름꾼이 자금 집행 규모와 대상을 직접 정했겠는가? 1997년 4월, 9월, 10월 녹취록에 나오는 액수만도 100억에 이르는데 당시 총 제공 규모는 얼마였는가? 1조 원에 이르렀다는 1992년 YS의 대선 자금 중 삼성이 담당한 규모는 얼마였는가? 불법 자금 제공으로 취한 부당 이익은 어느 정도인가? 삼성그룹이 불법으로 제공한 정치자금은 분식을 거쳤든 횡령으로 처벌되었든 결국 비용으로 처리되어 소비자인 국민에게 부당하게 전가되었을 것이다. 따라서 모든 국민은 이를 알 권리가 있다.

이 사건과 관련해 한나라당은 입이 열 개라도 할 말이 없어야 한다는 열린우리당 원내대표의 말은 옳다. 그렇다면 열린우리당은 입이 다섯 개라도 할 말이 없어야 한다는 것이 지금 국민들의 생각이라는 걸 그는 알아야 한다. '삼성그룹이 여당 대선 후보에게 불법 자금을 지원한 사실을 알고 있다'면서 야당 대선 후보의 최측근이 협박하고 조르는 광경에서 우리가 느끼는 것은 모멸감 뿐이다. 현직 대통령이 사람을 시켜 국내 유수의 신문사 편집국장에게 '사주에겐 비밀로 하라'면서 여당 대선 후보 교체안에 대한 자문을 구하고, 편집국장은 이를 사주에게 보고하지 말라고 했다는 말까지 사주에게 보고하고, 편집국장은 야당 후보에게 줄을 서서 정보 보고를 하는데 대선 결과가 어찌 될지 몰라 그대로 두고 있다고 사주가 태연히 말하고, 경쟁 신문사에선 오너 가족회의를 열어 야당 후보를 '죽이기로' 했다는 말까지 덧붙이는 장면을 읽으면서 하늘을 바로 쳐다보지 못할 것 같은 부끄러움에 몸을 떨지 않을 수가 없다.

지금 우리에게 필요한 것은 오직 진실이요, 진상이다. 처벌이니 용서니 화해니 하는 말은 아직 이르다. 진실 규명 없이 청산은 있을 수 없다. 50년, 100년 전의 과거사를 왜 진상 규명하려 하는가? 법률 시효가 남아서인가? 역사에는 시효가 없다. 진상이 규명되어야 청산이 비로소 가능해지기 때문이다.

대통령 직선제 개헌으로 치러진 1987년 대선 이래 모든 대통령 선거에서 삼성그룹은 막대한 불법 자금을 쏟아부었다. 그 비용은 국민들이 부담했고 그 과실은 그룹 총수와 대주주들이 챙겼다. 정치권 외에도 대다수 입법·사법·행정부의 힘 있는 세력과 언론 등이 그 떡고물을 나눠 먹었다. 이 악의 사슬을 끊을 기회가 이제 우리에게 왔다. 삼성으로부터 이 나라를 해방시키기 위해, 부패한 정치 세력으로부터 우리 국민을 해방시키기 위해 국정조사와 특검은 실시돼야 한다. 진실 규명과 책임자 처벌에 나서야 한다.

2008년 2월 9일 서울중앙지법에서

103-1
서울고등법원
조 정 실

© 이상엽

삼성 엑스파일 1심 재판 법정 진술문

2009년 1월 19일

존경하는 재판장님

제가 본 법정에 서게 된 것은 이른바 삼성 엑스파일 내용의 일부를 공개했다는 이유와 그 허위 사실로 인해 개인의 명예가 훼손당했다는 주장 때문입니다. 아시다시피 삼성 엑스파일 사건의 본질은 불법 도청에 있지 않습니다. 불법 도청은 손가락일 뿐이며 그 손가락이 가리킨 진실의 달이 바로 삼성 엑스파일입니다. 불법 도청은 되풀이되어선 아니 될 위법행위이지만 그렇다고 해서 엑스파일에 담긴 진실이 훼손될 순 없다고 생각합니다.

이른바 삼성 엑스파일 사건은 대화의 당사자인 홍석현·이학수 씨나 이들의 대화 과정에서 등장하는 몇몇 개인에 관한 사건이 아닙니다. 삼성 엑스파일에서 제가 발견한 것은 보호받아야 할 사생활이 아니라 공공의 이익을 훼손하고 국가의 기강을 뿌리째 뒤

흔드는 범죄의 현장이었습니다. 대한민국 유수의 언론사 사주와 최대 재벌 그룹의 최고위직 간부가 일 년여에 걸친 기간 동안 수십 차례 만나서 범죄를 모의하고 집행을 확인하는 믿기 힘든 사실이었습니다. 뇌물을 건넬 전·현직 검사 리스트를 놓고서 '누군 얼마, 누군 또 얼마'라며 대화를 나누는 장면에선 차라리 눈을 감고 싶었습니다. 한 사람이 범행을 지시하면 다른 한 사람이 복창하며 받아 적는 대목에선 귀를 막고 싶은 심경이었습니다. 헌법과 법률이 정한 바에 따라 온전한 국민의 의사가 반영되어야 할 대통령 선거에 수백억 원의 자금을 동원해 부당한 영향력을 행사함으로써 주권자인 국민의 권리를 명백히 침해하는가 하면, 국가의 수사 및 소추권을 전담하고 있는 검찰의 고위 간부뿐 아니라 소장 검사에 이르기까지 지속적으로 불법 뇌물을 제공하거나 그 계획을 모의함으로써 공공의 이익이 현저하게 훼손당하는 참담한 현실을 엑스파일에서 목격했습니다. 따라서 이번 사건의 본질은 한 국가를 좌지우지하려 한 거대 자본의 불법행위와 횡포에 대해 우리 사회가 어떤 태도를 취해야 하는가의 문제라고 저는 생각합니다.

2005년 7월 중순부터 각 언론사의 보도를 통해 삼성 엑스파일의 내용이 공개되기 시작했습니다. 7월 21일 KBS가 홍석현·이학수 씨의 실명을 보도했고, 7월 22일 MBC는 세칭 떡값 검사의 직책과 성명 이니셜을 보도했습니다. 월요일인 7월 25일 중앙일보는 신문 1면에 "다시 한 번 뼈를 깎는 자기반성을 하겠습니다"라는 제목의 사과 사설을 실었고, 같은 날 삼성그룹 역시 "대국민 사과문"을 발표하면서 엑스파일이 홍석현·이학수 씨의 대화임을 인정했습니다. 그리고 7월 26일 홍석현 주미대사가 "이번 일로 많은 국민의 가슴에 상처를 남긴 것 같아 가슴 아프다. 그분들에게 용서를 구할 뿐이다"라는 말을 남기며 대사직 사임을 발표했습니다.

국민들은 경악했습니다. 세풍 사건 등 지난 시기 불법 대선 자금 사건에서 제대로 밝혀지지 않았던 진실들이 삼성 엑스파일을 통해 퍼즐 조각 맞추듯 드러나는 데 놀랐고 풍문으로 짐작하던 자본, 권력, 검찰, 언론의 유착 관계의 실상이 사실로 확인되는 데 놀랐습니다. 참여연대와 천주교정의구현 사제단이 이건희·홍석현·이학수 씨와 이니셜로 지칭된 떡값 검사들을 고발했습니다. 그러나 검찰은 움직이지 않았습니다.

국민들은 분노했습니다. 70퍼센트의 국민들이 엑스파일 사건 수사를 검찰에 맡길 수 없다며 특별검사제 도입에 찬성했고 73퍼센트는 엑스파일의 내용을 공개하는 데 찬성했습니다. 8월 11일 민주당 이은영 의원 등 146명은 엑스파일 내용 공개를 위한 특례법안을 제출하면서 그 제안 이유에서 "1997년 15대 대통령 선거 당시 선거에 영향을 미칠 목적으로 대기업의 사주가 언론사 사장을 통해 대선 후보들에게 불법 정치자금 또는 뇌물을 제공했고 대기업이 평소 중요한 국가기관인 검찰의 주요 간부들에 대해 이른바 떡값을 제공하며 지속적으로 관리해 왔음이 드러났다"라고 규정했습니다. 한나라당 역시 강재섭 의원 등 141인이 "안전기획부의 불법 도청 자료 중에 대기업이 정치인들에게 불법 정치자금을 제공하고 검찰의 주요 인사에게 뇌물을 제공하는 등 정치권력과 대기업, 언론사의 유착 관계가 드러나 국민들의 의혹과 진상 규명

요구가 높다"면서 특검법안을 발의했습니다.

그러나 검찰은 참여연대의 고발 사건 수사를 위해 7월 26일 공안2부장을 팀장으로 공안2부 검사 4명, 공안1부 검사 1명, 특수부 검사 1명으로 수사팀을 구성했다고 발표만 했을 뿐 불법 수집 증거 운운하며 수사를 미루고 있었습니다. 엑스파일에 자신의 실명이 거론된 법무부 차관은 8월 22일 국회 법사위에서 "7월 21일, 모 방송국 9시 뉴스에 떡값 명단(이 보도된다는) 소문이 있던 터에 녹음테이프를 입수한 대검 관계자가 자신에게 떡값 명단에 들어 있었다는 사실을 알려 주었다"고 진술했습니다. 국민들의 빗발치는 요구에도 불구하고 불법 수집된 증거이므로 이를 토대로 수사할 수 없다고 하던 검찰이 정작 수사 대상에게는 불법 수집된 증거 내용을 알려 줌으로써 사실상 수사를 방해하고 있었던 것입니다.

존경하는 재판장님

바로 이런 상황에서 엑스파일 내용을 입수한 제가 해야 할 일은 무엇입니까? 제가 엑스파일 내용을 공개한 날 한나라당 홍준표 의원조차 KBS와의 인터뷰에서 "노회찬 의원은 권력 비리를 감시·비판해야 하는 국회의원의 헌법적 의무를 다한 것이므로 헌법의 하위 법인 통신비밀보호법으로는 규제할 수 없다"라고 말한 바 있습니다. 그렇습니다. 엑스파일의 세칭 떡값 검사 명단에는 현직 법무부 차관과 고등검사장이 포함되어 있었습니다. 현직 법무부 장관이 삼성 엑스파일 사건에 대해 "정치권력, 언론, 자본, 검찰, 과거 안기부 등 거대 권력 남용의 종합판이자 결정판"이라 평가하면서도 필요하다면 수사 지휘권을 발동하겠다고 할 뿐 속수무책의 태도를 취하고 있는 상황에서 국회 법사위원인 제가 어떻게 해야 국회의원으로서의 의무를 다하는 것입니까? 명예훼손 등으로 저를 고발한 분은 사실 확인을 하지 않았다고 문제제기 하고 있습니다. 2005년 12월 14일 발표된 서울 중앙지검의 중간 수사 결과에서도 이 건과 관련해 "자의에 의한 자백은 기대하기 어렵다"고 밝히고 있습니다. 사실 확인을 위해 제가 할 수 있는 최선의 노력은 명단을 공개하는 것이었습니다. 사실 확인에 나서지 않는 검찰을 그나마 나서게 하기 위한 불가피한 선택이었습니다.

존경하는 재판장님

삼성 엑스파일 사건이 나라를 뒤흔든 지 이제 4년이 되어 가고 있습니다. 4년이 지난 오늘의 현실은 제가 엑스파일 내용을 공개하던 당시 우려했던 최악의 상황으로 전개되고 있습니다. 거대 권력 남용의 결정판이었던 엑스파일 사건과 관련해 단 한 명도 기소되지 않았고 처벌받지 않았습니다. 떡값 수수 의혹(을 받은) 전·현직 검찰 간부에 대해서는 제대로 된 수사조차 이뤄지지 않았습니다. 17대 국회의원 거의 전원이 발의했던 특검법도, 엑스파일 공개 특별법도 자동 폐기되었습니다. 국민들에게 용서를 구한다며 대사직을 사임한 사람은 이제 엑스파일 대화 자체를 부인하며 테이프 조작 가능성을 제기하고 있습니다. 안개가 걷히면 본래의 풍경이 뚜렷이 드러나듯이 엑스파일 사건이 지나가면서 남은 것은 공공의 이익과 국민들의 알 권리를 위해 앞장선 두 사람이 법정에

피고의 자격으로 서있는 모습뿐입니다.

　존경하는 재판장님

　저는 본 법정에서 마지막 진술을 하는 이 순간까지도 제가 당시 국회의원으로서 마땅히 해야 할 일을 했는지 스스로에게 되묻고 있습니다. 그래서 본 법정에서의 재판은 저 한 사람의 행위에 대한 판결을 넘어서서 대한민국 국회의원이 이 같은 상황에서 어떻게 행동하는 것이 올바른 길인지 전범을 만들어 내는 일이라 생각합니다. 재판장님의 현명한 판단을 기대합니다. 감사합니다.

삼성 엑스파일 재판
무죄판결 국민보고대회

2009년 12월 7일

12월 4일 중앙지법 항소재판부는 내가 기소된 사건에 대해 1심 재판부의 유죄판결을 파기하고 기소된 항목에 대해 무죄를 판결했다. 4년여에 걸친 기간을 생각하면 다행스러운 판결이다. 끝내 정의가 승리한다는 사필귀정이 아닐 수 없다. 이 자리를 빌려 그동안 함께 싸운 동지들과 10만이 넘게 서명해 준 시민들에게 감사를 드린다. 여러분이 있어 4년간의 싸움이 외롭지 않았다.

저 거대한 권력인 삼성과 싸워 드물게 이겼다고 해주는 분들도 계시고, 축하한다는 인사를 전해 주시는 분들도 계시다. 그런데 왜 당연한 일을 축하해 주는가 라는 물음이 생긴다. 노회찬에 대해 무죄를 선고한 것보다, 각종 금품 수수 의혹에 대해 유죄를 선고한 것이 이번 판결의 의미다. 그리고 특검과 도청 테이프 공개 특별법을 통과시키고도 폐기시킨 국회의 무능에 대한 비판이다.

무죄로 일단락된 것이 아니라 이제 그 장막이 걷히고 사건의 진실이 나왔으니, 이를 어떻게 대응해야 하겠나. 엑스파일을 제대로 수사해야 한다.

검찰의 의지가 없다면 18대 국회에서 특검을 시행해야 한다. 안기부 엑스파일 테이프 287개를 분석하고 관련자를 소환해 엄중히 죄를 묻고, 공소시효가 만료됐어도 국민들의 알 권리를 충족시키기 위해 파헤쳐야 한다.

12월 4일은 엑스파일 심판 종료일이 아닌 국민 앞에 진실을 밝히는 첫걸음이 되어야 한다. 진보신당은 많은 시민들과 함께 엑스파일 진실을 밝히고 책임을 묻도록 먼 길을 떠나는 심정으로 진실 규명을 위한 투쟁에 나설 것이다.

선고일을 연기해 주십시오[+]

  존경하는 재판장님! 우리 19대 국회의원은 대법원이 오는 2월 14일(목요일)로 예정하고 있는 진보정의당 대표 노회찬 의원의 선고일을 연기해 줄 것을 요청합니다.

  현재 19대 국회에서는, 노회찬 의원에게 죄를 묻고 있는 통신비밀보호법과 관련, 사회 공익적 행위에 대한 일반 범죄행위와의 무차별적이고 일률적인 징역형 부과 등의 조항에 대해 개정 필요성을 인식하고 해당 조항의 개정 논의를 하고 있습니다. 현행 통신비밀보호법의 입법 취지인 '통신과 대화의 비밀과 자유 보호'에 대해서는 이론의 여지없이 동의하지만, 사회 공익적 목적 달성을 위한 '국회의원의 의정 활동 중 정보 공개 행위' 등 다양한 유형의 '통신과 대화의 비밀과 자유 제한 행위'에 대해 사회 공익성을 참

[+]

2013년 2월 14일의 대법원 판결을 앞두고 국회에서는 '노회찬 재판 선고일을 연기해 달라'는 여야 동료 국회의원들의 연판장이 돌려졌다.

권력의 카르텔에 맞서

작한 양형의 차등적 부과도 필요하다는 점에서 현행법의 벌칙 조항 등에 대한 개정의 필요성이 있다고 판단하고 있습니다. 그리고 이러한 19대 국회의 논의 결과는 노회찬 의원의 행위에 대한 법원의 판결에도 중요한 판단 기준을 제공하게 될 것입니다.

우리 19대 국회의원은, 이러한 법 개정의 필요성이 지난 18대 국회에서부터 계속해서 제기되어 온 사안이라는 점을 무겁게 받아들이고 있습니다. 그동안 지난 18대 국회에서 논의되어 온 개정안의 부족함을 보완해 이번 개정안이 마련된 만큼, 향후 빠르게 논의가 진행되어 개정안이 국회 본회의를 통과할 것으로 전망하고 있습니다. 또한 우리 19대 국회의원들은, 현재 진보정의당 대표이자 야당의 정치 지도자 중 한 명인 노회찬 의원에게는 국민 통합과 경제민주화, 민생 정치를 기조로 한 새 정부 국정 운영의 동반자 역할이 국민들에 의해 주어져 있다고 생각합니다.

존경하는 재판장님! 바라건대, 이번 19대 국회에서 먼저 입법부의 결정으로 통신비밀보호법상의 사회 공익적 행위에 대한 처벌 조항을 정비한 뒤 노회찬 의원의 행위에 대한 법원의 판단이 이루어질 수 있도록 선고일을 연기해 주시길 정중히 요청합니다.

노회찬 의원의 대법원 선고일 연기를 요청하는
19대 국회의원 일동

선고일을 연기해 주십시오.

존경하는 선·후배·동료 의원님들께

안녕하세요. 노회찬입니다. 의원님들께 늦었지만 머리 숙여 감사 인사드립니다.

저는 납득할 수 없는 대법원의 판결로 19대 국회의원직을 내려 놓게 되었지만, 의원님들께서 제게 보내 주신 신뢰와 격려는 잊지 않겠습니다.

지금도 2005년 당시의 상황이 생생하게 기억됩니다. 재벌과 검찰 등 거대 권력의 부정한 결탁을 확인하는 순간 국회의원으로서 저의 조그만 실천이 우리 사회의 어두운 한구석을 밝게 하는 밀알이 될 수 있을 것이라고 생각했습니다. 특히 제 행동이 국민의 알권리를 대변하고 검찰의 엄정한 수사를 촉구할 수 있을 것이라고 판단했기 때문에 비록 우리 사회의 거대 권력과 맞서게 되더라도 당당할 수 있다고 판단했습니다. 국회의원으로서 우리가 가지는 소명 의식이 그것이라고 공감하고 계실 것입니다.

저는 지금도 당시의 제 행동이 무죄임을 확신합니다. 비록 현실 법정에서 제가 유죄를 선고 받았지만, 저는 국민과 역사의 법정에서 무죄임을 인정받을 것이라 믿습니다. 이것을 위해 앞으로도 계속 제가 할 수 있는 일을 의연하게 해나가겠습니다.

다시 한 번 의원님들께서 저에게 보내 주신 신뢰에 감사드리며, 앞으로도 많이 격려해 주십시오. 곧 다시 일어서서 결초보은하겠습니다.

2013년 2월 노회찬 드림

국회를 떠나며

2013년 2월 14일

1997년 대통령 선거를 앞두고 국내 최대 재벌 그룹 회장의 지시로 그룹 부회장과 유력 일간지 회장 등이 주요 대선 후보, 정치인, 검찰 고위 인사들에게 불법으로 뇌물을 전달하는 모의를 하고 이를 실행하는 과정을 담은 녹취록이 8년 후인 2005년 공개되었습니다. 이른바 안기부 엑스파일 사건입니다.

당시 법무부장관은 이 사건을 건국 이래 최대의 정-경-검-언 유착 사건이라 말한 바 있습니다. 주요 관련자인 주미 한국 대사와 법무부 차관이 즉각 사임했습니다. 그러나 뇌물을 준 사람, 뇌물을 받은 사람 그 누구도 기소되거나 처벌받지 않았습니다. 대신 이를 보도한 기자 두 사람과 국회 법사위 회의에서 떡값 검사 실명을 거론하며 검찰 수사를 촉구한 국회의원 한 사람이 기소되었습니다.

다시 8년이 지난 오늘 대법원은 이 사건으로 저에게 통신비밀보호법 위반의 죄목으로 유죄를 확정했습니다. 뇌물을 줄 것을 지시한 재벌 그룹 회장, 뇌물 수수를 모의한 간부들, 뇌물을 전달한 사람, 뇌물을 받은 떡값 검사들이 모두 억울한 피해자이고 이들에 대한 수사를 촉구한 저는 의원직을 상실할 만한 죄를 저지른 가해자라는 판결입니다. 폐암 환자를 수술한다더니 암 걸린 폐는 그냥 두고 멀쩡한 위를 들어낸 의료사고와 무엇이 다릅니까?

국내 최대의 재벌 회장이 대선 후보에게 거액의 불법 정치자금을 건넨 사건이 '공공의 비상한 관심사'가 아니라는 대법원의 해괴망측한 판단을 저는 결코 받아들일 수 없습니다. 국민 누구나가 스마트폰을 사용하는 1인 미디어 시대에 보도 자료를 언론사에 배포하면 면책특권이 적용되고 인터넷을 통해 일반 국민에게 공개하면 의원직 박탈이라는 시대착오적 궤변으로 대법원은 과연 누구의 이익을 보호하고 있습니까? 그래서 저는 묻습니다. 지금 한국의 사법부에 정의가 있는가? 양심이 있는가? 사법부는 무엇을 위해, 누구를 위해 존재하는가?

저는 오늘 대법원의 판결로 10개월(정확히는 19대 국회가 개원한 2012년 5월 30일부터 8개월 보름) 만에 국회의원직을 내려놓고 다시 광야에 서게 되었습니다. 안기부 엑스파일 사건으로 대법원 판결을 앞두고 있다는 사실을 잘 알고서도 뜨거운 지지로 당선시켜 주신 노원구 상계동 유권자들께 죄송하고 또 죄송할 뿐입니다. 그러나 8년 전 그날, 그 순간이 다시 온다 하더라도 저는 똑같이 행동할 것입니다. 국민들이 저를 국회의원으로 선출한 것은 바로 그런 거대 권력의 비리와 맞서 싸워서 이 땅의 정의를 바로 세우라는 뜻이었기 때문입니다.

오늘의 대법원 판결은 최종심이 아닙니다. 국민의 심판, 역사의 판결이 아직 남아 있습니다. 오늘 대법원은 저에게 유죄를 선고했지만 국민의 심판대 앞에선 대법원이 뇌물을 주고받은 자들과 함께 피고석에 서게 될 것입니다. 법 앞에 만 명만 평등한 오늘의 사법부에 정의가 바로 설 때 한국의 민주주의도 비로소 완성될 것입니다. 그날을 앞당기기 위해 오늘 국회를 떠납니다. 다시 국민 속으로 들어가겠습니다.

© 연합뉴스   2013년 2월 14일 국회 정론관에서 기자회견을 마치고

삼성 엑스파일 사건으로 국회의원직을 상실한 노회찬은 2016년 제20대 국회의원선거에서
창원 성산에 출마, 당선되면서 국회로 돌아왔다. 이후 박근혜 대통령의 국정 농단 사건에서
삼성의 뇌물 공여 혐의가 드러남에 따라, 노회찬은 재벌-청와대-검찰-법원이라는 더 큰 '권
력의 카르텔'과 다시 마주하게 되었다.

정경 유착과 기업의 사회적 책임

2017년 1월 2일, 전경련 해체 및 기업의 사회적 책임 이행 촉구 기자회견 인사말

최악의 대통령과 최고의 국민이 연말 촛불 정국을 만들어 냈습니다. 우리 국민들의 98퍼센트를 혼연일체시킨 바로 그 탄핵 정국에서 아직까지 도망 다니고 체포되지 않았던 최순실의 딸 정유라가 오늘 덴마크 경찰에 의해 현지에서 체포됐습니다. 정유라의 도피 행각에 마지막까지 지원을 한 기업이 바로 삼성입니다.

삼성전자 이재용 부회장은 지난 청문회에서 청와대의 강압에 못 이겨 K스포츠 재단과 미르 재단에 204억이라는 막대한 돈을 뜯기다시피 냈다고 했지만, 그 후 특검 수사를 통해 밝혀진 정황에 따르면 이재용 부회장은 강압에 못 이겨 돈을 뜯긴 것이 아니라 더 큰 이익을 얻기 위해 주도적으로 정경 유착의 사슬을 만들어 지금까지 끌고 왔습니다. 실제 두 재단에 낸 204억 외에도 최순실 일가와 정유라를 위해 200억 이상의 돈을 지출한 것이 수사 결

과에서 드러나고 있습니다.

그리고 이 대가로 그들은 무엇을 얻었습니까. 이 뇌물을 공유한 대가로 그들이 얻은 것이 바로 성과연봉제 실시 등 노동 개악입니다. 그리고 국민연금에 압력을 가해 삼성 일가의 삼성전자 지분을 최대한 확보해 승계 구도를 고착화시키는 막대한 이익을 얻었습니다. 3000억 이상의 경제적 이익을 위해 약 400억을 투자한 정경 유착을 범한 것입니다.

정의당은 이번 사태가 박근혜 대통령 한 사람의 탄핵으로 끝나서는 안 된다고 생각합니다. 이와 같은 전대미문의, 최악의 부정부패 스캔들이 다시 이 땅에 벌어지지 않기 위해서는 근본적인 뿌리를 뽑아야 됩니다. 그 뿌리는 수십 년간 한국 정치와 사회를 썩어 들어가게 만들고 있는 정경 유착입니다. 이 정경 유착을 끊는 첫 번째 단추는 바로 일벌백계입니다. 왜 이병철, 이건희에 이어 이재용까지 삼대에 걸쳐 정경 유착의 주범이 되고 있습니까. 단한 번도 제대로 처벌받지 않았기 때문입니다. 따라서 반드시 이재용을 법의 심판대에 세워 뇌물 수수 등 각종 대형 부정부패·비리 혐의로 구속해야 그것을 기점으로 더 이상의 정경 유착이 활개를 펴지 못할 것입니다.

이번 사태가 전경련 해체를 넘어 재벌 해체에 이르도록, 재벌 총수에 대한 엄정한 단죄를 통해 더 이상 부정부패·정경 유착이 뿌리내리지 못하도록 정의당이 앞장서겠습니다. 정의당과 함께 정경 유착 근절에 나섭시다. 정의당과 함께 재벌 해체를 통해 한국 경제를 되살리는 길에 함께합시다.

공정하고 평등한 대한민국

2017년 2월 9일, 비교섭단체 대표 연설

'이게 나라냐'라는 물음

연인원 1000만이 훨씬 넘게 참여한 촛불 항쟁이 시작된 지 100여 일이 지났습니다. 그리고 이 국회에서 박근혜 대통령에 대한 탄핵 소추안이 의결된 지 오늘로 정확히 두 달이 되었습니다. 1987년 직선제 개헌 이후 최악의 대통령이 만들어 낸 사상 초유의 국정 농단에 대한 저항이 6월 항쟁 이래 최고의 국민들에 의해 촛불 시민 혁명으로 승화되는 한복판에 우리는 서있습니다. …… 촛불 시민 혁명이 4·19나 6월 항쟁처럼 미완의 혁명으로 끝날지 성공으로 귀결될지는 앞으로의 일들이 결정하게 될 것이고 우리는 지금 그 분기점에 서있습니다.

촛불 광장에서 가장 많은 사람들이 들고 외쳤던 팻말은 "박근혜 퇴진"과 "이게 나라냐"였습니다. 그러나 유감스럽게도 박근혜 대통령은 자진 사퇴를 거부했고 이에 따라 국회는 대통령에 대한 탄핵소추를 의결하고 특검법을 처리했습니다. 저는 20대 국회가 출범 6개월 만에 절대 다수 국민들의 여망을 받아들여 이 같은 역사적 결정을 내린 데 대해 이 자리를 빌려 정세균 국회의장과 선배 동료 의원 여러분의 용단에 경의를 표하고자 합니다.

이제 대통령은 헌법재판소에 의해 탄핵 심판 절차를 밟고 있고, 국정 농단 세력들에 대한 특검의 수사가 진행되고 있습니다. 대다수 국민들이 바라는 바대로 헌재의 판결과 특검 수사가 이뤄진다면 머잖아 대통령은 파면될 것이고 최순실 일당과 함께 사법 처리될 것입니다.

그러면 이 사태는 종결되는 것입니까? 그렇지 않습니다. 대통령이 물러나고 국정 농단 세력들이 처벌을 받는 것만으로 대한민국은 바뀌지 않습니다. 대통령을 탄핵시킨 20대 국회에게, 19대 대선으로 들어설 차기 정권에게 중요한 한 가지 과제가 더 남았습니다. 바로 "이게 나라냐"라는 물음에 답하는 일입니다.

촛불 시민혁명은 지난해 10월 29일 2만여 명이 첫 촛불을 드는 것으로 시작해서 11월 5일 20만 명, 2주 만인 11월 12일 100만 명이 모여 촛불을 들었습니다. 연 참가 인원 1000만이 넘어선 이 사태에 우리도 놀랐고 전 세계가 함께 놀랐습니다. 이처럼 많은 사람들이 이처럼 빠르게 공감대를 형성하게 된 배경은 무엇입니까?

많은 사람들이 최순실과 정유라를 거론합니다. 그러나 그들은 단지 불씨를 던졌을 뿐입니다. 이미 대한민국은 인화 물질로 가득

찬 화약고였습니다. 바로 불평등·불공정이라는 인화 물질 말입니다. 정유라가 돈도 실력이라고 말했을 때 수많은 사람들이 분노한 것은 그것이 거짓이어서가 아니라 사실이었기 때문입니다. 어느 철부지의 철없는 주장이 아니라 우리 모두가 알고 있는 대한민국의 적나라한 치부에 대한 조롱이었기 때문입니다.

지난 1월 스위스 다보스포럼에서 세계 소득 불평등 실태를 고발하는 "99퍼센트를 위한 경제보고서"를 발표해 주목을 받은 바 있는 위니 비아니마 옥스팜 총재는 '한국의 촛불 시위는 불평등에 대한 대중의 분노가 표출된 경제 사건'이라 규정했습니다. 능력 없으면 부모나 원망해야 하는 대한민국, 돈이 실력인 대한민국은 우리만 아는 비밀은 아니었습니다.

경제 불평등과 양극화는 현재 지구촌의 공통적인 고민거리입니다. 다보스포럼이 최근 발표한 "세계위험보고서"는 경제 불평등, 사회 양극화, 환경 위험 증대를 향후 10년 지구촌을 위협하는 3대 위험 요소로 규정했습니다. 그러나 우리의 경우 경제 불평등과 사회 양극화는 미래의 위험이 아니라 1997년 외환 위기 이후 20년째 지속되고 더욱 빠르게 악화되고 있는 현재 진행형의 위험입니다. 지난해 국회 입법조사처가 IMF 등의 자료를 분석한 결과 우리나라 상위 10퍼센트의 소득 집중도는 세계에서 가장 빠른 속도로 늘어 1995년 29.2퍼센트에서 2012년 44.9퍼센트로, 미국(47.8퍼센트) 다음으로 높은 수준이 되었습니다. 이 20년 동안 비정규직 수, 노인 빈곤율, 노인 자살률, 심지어 노인 범죄율에 이르기까지 각종 양극화 수치가 악화되어 온 것은 잘 알려진 사실들입니다.

우리나라에서 경제 불평등과 이로 인한 사회 양극화가 유례없이 빠르고 완강하게 진행된 배경에는, 첫째, 양극화를 촉진시키는 정책이 끊임없이 추진되고 있으며, 둘째 기회균등을 통해 양극화를 해소하는 데 기여해야 할 교육이 오히려 부가 세습되고 가난이 승계되는 통로로 역기능을 하고 있다는 사실이 있습니다.

특히 문제가 심각한 것은 이 같은 경제적 불평등이 불공정한 경쟁과 정책 결정을 통해 더욱 악화되고 있다는 사실입니다. 대통령까지 연루된 최근의 국정 농단 사태야말로 특권, 불법, 반칙으로 점철된 불공정의 전형이 아니고 무엇이겠습니까?

옥스팜에 따르면 이건희 삼성전자 회장(96억 달러, 약 11조4000억 원) 등 18명의 부자가 전체 국민 소득 하위 30퍼센트와 비슷한 수준의 자산을 보유하고 있다고 합니다. 최근 검찰 조사에 따르면 이 18명 중 11명이 박근혜 대통령이 만든 두 재단에 기금을 출연했다고 합니다. 당사자들은 강제로 모금 당했다고 주장하지만 그간의 정황은 능동적이든 수동적이든 뇌물을 제공하고 여러 형태의 대가를 받은 것으로 확인되고 있습니다.

"이게 나라냐"는 말은 바로 이 같은 현실로부터 우러나오는 외침입니다. 이 말은 단순히 박근혜 대통령과 최순실이 국정을 농단했기 때문에 참을 수 없다는 그런 의미만은 아닙니다. 그것은 국정 농단에 대한 분노와 더불어 그동안 누적된 극심한 불평등과 그 불평등이 불공정의 결과라는 데 대한 참을 수 없는 분노의 표현인 것입니다.

국회는 자유로운가?

그렇다면 이런 국정 농단과 불평등에 대해 우리 국회는 자유로운 것입니까?

박근혜 대통령은 지난 2015년 7월 24일, 대기업 총수 17명과 오찬을 하고 7명의 재벌 회장과는 따로 독대를 해서 미르 재단 출연을 요구합니다. 재벌들은 이에 따라 출연금을 냈고, 곧이어 8월 6일 박 대통령은 재벌들의 숙원 사업인 노동 개혁에 대한 대국민 담화를 합니다. 그리고 곧이어 전경련이 대통령 담화에 대한 환영 입장을 발표하고, 그 며칠 후에는 새누리당이 소위 노동 개혁 5대 법안을 당론으로 결정합니다. 그렇게 500억 가까운 자금을 출연 받은 미르 재단이 현판식을 갖고 출범한 10월 27일, 바로 그날 박 대통령은 국회에서 시정연설을 통해 노동관계법 개정을 포함해, 서비스산업발전기본법, 의료법 개정 등 대표적인 '친기업 입법'을 강력히 요구했습니다. 그뿐입니까. 미르 재단과 마찬가지로 재벌들로부터 수백억의 자금을 출연 받은 K스포츠 재단이 설립된 2016년 1월 13일, 박 대통령은 또다시 청와대에서 대국민 담화를 통해 "규제 프리존 특별법을 만들겠다"고 밝혔습니다.

잘 짜인 각본처럼 일사천리로 진행된 이런 일련의 과정은 무엇을 말해 줍니까. 바로 재벌들은 대통령이 요구하는 돈을 내고, 대통령은 재벌의 요구 사항을 관철시키기 위해 정부를 동원하며, 국회에서는 새누리당이 이런 재벌들의 청부 입법을 관철시키기 위해 활약해 온, 부끄러운 짬짜미의 역사인 것입니다.

그로부터 1년여가 지난 지금, 대통령은 탄핵 심판을 기다리고 있고, 재벌 회장들은 특검으로 출두하고 있습니다. 그러나 박 대통령과 재벌의 공조로 만들어진 이 정책들을 관철시키기 위해 동분서주해 온 새누리당과 범여권 정치 세력은 여전히 국회에서 재벌의 청부 입법 관철을 위해 애쓰고 있습니다.

새누리당 의원 여러분. 박 대통령과 재벌이 결탁해 벌여 온 모든 행동들이 이제 사법 처리의 대상, 단죄의 대상이 되고 있는데 왜 새누리당은 아직도 그 당시 만들어진 청부 입법에서 못 벗어나고 있는 것입니까.

존경하는 국회의장 그리고 선배 동료 의원 여러분. 보도에 따르면 구속 중인 안종범 전 청와대 수석이 최근 특검 조사에서 "지난해 9월 국정감사를 앞두고 박근혜 대통령이 국회 정무위, 기재위, 교문위 등 세 상임위원회에 삼성그룹 인사들이 증인으로 출석하지 않게 하라는 지시를 내렸다"고 진술했다 합니다. 당시 미르와 K스포츠 재단 의혹이 불거지면서 여러 야당 국회의원들이 삼성그룹 임원들을 국감 증인으로 신청한 상태였습니다. 안종범 전 수석은 당시 여권 인사에게 박근혜 대통령의 지시를 전달했고 실제 새누리당의 반대로 삼성그룹 임원들에 대한 증인 채택은 무산된 것으로 보도되고 있습니다.

이게 있을 수 있는 일입니까?

지금 박 대통령은 뇌물죄 혐의를 받고 있고 특히 교문위의 삼성그룹 증인 무산은 정유라에 대한 삼성의 승마 지원과 동계 스포츠 영재 센터 지원금 출연 사실을 숨기려는 시도로 받아들여지고 있습니다. 삼성 임원에 대한 증인 채택 방해 행위 자체가 뇌물을 공여한 삼성이 얻은 대가라는 해석도 있습니다.

대통령에 대한 탄핵소추를 의결하고 국정 농단 사태를 수사할 특검법을 통과시킨 국회가 이 사태에 연루된 자신의 행위에 눈감을 수는 없습니다. 국회의장과 각 당 원내대표들께 2월 임시국회에서 (가칭) '국회 관련 박근혜-최순실 국정 농단 사건 진상 조사 특위'를 구성해 즉각 진상 조사에 나설 것을 제안하는 바입니다.

불평등 타파를 위한 제안

존경하는 선배 동료 의원 여러분.

박근혜 대통령 탄핵으로 문제가 모두 해결되는 것도 아니며 정치권 모두가 그간의 국정 농단 사태에서 책임이 면제되는 것이 아닙니다. 무엇보다도 이 사태의 근본 배경이 된 불공정하고 불평등한 대한민국을 정상화시키기 위한 새로운 인식과 새로운 실천이 요구되고 있지 않습니까? 그런 점에서 저는 이 불평등을 타파하기 위한 몇 가지 제안을 드리고자 합니다.

먼저 비정규직과 정규직의 차별을 없앨 의지를 정권 차원에서 보여야 합니다. 일본의 아베 총리는 올해 1월 8일, 1900명의 일본 경제계 대표들을 앞에 두고 "정규직과 비정규직의 불합리한 차별을 용납하지 않겠다"고 하면서 비정규직의 임금을 정규직의 80퍼센트 수준으로 올리겠다며 강한 의지를 보였습니다.

아베 총리마저도 이런 얘기를 하는데 우리 정부는 쉬운 해고나 성과 연봉제 등을 밀어붙이고 있으니 비정규직의 처우가 개선될리 없습니다. 그런 점에서 며칠 전 비정규직 임금을 정규직 80퍼센트 수준으로 올리자는 바른정당 주호영 원내대표의 제안을 적극 환영합니다. 여야가 힘을 합쳐 처리합시다.

쌀값 폭락과 농산물 수입, AI 피해 등으로 고통받고 있는 농민들도 대한민국 국민입니다. 연간 500만 원 미만의 농업 판매 수입을 가진 농가가 전체 농가의 절반에 이르고 있습니다. 농업 보호 확대와 농가 소득 보전을 위해 식량자급률 법제화, 기초 농산물 국가 수매제 도입 등 농정 개혁 과제들을 적극 추진해야 합니다.

마지막으로, 대기업과 고소득층부터 증세를 시작해야 합니다. 대기업의 법인세율을 이명박 정부 이전 수준인 25퍼센트로 늘리고, 소득세 역시 최고세율을 45퍼센트로 인상하는 등 전반적인 증세를 단행할 것을 제안합니다. 더불어 세대를 건너뛴 손자, 손녀 상속과 증여가 유행하는 만큼 이런 경우에는 현행 30퍼센트의 할증 과세를 50퍼센트로 올려 금수저의 손자, 손녀 대물림에 정당한 과세를 해야 합니다.

박근혜 정권 마지막 국회의 자세

이번 2월 국회는 사실상 박근혜 정권에서 열리는 마지막 국회이기 때문에 저는 더욱더 개혁 입법을 관철시켜 국민에게 보답해야 한다고 생각합니다.

첫째로, 정치 개혁의 상징인 선거 연령 18세 하향, 결선투표제 도입을 위한 공직선거법 개정을 추진합시다. ……

둘째로, 재벌 개혁입니다.

이미 한국 사회를 좌지우지하며 정경 유착을 일삼아 온 재벌은 효과적으로 통제하지 않으면 안 될 괴물이 되어 있습니다. 2월 국회에는 다중대표소송제, 전자투표제, 공정위의 전속 고발권 폐지 등의 법안이 제출돼 있습니다. 모두 필요한 법률입니다. 그러나 그것 외에 본질적으로 중요한 한 가지 입법 과제가 있습니다. 바로 재벌 총수들의 편법적 세습을 저지하고, 총수들의 지배력 집중을 해체하는 것입니다.

한 가지 사례를 들어보겠습니다. 박근혜 게이트의 또 다른 몸통 중 하나인 이재용 삼성전자 부회장의 재산은 현재 10조 원에 육박하고 있습니다. 이렇게 재산을 막대하게 부풀리기 위해, 아니 사실상 세습받기 위해 그가 낸 세금이 얼마입니까. 1996년에 이건희 회장으로부터 물려받은 61억에 대한 증여세 16억이 전부입니다. 똑같이 부친으로부터 3000억의 주식을 물려받은 중견 기업 오뚜기 함영준 회장은 상속세로만 1500억을 냈습니다.

이런 말도 안 되는 현실은 이 땅에 경제 정의라는 단어마저 완전히 사라질 위기에 처해 있음을 보여 줍니다. 당시 이재용의 에버랜드 전환사채 매입으로 시작한 삼성그룹의 승계 작업은 2015년 대통령의 지시를 받은 국민연금이 삼성물산과 제일모직의 어처구니없는 합병에 동의해 줌으로써 그 끝을 보여 주었습니다.

이제 그것으로도 모자라 삼성은 소위 인적 분할과 자사주의 마법이라는, 일반 국민들은 듣도 보도 못한 희귀한 방법으로 수백조 원대 그룹을 통째로 세습하는 마지막 단계를 지나려고 합니다. 이미 다수의 다른 재벌들은 이런 방법을 통해 세습 지배 구조 확립을 이뤄 낸 상태입니다.

삼성이 이제 막 하려고 하는 이런 편법적 승계를 저지하고, 다른 재벌들이 이미 저지른 편법적 지배권 확립을 무효화할 법안이 민주당의 박용진, 제윤경 의원 등 여러 의원들을 통해 상법과 공정거래법 개정안으로 2월 국회에 제출돼 있습니다. 이번 국회에서는 반드시 이 법안들을 처리해야 합니다.

이외에도 수많은 개혁 과제가 있습니다. 한일 위안부 협상 무효화, 국정교과서 금지법, 세월호 특조위 재구성, 사드 국회 특위 설치, 복합 쇼핑몰과 대형 마트로 인해 생존권 위기에 몰린 자영업자들을 보호하기 위한 유통산업발전법 개정 등이 그것입니다. 이과제를 성실히 수행하는 것이야말로 박근혜 정권 마지막 국회에 임하는 우리 20대 국회의 자세일 것입니다.

선거제도 개혁의 꿈

강상구 | 정의당 교육연수원

1

대의 민주주의는 말 그대로 정치가 국민의 의사를 '대의'하는 시스템이다. 국민의 의사가 정확히 반영된 의회를 만드는 것은 그런 의미에서 정치의 기본 중의 기본이나, 한국 정치는 아직 이 목표에 도달하지 못했다.

60년 의회정치는 소수의 정당이 득표율보다 많은 의석수를 부당 점유한 의석 약탈의 역사였고 동시에 빼앗긴 의석을 되찾으려는 또 다른 정당들의 분투의 역사였다.

'선거제도'가 그 중심에 있다. 정치인들 간의 '밥그릇 싸움'이라는 흔한 평가와는 달리 선거제도 개혁은 국민 밥그릇을 지키기 위한 치열한 정치투쟁이다. 그 도상에 노회찬이 있었다.

지지율 10퍼센트의 정당은 결정권 10퍼센트를, 51퍼센트의 정당
은 51퍼센트의 결정권을 가져야 대의 기구인 의회가 국민의 의견을
완벽하게 재현하는 것이다(206).

노회찬의 삶은 진보 정당의 성장과 발전의 역사 그 자체다. 그
는 스스로 "진보 정당 원천 기술 보유자"라고 말하곤 했었는데, 틀
린 말이 아니다. 또한 노회찬은 선거제도를 실질적으로 변화시켜
온 당사자다. 그런 점에서 그는 선거제도 개혁의 원천 기술 보유
자라고도 할 수 있다. 선거제도 개혁을 위한 노회찬의 의지는 민
주노동당 이전부터 정의당 원내대표 시절까지 끊이지 않고 확인
된다.

2

진보정당추진위원회(진정추) 대표로서 노회찬은 1993년 선거
제도에 대해 헌법 소원을 제기했다. 1년 전 있었던 1992년 총선이
잘못된 법률에 의해 치러졌다는 문제의식에서였다. 1987년 6월
항쟁이 있었지만, 선거제도는 충분히 민주적이지 않았다. 노태우
정부하에서 선거제도는 '전국구'라 불렸던, 요즘으로 말하면 비례
의원들 가운데 최소 2분의 1을 제1당에게 보장했다. 당시 정치 지
형에서 제1당은 언제나 여당이었으므로 그 선거제도 덕에 여당은
전국구 의원 전체의 반을 무조건 확보할 수 있었다.

지금으로서는 도저히 이해할 수 없는 이 제도는 그나마 과거에
비해 나은 것이긴 했다. 전두환 정권 당시에는 전국구 의석의 3분

의 2를 무조건 제1당에게 주도록 했고, 박정희 정부는 아예 전국구 의원 전체를 대통령이 실질적으로 임명했다. 그 유명한 '유정회'다. 지금 와서 보면 5·16쿠데타 이후 30년 가까이 한국의 정치는 독재가 선거제도를 왜곡하고, 왜곡된 선거제도가 독재를 강화하는 구조였다.

1992년 총선부터 전국구 의원의 전체 혹은 일부를 여당에게 무조건 배분하는 제도는 사라졌다. 1987년 6월 항쟁으로 그나마 나아진 것이었지만 여전히 문제가 있었다. 유권자는 소선거구제하에서 지역구 후보에게 1인 1표를 행사했고, 정당은 그렇게 획득한 지역구 의석 비율에 따라 전국구 의원을 배분받았다.

노회찬이 지적한 것은 이 부분이었다. 전국구 의원은 정당에 대한 지지를 바탕으로 선출하는 것이므로, 지역구 후보가 아니라 정당 자체에 대한 별도의 투표가 있어야 한다는 것이었다. 후보 지지와 정당 지지가 다를 수 있고, 무소속 후보를 찍는 유권자는 별도의 투표가 없으면 정당 지지를 표명할 방법이 없다는 점 등이 이유였다. 그러나 1993년 노회찬의 헌법 소원은 청구 기간이 지났다는 이유로 각하되었다.

1인 2표제는 2000년 4월 총선을 앞두고 다시 논의되었으나, 이때도 도입에 실패했다. 당시 정당 간 정치 개혁 과제로 논의되던 1인 2표제는 총선을 두 달 앞둔 시점, 여러 곡절 끝에 결국 한나라당과 자민련의 반대로 국회 본회의에서 부결되었다.

노회찬은 2000년 2월 다시 한 번, 헌법 소원을 제기했다. 이번에는 늦지 않았다. 헌법재판소는 노회찬의 헌법소원심판 청구에

대해 2001년 7월 한정 위헌 결정으로 화답했다. 2002년 3월 공직
선거법이 개정되며 2002년 지방선거와 2004년 총선부터, 지금 우
리에게 익숙한 1인 2표제가 도입되었던 것이다. 노회찬을 선거제
도 개혁의 원천 기술 보유자라고 해도 과언이 아닌 이유가 여기에
있다.

　민주노동당은 2004년 총선에서 1인 2표제 도입을 적극적으로
홍보했다. 이미 1인 2표의 효과로 2002년 지방선거에서 11명의
광역의원이 당선된 터였다. 당시 민주노동당 비례대표 8번이었
던 노회찬은, 자민련이 정당 득표 3퍼센트를 얻어 김종필이 당선
되느냐, 3퍼센트를 얻지 못해 노회찬이 당선되느냐의 다툼에서
0.179073329퍼센트 차이로 국회의원에 당선됐다. 299명 중 299번
째로 당선이 확정된 국회의원이 바로 그였다.

3

　물론, 1인 2표제가 선거제도 개혁의 끝은 아니었다. 지역구 의
원을 1등만 뽑는 소선거구제의 모순은 그대로였기 때문이다. 해
방 후 소선거구제로 치러진 제헌의회부터 4대 총선까지 이미 이
선거제도가 여러 문제를 갖고 있음이 확인된 터였다. 그러나 박정
희 쿠데타 이후 전국구 제도가 워낙 선거를 왜곡하기도 했고, 그
결과 독재가 계속되면서 선거제도 개혁의 초점이 전국구 제도에
맞춰진 측면이 있었다.

　1987년 6월 항쟁 이후 비례대표제도의 악용으로 인한 의석수
왜곡 문제가 점차 개선되고, 박정희 정권이 도입한 중대선거구제

"1인 2표 비례 투표가 국가 기밀입니까?

17대 총선은 표가 두 개입니다.

하나는 후보에게, 다른 하나는 지지 정당에게 투표합니다.

바로 이것이 정당 투표용지입니다."

당시 선관위는 선거 포스터는 물론 선거 공보물에도

정당 투표에 대한 홍보를 하지 않았다.

17대 총선에서 처음 실시된 1인 2표제를 홍보 중인 민주노동당

가 소선거구제로 바뀌자, 그때부터 소선거구제의 문제가 본격적으로 드러나기 시작했다.

우선 소선거구제는 선거 때마다 다량의 사표를 만들어 냈다. 51퍼센트만 얻으면 당선되는 선거에서 49퍼센트의 의사는 아예 무시됐다. 선거 때마다 전체 유권자의 표 가운데 반 혹은 그 이상이 사표가 되자 유권자들은 자신의 투표 행위가 무의미한 것이 되지 않게 하기 위해 '될 사람'을 찍기 시작했다. 이때부터 선거제도는 국민의 의견 분포를 왜곡하는 핵심 요인으로 작동하기 시작했다.

국회는 국민의 뜻을 있는 그대로 비춰 주는 거울이어야 하고, 이 작업이 잘되면 국회의 모습도 국민의 모습과 닮아 갈 테지만, 대한민국 국회는 그렇지 않았다. 국회는 국민의 뜻과 다르게 구성되었고, 국민의 모습과도 달랐다. 평균 재산 40억을 가진 50대 남성. 20대 국회의원의 평균은 명백히 국민의 평균과는 이질적이다.

한편으로, '될 사람'을 찍는 투표 행위는 결국 양당제 강화로 이어졌다. 소선거구제가 양당제를 낳는다는 뒤베르제의 법칙은 한국 현실에서 더욱 두드러졌다. 2000년 이후만 따져 봐도 2016년 제20대 국회의원 선거까지 민주당과 새누리당은 많을 땐 전체 의석의 93퍼센트를, 아무리 낮아도 72퍼센트를 석권했다.

노회찬은 이 절대적으로 기울어진 운동장에서 분투했다. 2004년 총선에서 노회찬의 '삼겹살 불판론'이 공전의 히트를 기록한 것은, 양당제의 폐해를 누구보다도 국민 자신이 절감하고 있었기 때문이다.

그로부터 14년이 흐른 지금까지 선거제도는 불변이고 양당 체제도 그대로다. 폐해는 심각하다. 진보 정당은 언제나 득표율보다 낮은 의석수를 차지했다.

4

문제가 되는 선거제도는 이뿐이 아니었다. OECD 국가 중 한국만이 유일하게 선거 연령이 19세 이상이다. 노회찬은 선거제도 개혁 중에서도 선거 연령 인하 문제에 각별한 애정을 보였다.

> 16세 참정권을 진심으로 지지한다. 그걸 반대하는 순간 유관순 열사를 불량소녀로 낙인찍게 된다. 나는 17세 때 유신 반대를 외치면서 유인물을 만들고 뿌렸던 사람이다.[15]

대통령 선거나 광역단체장 선거 등에 결선투표 제도가 없는 것도 심각한 여론 왜곡을 낳는다. 결선투표 없는 현행 선거는 제3의 정당 후보들에게 "왜 나왔느냐?"는 질문을 반복적으로 받게 한다. 사표 방지 심리가 어느 선거보다 강하게 작동하기 때문이다.

노회찬이 바로 그 경험자이자 피해자다. 2010년 서울 시장 후보 출마 당시 노회찬은 "당신 때문에 한나라당 후보가 당선되면 책임질 거냐?"는 힐난에 시달렸다. 선거 전 여러 여론조사에서 한때 15퍼센트를 기록했던 노회찬의 지지율은 선거 막판 2퍼센트까지 떨어졌다. "될 사람을 찍어야지"라는 말의 위력은 강력했다. 노회찬은 악전고투 속에 완주했으나, 결국 한나라당 후보가 당선됐다.

노회찬은 서울 시정의 진보적 변화를 역설했지만 그의 비전과 노선은 정당하게 평가받지 못했고 비난과 조롱만 난무했다. 수십 년 진보 정치 그 자체였던 불굴의 정치인에게 마땅하지 않은 평가였다. 선거제도 탓이 컸다.

5

국민의 지지가 국회 의석에 정확히 반영되는 선거제도, 즉 연동형 비례대표제의 도입이야말로 공정한 정치를 만드는 시작입니다(277).

노회찬은 연동형 비례대표제를 꿈꿨다. 정당이 얻은 득표율만큼 의석을 보장해 주는 연동형 비례대표제에는 과잉 대표도 과소 대표도 없다. 국민의 뜻 그대로 국회가 구성된다. 비로소 노선과 정책을 놓고 경쟁과 타협이 가능해진다.

복지국가는 하나같이 연동형 비례대표제를 채택하고 있다. 비례대표제 국가의 대부분은 사회복지 지출 비중이 높다. 소선거구제 국가들의 사회복지 지출 비중은 전반적으로 낮다. 유엔은 "세계행복보고서"를 매년 3월 20일 '세계 행복의 날'에 발표한다. 1인당 GDP, 건강 수명, 삶에 대한 선택의 자유 등을 종합하는데, 2018년 보고서에서 1위부터 10위 중 9개국이 연동형 비례대표제를 채택하고 있다. 소선거구제의 나라 대한민국은 57위였다.

연동형 비례대표제의 순조로운 도입은 의원 정수 확대와 국회의원 특권 축소가 병행되어야 가능하다. 의원 정수 확대에 반대하는 여론이 높은 것은, 특권만 많고 일은 안 하는 국회의원을 좋아할 국민이 없기 때문이다. 다만 이 문제도 노회찬이 길을 제시했다. 교섭단체 원내대표가 된 후 특수활동비를 자진 반납하면서 특수활동비 폐지의 물고를 튼 것이다. 특권이 폐지되면, 도둑이 아니라 노회찬 같은 심부름꾼 국회의원이 늘어날 수 있고, 그렇다면 국민은 의원 정수 확대에 적극 찬성할 것이니 말이다.

이 책이 나올 때쯤이면 국회에서 연동형 비례대표제가 통과됐을 수도 있고, 아닐 수도 있다. 어쩌면 연동형이라 말하기 어정쩡한 선거제도가 도입되어 있을 수도 있다. 성과가 있다면 노회찬의 오랜 노력의 결실일 테고, 부실한 개혁에 그쳤다면 그것은 우리가 노회찬의 꿈에 보다 더 천착해야 할 이유가 될 것이다.

외롭고 긴 싸움

『힘내라 진달래』(2004, 사회평론), 135-36쪽

　국회 정개특위에서 '개혁'이 실종된 지는 오래되었다. 정치관계법 개정 전망도 점점 어두워지고 있다. 이제 정치제도 개혁은 민주노동당만의 외로운 외침이 되고 있다.

　1993년 김영삼 대통령의 정치 개혁은 '영국식 돈 안 드는 선거제도' 도입이었다. 1998년 김대중 대통령의 정치 개혁은 '독일식 정당 명부 비례대표제'로부터 출발했다. 두 사람은 모두 실패했다. 개혁 대상을 개혁 주체로 삼았고 개혁 주체들은 개혁을 거부했기 때문이다. …… 남은 것은 민주노동당과 노동운동뿐이다. 그러나 민주노동당은 미약하고 노동운동은 바쁘다. 민주노동당은 시민운동과 노동운동의 개혁안을 '독일식'으로 통일시키는 데 기여했을 뿐이다.

　일백 년 전 선진적인 노동운동이 전개되었던 나라들에서 산별

노조와 노동자 정당 건설은 핵심적인 조직 과제였다. 동시에 8시간 노동제와 비례대표제 관철은 가장 중요한 투쟁 과제였다. 노동 시간 한 시간 단축시키는 데 평균 30년이 걸렸다. 노동운동의 역사는 노동자들이 전면적 비례대표제를 쟁취하는 데 최소한 일이십 년 이상 싸운 것으로 기록하고 있다.

자신의 성장이 곧 정치 개혁이라고 말할 수 있는 세력은 민주노동당밖에 없다. 그래서 민주노동당의 정치 개혁에는 저항이 따를 수밖에 없다. 힘과 힘이 부딪힐 수밖에 없다. 외롭더라도 민주노동당이 앞장서서 싸워야 한다.

내일로 국회 정개특위 활동 시한이 마감된다.

협치와 선거제도 개혁

『시사인』 인터뷰 중에서 (2017/07/11)

진정한 협치란 무엇이라고 보십니까? 여당과 야당 간의 관계 설정을 어떻게 할 것인가에 관한 질문 같은데요.

이 대목에선 우리가 다 냉정해질 필요가 있습니다. 좋은 게 좋은 것 아니냐는 생각은 안 통하는 분야가 이 분야고요. 여야가 분명히 다릅니다. 국민들이 원하는 건 한 가지니까 국민들이 바라는 바대로 힘을 합쳐 가면 되는 것 아니냐고 말은 쉽게 되지만, 현실이 말처럼 쉽게 되진 않습니다. 특히 정치에서는.

협치가 헌법적 질서 속에서 제도화된 나라들이 의원내각제 나라들입니다. 협치는 선거 전에 이뤄지는 게 아니라 선거 후에 이뤄집니다. 선거 결과, 내가 50퍼센트 넘게 당선되면 국회를 50퍼센트 넘게 가져가는 것이니까 무슨 법이든 내가 원하는 대로 할 수 있는 겁니다. 협치가 필요 없죠. 근데 내가 45퍼센트, 40퍼센트밖에 안 되면 그래도 10퍼센트, 15퍼센트 가진 사람하고 파트너를 해가지고 (협치를 합니다). 그렇게 되면 파트너 하고 나하고 다 (어려운 문제를) 헤쳐 나갈 수 있는 거죠. 이때 양자의 관계가 협치입니다.

근데 의원내각제만 협치를 할 수 있느냐, 그건 아니죠. 대통령 중심제에서도 하려면 할 수 있는 거죠. 근데 이걸 하려면, 누구 한 명을 장관으로 앉혀 가지고 (할 수는 없어요). 그 경우엔 서로 사이가 좋잖아요. 그러면 다시 사이가 나빠질 때까지, 관계가 악화될 때까지는 협치해 나간다. 이렇게 애매하고 낭만적으로 할 수 있는 일이 아닙니다. 협치를 하려면 독일 같은 경우가 대표적인데, 문서화해야 합니다. 어디서 어디까지 같이 한다. 그래서 같이 하는 동안에는 (그 문서에 따라) 철저히 약속을 지키는 겁니다. 그리고 약속을 더 이상 지키기 힘들 때는 합의해서 관계를 정리하는 겁니다. 협치에서 가장 중요한 것은 양자의 관계도 관계지만, 그 관계를 국민 앞에서 책임지는 그 정신, 또 그 책임을 공적으로 뒷받침할 수 있는 문서 내지 시스템화, 공적인 언약이 굉장히 중요합니다.

우리가 이런 일을 해본 적이 없는 나라입니다. 우리나라 정치가 여전히 이런 게 굉장히 서툰 나라입니다. 그러니까 운전면허를 딴 지 한 70년 됐는데 직진 말고는 해본 적이 없는 (나라입니다). 유턴도 안 해봤고, 좌회전 우회전 안 해본 그런 운전사 같은 상태입니다. 우리 정치가.

그래서 한다면 아마 이번이 처음이 될 거예요. 물론 과거에 DJP 연합이라든가 이런 것들이 있었지만, 그걸 진정한 의미에서 협치라고 부르기는 힘들 것입니다. 그래서 협치를 하려면 좀 더 서로가

고민을 많이 해야 된다. 지금은 보면, 장관 한두 명 줄까? 이런 것이고. 또 어떤 당들은 안 그래도 지금 유지되는 게 아슬아슬한데, 한두 명 넘어갔다가는 당이 무너질 것 같은 (상황이죠). 사실은 겉으로 보면 이층집이고 괜찮아 보이지만 안에 들어가 보면 거의 가건물 수준인, 그런 당들도 있거든요. 제가 말씀은 안 드리겠습니다만. 그런 데서는 거부하니까 그래서 지금 잘 안 되고 있는 거죠.

결국은 협치를 제도화해 가는 과정이 필요하다는 말씀이신 거죠?

네, 그렇습니다. 그래서 협치하는 많은 나라들의 사례에서 우리와 가깝고 우리가 빨리 차용할 수 있는 시스템이 있다면 연구를 좀 많이 할 필요가 있어요. 그냥 기분으로 할 수 있는 얘기는 결코 아닙니다.

결국 그 말씀은 선거구제 개편, 개헌 이런 문제와 연동되는 것 같은데요. 특히 독일식 정당 명부제 같은 경우에는 정의당에서 강하게 주장하고 계시잖아요.

정의당은 헌법을 고치는 일도 중요하지만, 더 중요한 것은 선거제도 변경이다 (이렇게 생각합니다). 내각제냐, 이원 집정부제냐, 책임총리제냐 대통령 중심제냐 권력 구조에 대한 얘기들을 많이 하지만, 어떤 제도로 간다 하더라도 지금보다는 대통령 권한을 국회로 더 많이 가져가게 됩니다. 정도의 차이는 있지만요. 어떤 경우든 국회가 좀 더 권한이 많아지고 강해진다는 얘긴데, 그러면 국회는 제대로 뽑혔느냐, 국회의원은 제대로 구성되어 있느냐 라는 근본적인 의문에 직면하는 거죠.

특히 자유한국당이나 국민의당이 과거에 주장한 것처럼 대통령 없애고, 혹은 있다 하더라도 그냥 허수아비처럼 있고, 실제 권한은 총리에게 다 주되 그 총리는 국민이 아닌 국회가 뽑는 걸로 하자, 이렇게 되면 국회에서 지금의 대통령을 뽑는 것과 똑같습니다. 근데 그 국회가 대표성을 제대로 갖추고 있느냐(는 거죠).

제가 속한 당 얘기를 해서 그렇습니다만, 정의당이 작년에 정당 득표율이 7.3퍼센트였습니다. 그러면 국회 의석을 7.3퍼센트를 가져야 (정의당을) 지지하는 7.3퍼센트 국민의 목소리를 국회에서도 대변하는데, 지지는 7.3퍼센트를 받았는데 국회 의석은 2퍼센트를 갖고 있습니다. 그러면 정의당을 지지했던 사람들 중에 5퍼센트, 반 이상은 목소리가 날라 가버리는 거예요.

이런 비례성이 부족한 상황이 바뀌어야 되는 거죠. 왜냐하면 정의당을 지지하는 사람들이 대통령감으로 누굴 지지했는데, 그럼 국회에서 대통령 뽑을 때 7.3퍼센트의 목소리가 반영되어야 하는데, 2퍼센트만 반영되니까요. 부산 시민들 중에 54퍼센트가 지난 선거에서 새누리당을 찍었는데, 부산에 있는 국회의원 중에 90퍼센트를 새누리당이 다 가져갔다. 이런 것이 대표성에 문제가 있는 겁니다.

우리나라 국회의원 중에 국민이 안 찍은 사람이 없어요. 그렇잖아요. 우리나라 국민이 안 찍고 뭐, 일본 국민이 찍고 이런 사람이 없잖아요. 다 우리나라 국민이 찍었어요. 근데 선거 끝나자마자 손가락을 자르느니 마느니 그런 얘기가 왜 나오느냐 이거예요. 그게 바로 우리 국민들의 의사가 정확히 반영이 안 되는 문제가 있어서 (그런 거예요).

선거제도를 제대로 바꿔서 국민 10퍼센트가 지지하면 딱 10퍼센트의 결정권을 갖게, 51퍼센트가 지지하면 51퍼센트의 결정권을 발휘할 수 있도록 그렇게 만들어야 국민의 대의 기구인 국회가 국민의 의사를 완벽하게 재현, 재생해 낸다는 거죠. 그래서 선거제도를 바꾸지 않은 채 국회의 권한만 디룩디룩 살찌우게 만들면 오히려 괴물이 될 수 있다. 개헌 안 한만 못한 상황이 될 수 있다는 것이 저희들의 (우려입니다).

하반기부터, 아마도 9월부터는 이 개헌 문제가 화두에 오를 거예요. 그러면 그때 대한민국 정치인들의 민낯이 드러날 것이다 (이렇게 생각합니다). 이제까지 아름다운 얘기 많이 해왔다 하더라도 자신의 생존과 연관된 문제에 있어서도 계속 정의를 얘기하고, 양심을 얘기하고, 혹 불이익이 있더라도 감수할 것인지. 아니면 개인적인 야욕, 정치인으로서의 욕망, 정치집단으로서의 야욕을 국민적인 정치 개혁보다 더 중시할 건지 이런 것들이 그 과정에서 적나라하게 드러나지 않을까 (생각합니다).

그래서 결국 저는 선거제도도 공직선거법으로 표현되는 것이기 때문에 법을 고치는 것은 국회의 권한이지만, 전 세계적인 추세는 선거제도는 누굴 위해 존재하느냐, 정치인을 위해 존재하는 게 아니라 국민을 위해 존재하기 때문에 선거제도 변경의 최종 결정 권한은 국민이 가져야 된다(는 겁니다). 사실 최근에 선거제도를 크게 바꾸거나 바꾸려고 했던 영국, 뉴질랜드 이런 나라들은 전부 이걸 국민투표에 붙였어요. 우리나라도 혹 내년 지방선거 때 개헌이 합의가 된다면 개헌안에 대한 국민투표를 할 때 별개로 선거제도에 대해서도 국민이 선택하게끔, 국민의 의사에 의해 결정하도록 해야 된다는 말입니다.

문재인 대통령도 사실은 개헌을 화두로 꺼내면서 그에 앞서서 선거구제 개편하고 같이 연동을 해야 한다고 얘기를 했는데, 같은 뜻인가요.

네, 그렇게 알고 있습니다. 물론 선거제도나 개헌의 구체적인 내용은 문재인 대통령도 국회에서 다수가 합의하면 합의를 따르겠다, 그리고 국민들이 다수가 원하는 게 있다면 그걸 따르겠다고 했기 때문에, 저는 누구도 그 말에 동의를 해야 된다고 보거든요. 국민의 뜻에도 불구하고 나는 이렇게 하겠다, 민주국가에서 그렇게 할 수는 없는 거죠.

근데, 양당제일 때는 사실은 정당 명부식 비례대표 하기가 쉽지 않잖아요. 왜냐하면 지역구에서 승자 독식으로 가면 훨씬 편하니까요. 본인들한테 유리하고요. 그런데 지금처럼 당이 다당제 형식으로 되어 있고, 당이 나뉘어 있을 때는 (선거제도 개혁의) 가능성이 좀 더 높아지는 것 아닌가 하는 생각이 드는데 맞나요?

맞습니다. 좀 복잡한 얘기이기는 한데요. 정치인들의 이해타산보다 국민들의 이익이 더 중요하다고 제가 말씀드렸지만, 정치인

협치와 선거제도 개혁

들은 여전히 자기 이해타산 중심으로 봅니다.

지금의 제도는 양당제를 위한 제도입니다. 지금의 선거제도는 우리나라 정치가 영남을 중심으로 한 새누리당과 호남을 주요 기반으로 하는 민주당을 중심으로 수십 년간 갈 거라는 전제하에 만들어진 선거제도입니다. 그런데 당이 여러 개 생기다 보니까 이 선거제도가 점점 안 맞는 겁니다. 그리고 현재 존재하는 당 중에 일부는 이 선거제도를 싫어하게 되는 겁니다.

그래서 방금 말씀하신 것처럼, 정정당당하게 승자 독식이 아니라 자기가 지지받은 만큼 가져가는, 그런 비례성이 높은 선거제도로 바꾸자는 목소리가 점점 커져 가고 (있는 것입니다). 우리 정치는 앞으로 상당 기간 다원화된 정치(로 갈 겁니다). 다원화되면 혼란스럽지 않냐 (생각하는데) 그렇지 않습니다. 다원화되더라도 비슷한 정당끼리 크게 협치를 하게 되면 안정적인 정치를 할 수 있기 때문이죠.

국민의 뜻을 반영하는 선거제도

2017년 2월 9일, 비교섭단체 대표 연설,
2017년 9월 27일, 선거제도 개혁을 위한 민정연대 추진 간담회 축사

　·

　지금 국회에서는 개헌 논의가 한창입니다. 특히 권력 구조에 대한 개헌 논의가 더 활발합니다. 많은 분들이 제왕적 대통령제의 폐해를 지적하고 대통령 권력의 분권을 주장합니다. 개헌에 관한 다양한 견해가 있으나 국회의 권한이 강화되는 데 다수가 동의하고 있습니다.

　그러나 승자 독식의 현행 국회의원 선거제도를 그대로 둔 채 국회의 권한을 강화시킨다면 그것은 위험한 길이 될 가능성이 큽니다. 따라서 선거제도의 근본적 개혁이야말로 개헌과 함께 이뤄져야 합니다.

　공교롭게도 오늘날 복지국가를 만든 대부분의 나라들이 정당 명부식 비례대표제를 통해 국민의 지지가 권력에 온전히 반영되

는 제도를 채택하고 있습니다. 연동형 비례대표제라고 불리기도 하는 이 정당 명부 비례대표제는 국민의 사표를 방지함으로써 정치에 대한 관심을 높이고, 다양한 국민의 요구와 지향이 정치에도 정확히 반영되는 가장 선진적인 정치제도입니다.

이미 국회에는 개헌 특위가 설치되어 맹렬히 가동 중입니다. 선거제도 개혁을 위한 특위도 별도로 설치할 것을 제안합니다. 그리하여 우상호 더민주당 원내대표의 제안처럼 2018년 6월 지방선거 때 개헌안과 함께 선거제도 개혁안에 대한 국민투표를 동시에 실시할 것을 제안합니다.

국회의원 선거제도는 국회의원을 위한 제도이기 이전에 권력의 주체인 국민을 위한 제도입니다. 뉴질랜드, 영국도 국민투표를 통해 선거제도를 결정했습니다. 국민의 뜻이 우선 반영되는 선거제도 개혁에 함께 나섭시다.

·

오늘 이 선거제도 개혁을 위한 논의의 장소가 로텐더홀로 된 게 의미심장한 것 같습니다. 이 자리에 누워 본 적이 있는 분들은 다 압니다. 평소에는 못 봤는데 여기서 농성하며 누워서 보면 이 천장이 그렇게 아름다울 수가 없습니다. 저는 저 아름다운 천장을 또 보고 싶지는 않습니다. 농성에 이르지 않고 선거제도 개혁이 있기를 바랍니다.

요즘에 적폐 이야기를 많이 합니다만 저는 최대의 적폐는 선거제도라고 생각합니다. 누군가는 정육점에서 고기를 600그램을 샀는데 실제로 보니 400그램밖에 안 되고, 어떤 사람은 2킬로그램을 샀는데 집에 와서 보니 2.5킬로그램이나 되는 부당 거래가 법적으로 용인되고 있는 것이야말로 적폐라고 생각합니다. 국민들이 국회의원들 보기 싫다고 하시지만 선거 때마다 국회의원의 40퍼센트가 재계약에 실패하는 엄청난 물갈이가 이뤄지고 있습니다. 그럼에도 불구하고 왜 국회가 불신을 받고 있는가. 저는 기본적으로 민심 그대로 반영되거나 민심의 분포대로 국회의 구성이 이루어지지 않기 때문에 정치 불신도 계속되는 게 아닌가 생각합니다.

그런 점에서 이제는 그동안 손대지 못했던 오래된 이 낡은 적폐를 청산해야 합니다. 국민들 마음속에 지역주의가 있는 게 아니라 현행 선거제도가 두 지역의 지역 패권을 조장하는 폐단까지 드러냈습니다. 또 그렇기 때문에 선거제도 개혁에 가장 좋은 지형이 마련된 것이라고 생각합니다.

특히 정의당과 국민의당, 바른정당이 힘을 합해 다당제 시대에 맞는 선거제도를 열어 나가는 데 더욱 노력해야 될 것입니다. 오늘 오신 이종걸 의원님과 같이 민주당에서 노장들이 앞장서서 물꼬를 터주시기를 진심으로 기원합니다. 오늘 좋은 자리 마련해 주셔서 고맙습니다.

19금 정치

2017년 1월 19일, '18세 선거권 국민연대 출범식' 축사

이 자리가 가득 메워진 걸 보니 정말 감개무량합니다. 저는 만 스무 살부터 투표권이 주어졌던 20년 전에 18세부터 투표권을 주어야 한다고 하면서 투표권을 20세 이상으로 상정한 법률이 헌법을 위배했다고 헌법 소원을 냈던 사람입니다. 오늘 여러분들이 18세 선거권 쟁취를 위한 출범식에 복도 계단까지 가득 메운 걸 보니 정말 감개무량합니다.

유관순 열사가 대한 독립 만세 외친 게 만 16세입니다. 고등학생이었습니다. 그것이 잘못됐습니까. 대한 독립 만세를 외치기에는 미성숙한 나이였습니까. 학제가 변경될 때까지 대한 독립 만세 외치는 걸 참았어야 합니까. 새누리당 인명진 비대위원장의 이야기는 '유관순 열사도 한 3년 정도 참았어야 했다', '대한 독립 만세를 1919년에 외칠 게 아니라 1922년에 만 19세를 넘긴 다음에 외

쳤어야 한다' 이 얘기와 다를 바 없는 것 아닙니까.

우리나라 공무원은 만 18세부터 될 수 있습니다. 만 18세면 중앙선관위 직원도 될 수 있습니다. 중앙선관위 직원은 될 수 있는데 선관위가 주관하는 투표는 할 수 없다는 게 말이 됩니까. 만 18세에 실제 공무원이 되는 사람이 점점 늘고 있는 추세입니다. 공무원이 되면 월급 받고, 월급 받으면 세금 냅니다. 그런데 왜 투표권은 안 주면서 세금은 받습니까.

사실 투표권, 17세도 줘야 합니다. 우리가 현행법이 19세니까 많이 양보해서 최소한 18세부터는 달라고 하는 것입니다. 현행 선거법대로 19세부터 투표를 허용하면, 올해 대통령에 대한 탄핵이 인용되어 4월 26일에 조기 대선을 치를 경우 이번 대입 신입생들 중 3, 4월생 빼고는 모두 투표를 못하게 됩니다. 고등학생만의 문제가 아니라 대학교 1학년 중 80퍼센트가 투표를 못하게 되는 것입니다.

'선거권 연령 18세가 되면 고등학교가 정치판이 된다' 이런 이야기도 합니다. 이제 고등학교에서도 정치 이야기 좀 해야 하는 거 아닙니까. 고등학생들이 정치 이야기하는 것을 두려워하는 사람들은 어떤 사람들입니까. 19세 미만에게는 보여 주기 부끄러운 정치를 계속하겠다는 사람들 아닙니까. 한국 정치가 국민 앞에서 당당하고 깨끗해지기 위해서도 18세 투표권 반드시 쟁취돼야 합니다.

정의당이 여러분과 함께 18세 투표권 쟁취를 위해 앞장서겠습니다. 저는 19세 미만은 촛불을 들면 안 된다는 얘기나 18세에게 투표권을 주지 말자는 얘기나 다 마찬가지라 생각합니다. 이런 생각들이 우리 사회에서 점점 극복될 때 대한민국은 더 빨리 선진국이 될 것입니다. 여러분과 함께 선진국 대한민국을 위해 앞장서서 달려가겠습니다. 18세 투표권 국민연대 출범을 다시 한 번 축하드립니다.

우리나라 민주주의를 끌어올리는 원동력이 됐던 4·19 혁명,

4·19 혁명의 도화선이 됐던 3·15 마산의거, 다 고등학생들이 했습니다.

3·15 의거 당시 경찰의 무차별 발포로 열두 명이 숨졌습니다.

그 열두 명 중에서 여덟 명이 고등학생입니다.

고등학생이 만든 민주주의, 우리가 지금 누리고 있습니다.

— 2018년 3월 22일, 만 18세 이하 선거 연령 하향 촉구 기자회견 인사말 중에서

국민을 위한, 국민에 의한, 국민의 헌법

2018년 1월 28일, '국민을 위한 헌법 개정안' 정의당 개헌 시안 발표 기자회견

국민 여러분, 반갑습니다.

지난 1년 동안 국회에는 '헌법개정특별위원회'(개헌특위)가 구성되어 개헌 작업을 진행해 왔습니다. 이에 발맞추어 정의당은 당내에 개헌특위를 구성해 개헌안의 내용을 마련해 왔습니다.

그러나 의욕적으로 출발한 국회 개헌특위는 그 소임을 제대로 다하지 못한 채 자동 해산되어 지금은 '헌법 개정 및 정치개혁특별위원회'(헌정특위)라는 이름으로 개헌 논의를 이어 가고 있습니다. 그러나 지방선거 동시 개헌이라는 국민과의 약속마저도 논쟁의 한복판에 휘말려 있는 상태이며, 개헌의 내용은 토론조차 되지 않고 있는 실정입니다.

이런 상황에서 정의당은, 모든 원내 정당들이 2018년 지방선거 시 국민투표 실시를 통해 개헌하겠다는 약속을 지키자는 뜻을 담

아 오늘 '정의당 개헌 시안'을 발표합니다. 이 개헌 시안은 향후 정의당 당내 토론을 거쳐 당원과 국민의 의견을 수렴한 뒤 정의당 개헌안으로 공식화될 것입니다.

오늘 발표하는 '정의당 개헌 시안'의 특징은,

첫째, 현행 헌법상 집중화된 권력의 분산을 추진하되 분산된 권력이 국민과 지방에 우선 배분되도록 해서 직접 민주주의의 강화, 지방정부 권한의 강화를 추구하고 있습니다.

둘째, 권력기관의 권한 조정은 비례성을 높인 선거제도의 변화를 전제로 이루어지도록 했습니다.

셋째, 기본권과 경제 사회권의 강화 방향은 제헌 헌법 이래 독재 권력의 개헌 과정에서 약화되고 후퇴한 내용을 원상회복하고, 민주주의와 인류 문명의 발전에 따라 새롭게 제기되는 기본권을 과감하게 수용했습니다. 그리하여 정치권과 권력기관을 위한 개헌이 아니라 우리 헌법이 국민을 위한, 국민에 의한, 국민의 헌법으로 거듭날 수 있는 데 주안점을 두었습니다.

구체적으로 정의당 개헌안은 '전문 총강 기본권 분야', '경제 재정 분야', '지방분권 분야', '정당 선거 분야', '사법부 분야' 등 5개 분야로 이뤄져 있으며, 가장 중요한 뼈대를 이루는 것은 국민의 기본권 확대를 위한 국가의 책임을 강화하고, 지방분권의 실내용을 명시한 것입니다. 또한 불평등과 불공정을 바로잡기 위한 국가의 역할, 정당정치의 민주화와 비례성 강화를 위한 제도, 사법 독립을 위한 장치 등이 그 주요한 내용입니다.

먼저 전문입니다.

현행 헌법에 명기돼 있는 4·19 민주 이념에 더해 5·18 광주 민주화 운동, 6·10 항쟁, 촛불 시민혁명을 계승한다고 명시하고, '노동이 존중되는 사회정의 실현'과 '사람과 자연이 공존하는 세상'을 우리가 추구해야 할 사회상으로 추가 제시했습니다. 또한 '모든 분야의 지속 가능성'을 적시해 미래 세대에 대한 책임을 강화했습니다.

총강에서는 헌법 제1조에 '대한민국은 지방분권 국가이다'라는 3항을 신설해 지방분권과 자치에 대한 의지를 천명했습니다. 이는 국회 헌법 개정 자문위의 의견과 동일합니다.

통일 정책과 관련해 '자유민주적 기본 질서'보다 넓은 의미인 '민주적 기본 질서'를 명시했고, 통일 정책 수립과 추진에 있어서의 합리성과 연속성을 위해 그 기본 사항을 법률로 정할 것을 제안했습니다.

다음으로 국민의 권리를 대폭 확대했습니다.

먼저 기본권의 주체를 국민에서 사람으로 확장해 세계화 시대에 보편적인 인권의 확보를 목표로 삼았습니다. 또한 직접민주제 강화 조항을 신설해 국민 발안, 국민투표, 국민소환의 권리가 국민에게 있음을 명시했습니다.

평등권의 차별 금지 조항도 확대했습니다. 성별, 종교, 인종, 언어, 연령, 장애, 지역, 사회적 신분, 고용 형태 등 어떠한 이유로도 차별을 금지하고, 특히 이성애와 동성애를 가리지 않고 성적 지향에 의한 차별 역시 금지할 것을 명문화했습니다. 공적 영역 및 직업, 사회적 지위 등에서 남녀의 동등한 참여와 기회 보장도 적시했습니다.

아동, 노인, 장애인 권리를 신설했고, 특히 아동의 경우는 자신에게 영향을 주는 결정에 참여할 권리를 부여했으며, 요즘 사회문제가 되고 있는 모든 형태의 학대, 방임, 폭력 등으로부터 보호받을 권리를 명시했습니다.

노동과 관련해 적정 임금 보장, 동일 가치 노동 동일임금 원칙을 적시했으며, 노동자 단체행동권의 근거로 '경제적·사회적 지위 향상'을 명기했습니다. 더불어 노동자의 권리로 경영 참여권과 이익 균점권을 신설했습니다. 이익 균점권은 대한민국 제헌 헌법에 포함돼 있었던 조항을 처음으로 다시 부활시킨 것입니다.

국민의 새로운 권리로서 생명권, 안전권, 건강권, 정보 기본권, 소비자 기본권을 신설하고, 환경권을 강화했습니다. 특히 생명권 조항에는 사형 제도의 폐지를 포함했으며, 환경의 지속 가능과 보전에 대한 국가의 책임도 명시했습니다.

망명권과 사상의 자유권, 저항권을 신설했습니다. 지난 촛불 시민혁명에서 보듯이 헌법적 질서를 무력화시키는 권력기관의 행태에 대해서는 국민의 저항이 필수입니다. 이에 따라 저항권을 명시해 국가기관의 반헌법적·불법적 행위에 대해 다른 구제 수단이 불가능할 때에는 저항할 권리를 가짐을 명시했습니다. 양심에 따른 병역 거부권 역시 이번 정의당 개헌안에 포함했습니다.

다음으로 사회보장권을 강화했습니다. 특히 주거권의 경우 '최소 주거 기준 이상에서 주거 생활을 보장'함을 명시했고, 경제적 능력과 상관없이 적정한 문화생활을 누릴 수 있는 '문화권'을 신설했습니다.

식생활과 관련해서는 '안전하고 안정적인' 식생활 보장권을 신설했습니다. 농업의 다원적·공익적인 기능을 인정해 식량 주권과 지속 가능한 농업을 유지할 것을 국가의 의무로 위치 지웠습니다.

다음으로 경제·재정 분야입니다.

기존 경제민주화 조항이라 불리던 제119조 2항을 더 강화했습니다. 특히 날이 갈수록 불공정과 불균등이 심화되고 있는바, 대한민국이 추구해야 할 경제 질서가 '국민에게 인간으로서 존엄과 가치를 보장하는 것'임을 적시했습니다. 또한 개인과 기업의 자유와 창의가 사회정의 실현과 국민경제 발전의 한도에서 보장됨을 명기했습니다. 자연 자원과 국토가 국민의 공유 자산임을 명시했으며, 대외무역의 원칙으로 '호혜성과 공정성'을 제시했습니다.

감사원은 기존 대통령 소속이었던 것을 독립 기구화하고, 이를 위해 감사위원은 감사위원추천위원회의 추천으로 국회의 동의를 얻어 대통령이 임명하되 감사원장은 감사위원 중에 호선할 것을 제안했습니다.

지방분권에 있어서는 중앙정부와 지방정부의 사무 배분과 수행에서 보충성의 원칙을 따를 것을 명시했으며, 입법권 역시 국회와 지방의회로 권한을 분산하며, 지방정부의 재정권을 신설할 것을 제안했습니다.

다음으로 정당, 선거 분야입니다.

정당은 그 목적뿐만 아니라, 공천 과정 역시 민주적이어야 함을 헌법에 적시하고, 국고보조금을 포함한 정당 자금의 출처와 사용을 공개할 것을 의무화했습니다. 양원제 도입 여부에 대해서는 현행을 유지하는 게 바람직하다는 판단이며, 인구의 증가 및 세계적인 기준에 맞춰 국회의원의 숫자를 현행 200인 이상에서 300인 이상으로 할 것을 제안했습니다.

국회의 구성과 선거에 있어서 국민의 의사가 국회 구성에 반영되도록 비례성의 원칙을 준수할 것을 의무화했고, 공직 선거 등에서 남성과 여성의 동등한 권리를 명시했으며, 대표적으로 후진적 조항인 '대통령 자격의 만 40세 이상 조항'을 폐기했습니다.

다음으로 사법부 분야입니다.

먼저 대법원의 성격을 기존 '최고법원'에서 '최고심법원'으로 변경해, 대법원이 각급 법원을 지배하고 있다는 오해를 불식시켰습니다. 대법관의 수 역시 자문위 안과 동일하게 24인으로 확대했으며, 대법원장의 추천을 대법관추천위원회가 갖도록 해 대통령이 대법원장을 통해 사법부에 영향력을 행사할 가능성을 봉쇄했습니다. 또한 전관예우 금지에 관한 근거 조항을 헌법에 적시했으며, 전시 외 평상시에는 군사법원을 둘 수 없도록 했습니다.

헌법재판소 재판관은 전원 국회가 선출하도록 했으며, 예비 재판관 제도를 둘 것을 제안하고 헌법 재판관의 자격에서 법관 자격을 폐지했습니다.

마지막으로 정부 형태에 관해서입니다.

금번 정의당 개헌안에는 정부 형태 변경을 따로 제안하지 않았습니다. 이는 정부 형태가 어떻게 변화하든 국민의 기본권 및 지방분권의 확대 등 사회의 실제 변화가 우선이라는 점에 방점을 둔 것이며, 정부 형태 변화는 국민의 대표인 국회가 국민의 의사를 정확히 반영해 구성되는 것이 전제 조건이라는 점을 피력한 것입니다. 특히 국회를 구성하는 데 있어 비례성의 원칙을 명시하고 이것이 지켜지지 않는 상태에서 어떠한 정부 형태 변화도 무의미함을 천명한 것입니다.

아무쪼록 정의당의 개헌안이 기폭제가 되어 더 나은 세상을 위한 개헌, 국민들의 삶을 바꾸는 개헌 논의가 광범위하게 이뤄지길 바랍니다.

2018년 1월 28일

정의당 헌법개정특별위원회 위원장 노회찬

권력의 카르텔에 맞서

국회의원의 일

박창규 | 노회찬재단

1

2004년 4월 15일 총선을 통해 17대 국회에 첫 입성한 노회찬은 재벌 개혁 의제를 다루는 정무위원회 배정을 희망했다. 하지만 비교섭단체 국회의원의 상임위원회 배정에 대한 권한을 가진 국회의장에 의해 일방적으로 법제사법위원회(이하 '법사위')에 배정되었다. 교섭 단체 중심의 국회 운영이 낳은 폐단이자, 소수 정당에 대한 다수 정당들의 횡포였다.

2004년 6월 5일 17대 국회의 첫 본회의, "50년 된 불판을 갈아야 한다"고 역설하며 국회의원이 된 노회찬의 첫 의정 활동은 이 같은 교섭 단체 중심의 국회 운영에 대한 반대 토론으로 시작한다.

국회법 개정 등 국회 운영 제도의 개선을 위해서 이 안건을 제안

한다고 하는데 과연 이 특별위원회가 앞으로 어떠한 내용을 다룰 것인지, 그리고 이 특별위원회를 어떤 방식으로 구성할 것인지, 그리고 그 구성을 위한 논의를 어떻게 할 것인지에 대한 일체의 설명 없이 이렇게, 그야말로 이런 위원회를 만들려고 하니까 (잠자코) 동의해 달라는 식으로 안건이 제안됐습니다. …… 17대 국회가 더 나은 국회가 되겠다고 다들 맹세하고 이 자리에 앉아 있는 것으로 알고 있습니다. 그런데 첫날 열두 시간을 기다려서 개회한 이 회의에서 다루고 있는 이 안건을 어떤 내용인지 당신들이 알 필요 없으나 우리는 이것을 구성해야 되겠다는 식으로 부실하게 의결하는 것은 우리 국민들을 너무 무시하는 처사라고 생각합니다. …… 과연 첫날부터 이런 식으로 국회를 운영해야 됩니까?

소수 정당의 설움을 몸소 겪으며 시작한 초선 의원 노회찬의 법사위 의정 활동은 독보적이었다. 2004년 10월 4일 노회찬은 자신의 첫 국정감사 현장에서 법원과 검찰을 상대로 노동자에게 불리한 편파적 판결, 공무원 노조 금지 문제를 제기했다. 이는 부조리하고 불공평한 현실을 바로잡고 차별받는 사회적 약자들을 대변하고자 했던 그의 향후 의정 활동을 예감케 하는 것이었다.

2004년 3월 대구지방법원의 판결 중에서 저임금 업체가 폐업을 하게 되니까 '뼈 빠지게 일을 시키고 60만 원도 안 주더니 이제는 기계를 빼돌렸다' 이런 플래카드를 (노동자가) 붙였는데 …… 실제로 보니까 기본급은 60만 원이 안 되는데 시간외근무수당까지 합하면

60만 원이 넘는다. 그래서 결과적으로는 …… 명예훼손으로 유죄판결을 내렸거든요. 또 유죄판결 이유 중 하나가 '작업장 내부가 여름이 아니어도 50도가 넘는다'라는 플래카드를 써 붙였는데 …… '섭씨 50도가 안 되는데 왜 50도가 넘는다고 써 붙였느냐' 해서 명예훼손이라고 유죄판결을 내렸습니다. 그런데 이에 반해서 근로기준법 위반 사건과 관련해서는 거의 자유형이 10퍼센트 미만입니다. 이러다 보니까 (법원이) 가진 사람들 편을 드는 것 아니냐, 왜 사용자들은 솜방망이 처벌을 하느냐 하는 문제 제기들이 있는 것이거든요. 이런 데 대해서 어떻게 생각하십니까?

(대구 고등법원장님) 공무원 노조에 대해서 어떻게 생각하십니까? 우리나라가 OECD에 가입할 때 대단히 부끄럽게도 공무원 노조를 만들겠다는 각서를 사실상 쓰고 가입했는데 가입한 이후에도 공무원 노조를 허용하는 것이 지체되니까 OECD와 ILO에서 왜 약속을 안 지키는지 이유를 알기 위한 사찰단까지 보내는 그런 수모를 겪었습니다. 정부에서도 공무원 노조를 조기에 허용하기 위해서 노력하고 계시는 것 같은데, 일부 지법에서 보면 공무원 노조를 만들고 있다는 이유로 직원들을 처벌하는 경우도 있거든요. 서울 남부지법 같은 데서 그런 일이 발생했습니다. 대구에서는 그런 일이 발생하지 않겠지요?

(대구 지방검찰청 검사장님) 똑같이 경제가 어렵다고 하면서 근로기준법을 위반한 사용자들에 대해서는 굉장히 유연하게 탄력적으로

대응하라고 하면서 사실은 똑같이 먹고살기 힘들어서 벌어진 노사 분규와 관련된 사범들에 관해서는 엄중하게 처벌하라고 역으로 얘기를 하고 있단 말이지요. …… 세원정공의 경우는 사용자가 타 지역에서 조직 폭력배까지 동원하고 그 과정에서 안타깝게도 노동자 한 명이 분신까지 한 사건이었는데, 예컨대 사용자의 경우는 법을 어기더라도 경제 회생을 위해서 탄력적으로 운용한다는 방침을 세우면서 노동자와 관련된 사건 같은 경우에는 사정이 능히 이해되더라도 법만 어기면 무조건 처벌한다는 식으로 집행하고 있지 않느냐는 그런 지적입니다.

2

2006년 2월부터 철도공사 자회사의 비정규직이었던 KTX 여승무원들은 철도공사의 직접 고용을 요구하며 파업에 들어갔다. 이들은 입사 후 정규직으로 전환된다는 약속을 믿고 입사했으나 오히려 철도공사 자회사로 이직을 요구받았고 당시 이직을 거부하며 사복을 입고 근무하는 준법투쟁을 하던 상황이었다. 철도공사 서울 지역 본부에서 농성을 하다가 경찰의 폭력 진압도 당했다. 2006년 4월 20일 노회찬은 국회 법사위 업무보고 자리에서 감사원장으로부터 "KTX 여승무원은 철도공사가 직접 고용해야 한다"는 답변을 받아 냈다. 정부 고위 인사로서는 이들의 요구를 인정한 첫 발언이었다. 이날은 국회 헌정기념관에서 농성하던 이들이 경찰에 의해 강제 연행된 날이기도 했다.

KTX 여승무원들이 고용되어 있는 회사가 바로 자회사인 '한국철도유통'인데 …… 지금 여기에서 사실상 불법 파견을 해서 지금 노동부에도 진정이 들어가 있고 사회적으로 큰 물의를 빚고 있는데요. 이 한국철도유통이 근로자 파견 사업을 허가받은 파견 사업주가 아니고, 또 여객 승무원의 업무가 파견이 허용되는 업무가 아닌데 파견을 했기 때문에 불법 파견 의혹을 받고 진정까지 들어가 있습니다. 그래서 이런 부분에 대해서 감사가 이루어지지 않았다고 저는 보고 있고요. 또한 이 여승무원들의 도급 비용이 1인당 248만 원으로 책정되어서 철도공사가 그 비용을 지불하는 겁니다. 한국철도유통에서는 이것을 받아서 여승무원들에게 급여로 150만 원을 지불합니다. 그러면 248만 원을 받아서 150만 원을 지불하면 1인당 관리비용이 약 90여만 원이 되는 겁니다. 이런 상황에서 KTX 여승무원들이 입고 있는 옷에 달린 명찰도 본인들이 5000원을 내고 산답니다. 그런 식으로 관리를 하고 있단 말이지요.

지금 철도공사가 소유하고 있는 철도에 근무하는 승무원 중에서 유일하게 KTX 여승무원만 직영으로 하지 않고 홍익회에 여승무원 업무를 도급을 준 것이거든요. 그것도 불법파견 형태로 이루어져 왔다는 것이지요. 게다가 이것이 자꾸 문제가 되니까 최근에 'KTX관광레저'로 여승무원 업무를 넘겼습니다. 그래서 여승무원들이 일종의 파업을 하고 있는데 지금 KTX관광레저에서 신규 승무원을 뽑고 있어요. 이 KTX관광레저는 어떤 사업자인가 하면 바로 이번 감사원 업무 감사에서 사업 전망이 불투명하기 때문에 매각하라는 권고를 받은 대상입니다. 감사원에서 이것은 부실기업이기 때문에 정

리하라고 지시를 받은 자회사에게 또 넘겨 가지고 여승무원의 도급
제도를 유지하려고 하고 있단 말이지요.

그 자리에서 감사원장은 "개인적인 생각으로는 철도공사가 채
용해야 되는 게 아닌가 싶습니다"라고 답변했다. 그러나 철도공사
는 2006년 5월 19일 KTX관광레저로 이적을 거부한 280여 명을
정리 해고했다. 노회찬은 그해 10월 27일 법사위 감사원 국정감사
에서 다시 문제를 제기했다.

감사원장께 묻겠습니다. 철도공사가 철도청 시절에 여승무원들
을 채용하기 전인 2003년 9월에 노동부에 해석 질의를 했습니다.
매표·개집표·안내 업무를 담당하는 일부 직원과 열차 승무원과 관
련해서 질의를 했는데, 이 질의 회신에서 매표·개집표·안내 업무
와 열차 승무원 중 안내원의 업무는 파견 대상이 아니다, 그러니까
'파견업체로부터 파견 받아서 하면 안 된다'라고 노동부가 공식 공
문으로 회신한 바도 있습니다. …… KTX관광레저라는 자회사는 예
상 수익을 68배나 부풀려 가지고 계산했다는 이유로 감사원으로부
터 매각 혹은 청산 권고를 받은 회사입니다. 그런 회사의 2004년도
수익을 보면 수익이 1억도 되지 않는 회사인 데다가 지금 문제가 되
니까 KTX 여승무원들 도급계약을 이 회사하고 맺었어요. 그래서 이
회사 매출이 갑자기 한 100억 이상 늘어난 겁니다. 없애야 될 회사
인 KTX관광레저로 KTX 여승무원을 옮겨 가지고 이렇게 됐단 말이
에요.

지금 제가 갖고 있는 것이 뭔가 하면 '보건휴가 추첨권'입니다. 생리휴가 신청한 사람을 그대로 (근로기준법대로 보장해) 주는 것이 아니라 이 용지로 추첨해 가지고 당첨된 사람에게 생리휴가를 주고 있습니다. 이렇게 하지 않으려면 20명을 더 뽑아야 되는데 한국철도공사가 그것을 반대하고 있습니다.

또 지금 '승객 안전 업무는 정규직이 하고 승객 서비스 업무는 비정규직이 한다'라고 철도공사에서 얘기하고 있는데 최근 10월 13일에 서울역에서 KTX 열차 사고가 났을 때 …… 안전 업무를 수행한 사람들이 바로 …… 여승무원들이었습니다. …… 이 문제가 적법한 행위인지에 대해서 좀 검토를 하고 꼭 감사하시기를 촉구 드립니다.

그러나 결국 노회찬의 촉구는 받아들여지지 않았고, KTX 여승무원들은 2008년 11월 철도공사를 상대로 소송을 제기했다. 2010년 8월 서울 중앙지법과 2011년 8월 서울고등법원은 "KTX 여승무원은 철도공사 근로자"라는 판결을 내렸다. 하지만 2015년 2월 26일 양승태 대법원은 "KTX 여승무원은 철도공사 근로자로 볼 수 없다"는 판결을 내렸다. '민주사회를 위한 변호사 모임'은 이 판결을 '2015년 최악의 판결'로 선정했고, 현재 이 판결은 양승태 대법원과 청와대의 재판 거래 의혹을 사고 있다.

3

노회찬은 2006년 9월 민주노동당 민생특위 위원장이 된다. 9월

27일 노회찬은 민생특위가 주최한 기자간담회에서 ① 주택·부동산 분야(다주택 보유자 등 부동산 투기 주범에 사회적 책임 부여, 저소득층에 대한 단기적 주거권 보장 등) ② 생활 요금 분야(저소득층 에너지 기본권 보장, 정유사 폭리 근절, 통신 요금 인하, 신용카드 가맹점 수수료 인하 등) ③ 연금 분야(국민연금 사각지대 해소 등)로 구성된 3대 사업 분야를 발표했다.

12월 12일 노회찬은 '신용카드 가맹점 수수료 인하 운동 선포식'에서 신용카드 가맹점 수수료 인하의 필요성과 활동 방향에 대해 다음과 같이 연설했다.

가게 열 군데 중에 한 군데만 흑자인 심각한 상황에서 신용카드 가맹점 수수료가 지나치게 높다. 14억짜리 아파트를 갖고 있는 강남 부자가 1년간 내는 종부세가 250만 원인데 연간 매출액이 1억 4천만 원밖에 안 되는 작은 구멍가게에서 신용카드 가맹점 수수료로 내는 돈이 250만 원이다. 대형 병원보다 소형 병원이 더 많이 내고, 대형 할인점보다 소형 구멍가게가 더 많이 내는 잘못된 관행을 없애는 데 민주노동당이 앞장서겠다. 이제 정치권도 영세 상인들의 고충에 귀를 기울이고 해결 방안을 마련해야 한다. 민주노동당은 수백만에 이르는 자영업자들의 고통을 덜어 주기 위해 길거리로 나섰다. 자영업자들·서민들과 더불어서 거대 자본의 폭리 구조를 무너뜨리기 위해 겨울 내내 싸우겠다.

이후 노회찬과, 신용카드사들의 이익을 대변하는 여신전문금융협회와의 뜨거운 논쟁이 시작되었다.

영세 자영업자들에 대한 차별을 해소하기 위해 여신전문금융협회 회장을 맡고 있는 유석렬 삼성카드 사장과 은행계 카드를 대표해 국민은행장에게 국민들이 다 보는 가운데 누구의 주장이 옳은지 공개 토론을 제안합니다. 체크카드와 관련된 신용카드사들의 가맹점 수수료 문제는 일종의 범죄행위에 가깝습니다. 체크카드 가맹점 수수료를 대폭 인하하지 않을 경우에 우리는 이 문제를 법정으로 가져갈 것입니다. 그렇게 해서 부당 이익 환수 소송도 불사할 것입니다.

노회찬은 전국을 순회하며 신용카드 가맹점 수수료 인하 운동에 앞장섰다. 그리고 투명하고 적정하게 신용카드 가맹점 수수료율을 정하도록 하는 여신전문금융업법 개정안을 2007년 4월 2일 발의했다.

이렇게 시작된 민주노동당과 자영업자들의 신용카드 가맹점 수수료 인하 운동은 두 차례 열린 상인 대회와 전국적인 입법 청원 운동을 통해 결국 1년여 만에 수수료를 인하시키는 성과를 거두었다. 신용카드와 체크카드의 가맹점 수수료율이 구분되었고, 업종별 가맹점 수수료 차별이 해소되었으며, 일정 수준 연간 매출액(2011년 9600만 원 → 2012년 1억5000만 원) 이하의 영세 자영업자들에 대한 우대 수수료율 제도가 도입되는 등 신용카드 가맹점 수수료 정책이 개선됐다.

그는 또한 중소 자영업자들이 겪고 있는 '갑질 횡포'를 방지하기 위해 정치가 나서야 한다고 생각했다. 노회찬은 2012년 10월

11일 국회 정무위원회의 공정거래위원회 국정감사에 SK텔레콤 부사장을 증인으로 신청했다.

　공정거래법에 보면 불공정거래행위를 금지하고 있는데 불공정 거래행위 중에 보면 판매 목표를 강제하거나 그에 따른 불이익을 주는 것을 금하고 있는 것은 알고 계시지요? 그런데 …… SK 같은 경우에 그런 판매와 관련해서 목표를 강제하고 또 그 목표를 달성 하지 않았을 때는 그에 따른 어떤 경제적 손실을 보게 하는 그런 제 도를 운영하고 있던데 사실이지요? 여기에 보면 한 달에 15건 이하 로 판매하게 되면 15건에서 부족한 건수만큼 건당 5만 원씩 위약금 비슷한 것을 물리는 겁니다. …… 우리나라 굴지의 통신사들이 공 정거래법을 어겨 가면서 영세 자영업자들에게 이렇게 목표를 설정 하고 위약금을 물게 하는 식으로 돈을 벌어야 되는지, 이거 시정할 용의는 없습니까?

"현실에 발 딛고 국민들과 눈높이를 맞추고 소통하는 속에서 국민들로부터 진보 정치의 효능감을 인정받아야 한다"고 강조했 던 그는 국민들의 입장에서 불합리하다고 느끼는 여러 생활 의제 들을 정치가 해결해야 할 일로 가져왔다. 과도한 중도 상환 수수 료 문제, 보험 해약자들의 권리를 보장하는 문제 등 진보 정당은 물론이고 모든 정치 세력이 마땅히 해결해야 했으나 하지 못하고 있던 일들이었다.

금융위원장님께 묻겠습니다. 중도 상환 수수료와 관련된 부분인데요. 저희가 입수한 자료에 따르면, 시중 17개 은행의 중도 상환 수수료 수입이, 작년에 3698억에 이르고 있고 또 2012년 상반기에도 1479억 정도가 됩니다. 수수료율은 대부분 시중은행들이 1.4~1.5퍼센트 정도 받고 있습니다. …… 금융감독원을 통해 시중 17개 은행에 소명자료를 요구했더니 조기 상환에 따른 손해액을 산출하는 것이 불가능하다 라는 답변을 전부 해왔어요. 그러니 더욱더 의문이 가는 거지요. 산출도 불가능한 손해액을 어떻게 임의로 설정했길래 이러한 수수료율이 나오느냐는 거지요.

…… 지금 조기 상환 수수료는 말이지요. 국민은행에서는 신용정도가 로얄스타급 이상의 최우수 고객에게는 중도에 대출금을 상환했을 때 수수료를 면제해 주고 있어요. 그런데 신용도 별로 높지 않은 또는 저소득층 이런 사람들이 빌린 돈을 만기도 오기 전에 힘들게 해가지고 그것을 갚아 버리면 중도 상환 수수료를 매기고 있어요. 그러니까 이것은 공부 못하는 학생이 갑자기 100점 받으니까 벌금을 매기는 꼴하고 똑같은 꼴입니다.

그런데 다른 나라를 보면, 독일 같은 경우에는 고정 금리 때는 변동 상환 수수료를 받고 있어요. 그러나 변동 금리 때는 상환 수수료를 일체 금지하고 있습니다. 이탈리아 같은 경우에는 주택 담보대출에는 중도 상환 수수료를 아예 안 받고 있어요. 미국도 역시 유사한 사례들이 많고요.

(생명보험협회 김규복 회장에게) 종신보험 같은 경우 우리나라 3대 생

보사인 삼성·교보·대한생명 종신보험 가입자들을 조사해 보니 2년 이내의 해약자 비중이 43퍼센트에 이릅니다. 계약자 중 절반 가까이가 계약하고 2년 이내에 해약을 한다는 이야기인데, 이들이 2년 후에 받는 환급액이 납입금 대비 33퍼센트에 불과해요. ······ 33퍼센트면 이게 지금 24개월 가입한 사람들 같은 경우에는 8개월 치 돌려받고 16개월 치는 보험회사가 갖는 그런 상황이에요.

······ 왜 이렇게 환급액이 낮습니까? ······ 2년 이내에 해지를 하면 33퍼센트밖에 돌려받지 못한다고 애초에 계약하기 전부터 충분히 알렸으면 사람들이 그렇게 쉽게 계약을 안 할 것이고, 따라서 해지율이 지금처럼 높지는 않을 거거든요. 그렇다면 그 위험한 정도를 미리 충분히 고지할 의무가 있는 거지요.

4

노회찬은 2016년 4월 13일 20대 국회의원에 당선되며, 심상정 의원과 더불어 진보 정당 최초의 3선 국회의원이 되었다. 그는 20대 국회에서 다시 법사위로 돌아왔다. 당시는 홍만표, 진경준, 최유정 등 전·현직 검사장과 부장판사가 연루된 법조 비리·전관예우 의혹 사건들이 불거져 있는 상황이었고, 2015년 11월 14일에 경찰이 쏜 물대포를 맞고 쓰러져 의식불명 상태에 있는 백남기 농민 사건에 대한 진상 규명과 책임자 처벌 문제가 제기되고 있었다. 노회찬은 2016년 6월 27일, 20대 국회 법사위에서의 첫 번째 질의 주제를 백남기 농민 사건으로 정했다.

(영상을 보여 주며 법무부장관에게) 보시다시피 작년 11월 14일 백남기 씨가 경찰이 쏜 물대포에 맞아서 의식불명에 빠지는 상황에 대한 동영상입니다. 나흘 후인 11월 18일, 백남기 씨 가족 등이 강신명 경찰청장 등 관련자를 경찰관 직무집행법 위반 및 살인미수 혐의로 검찰에 고발했고 또 같은 날 담당 검사가 배정됐습니다. 그런데 피해자 가족과 시민단체들에 의하면 '그동안에 담당 검사가 세 번이나 바뀌기는 했지만 고발인 조사 한 번 이외에는 어떻게 수사가 진행되는지 알고 있지 못하다'고 얘기하는데, 수사가 지금 어떻게 진행되고 있습니까? 강신명 경찰청장도 조사했습니까? (법무부장관이 답변을 회피하자) 그걸 왜 얘기를 못합니까, 수사 내용을 지금 얘기하라는 것도 아닌데? 조사가 언제쯤 끝날 것 같습니까? 이 집회에 참가했던 한상균 민주노총 위원장은 이 집회 참가 때문에 기소되어 가지고 구속되어서 8년 구형까지 받았어요. 그런데 이 집회에서 의식불명 상태로 부상을 당한 사람의 가해자에 대한 수사는 아직 이루어지지도 않고 있다는 거예요. 도대체 검찰은 뭘 하고 있는 겁니까?

지난 1월에 유엔인권이사회에서 특별보고관을 한국에 보내 조사한 결과가 지난 6월 17일에 유엔인권이사회에 보고되었고 보고서가 채택되었습니다. 그 특별보고관은 한국 경찰이 평화적 집회 참가자들에게 물대포를 쏘고 심지어는 개인을 조준해서 물대포를 쏜다고 지적하면서 바로 이 백남기 씨 사건을 예로 들었습니다. 유엔에서 사람을 파견해서 조사해 가지고 조사 보고서가 채택되는 동안 한국 검찰은 아직도 수사 중이라는 겁니다. 어떤 수사를 하고 있길래 이렇게 수사가 더딥니까?

유엔인권이사회 의장국이 대한민국입니다. 지금 아시다시피 대한민국 사람이 유엔사무총장이 됐다고 많은 사람들이 자랑스러워하고 있습니다. 그런데 바로 그 유엔에서 '한국 정부의 물대포 사용이 무차별적이고 특정인을 겨냥하거나 대부분 평화적인 군중을 향해 사용되고 있다'고 공식 보고되고 그 보고서가 채택되고 있는 상황입니다. 저는 대한민국 검찰이 누구를 위한 검찰인지 묻고 있습니다.

5

대법관 출신 변호사가 소송대리인에 이름을 올리는 이른바 도장값이 3천 만 원, 담당 판검사에게 전화 한 통 넣는데 5천만 원이 시중 가격! …… 관피아 중 성골은 법피아, 즉 전관예우를 받는 고위직 판검사 출신들입니다. 이들이 정착시킨 문화가 유전무죄 무전유죄입니다. 사법부에 대한 국민 신뢰도가 OECD 32개국 중 31위인 것은 우연이 아니라 필연입니다.[16]

8년 만에 국회 법사위에 돌아온 노회찬의 눈앞에 놓인 법원과 검찰의 개혁 과제들은 10여 년 전과 다름이 없었다. '전관예우' 근절과 '고위 공직자 비리 수사처' 설치가 그랬다. 바뀐 것이 없었다. 2004년 10월 4일 법사위 대구 고법과 지법 국정감사에서 전관예우 방지 대책에 대해 질의했었던 노회찬은 2016년 6월 30일 20대 국회 첫 대법원 업무 보고를 받는 자리에서 이렇게 문제 제기를 했다.

법원행정처장님께 묻겠습니다. 전관예우가 없다는 처장님의 인식이 전관예우를 받으려는 시도조차 없었다, 따라서 그에 응하는 현관들의 대응도 당연히 없었을 것이다 라는 의미인지, 아니면 전관예우를 받으려는 시도는 혹 있을지 몰라도 거기에 응하는 현관은 없는 것으로 알고 있다는 후자인지, 비교해 보면 어떻습니까? (법원행정처장이 후자 입장이라고 답변)

…… 방금 말씀은 뭔가 하면 '혹시 전관예우를 받으려는 시도가 있다 하더라도 현관은 응하지 않는다'고 믿는다는 말씀인데 그러면 제가 궁금한 것은 그겁니다. 전관예우를 받으려는 시도는 누구의 시도냐 이거지요. 바로 엊그제까지 현관이었던 사람의 시도 아니냐 이거지요, 전관이니까.

그러면 그 사람은 자기가 현관이었던 시절에 처장님 말씀대로 전관예우를 받으려는 시도에 응하는 현관들이 하나도 없다는 것을 알고 있는 전관일 텐데, 자기가 현관 출신으로서 현관 시절의 경험으로 보면 전관예우를 받으려는 어떠한 시도에도 현관들은 흔들리지 않고 응하지 않는다는 것을 잘 알고 있는 전관이 어떻게 지금의 현관에게 전관예우를 받으려고 시도하겠습니까? 논리적으로 말이 안 되는 것 아니에요? 자신이 현관 시절에 전관예우에 응했든 응하지 않았든 그런 것들이 왕왕 있다는 것을 알고 있기 때문에 자신이 전관이 되었을 때 현관에게 전관예우를 받으려고 시도하는 것 아니겠어요? 말씀해 보세요.

(법원 행정처장은 "말씀하신 것처럼 그러한 분석이 있을 수는 있다고 생각을 합니다"라고 답변)

지금 제가 묻는 것은 대법원이 6월 16일 재판의 공정성 훼손 우려에 대한 대책이라고 해서 이른바 전관예우 방지책 혹은 근절책을 내놨는데, …… 이번 근절책을 보면 전관예우를 받으려는 시도를 막으면 된다는 거예요. 여기에 응할 현관은 아예 없다는 것을 전제하고 있어요. 그러니까 …… 이 대책의 실효성이 있겠느냐 라는 거예요.

…… OECD에서 내놓은 보고서에 따르면 사법제도를 신뢰한다는 대한민국 국민은 27퍼센트예요. 조사할 때 OECD 가입국 39개 중에서는 꼴찌이고, 비회원까지 합쳐 가지고 42개국 중에서 39번째에요. 사실 대한민국 사법부밖에 없기 때문에 여기서 재판받는 거지 사법부를 고를 수 있다면 다른 나라 사법부로 가고 싶은 의뢰인들이 얼마나 많겠어요?

알파고 아시지요? 만일 알파고에 수십만 건의 판례를 입력시키고 갖가지 양형 사례들을 다 집어넣고 그런 알파고가 재판한다면, 대한민국 사법부하고 알파고하고 비교하면 누구의 신뢰도가 더 높을 것 같습니까? 그래도 알파고보다 나을 거라고 자신 있게 말씀하실 수 있겠습니까?

(법원행정처장은 "그렇게 말할 수 없을 것 같습니다"라고 답변)

이게 엄연한 현실입니다. 도둑을 근절시켜 달라고 하니까 '도둑이 있다는 오해를 근절시키겠다'고 답변하시는 것하고 똑같습니다. 국민들의 머릿속에 든 생각이 잘못된 것이 아니라 벌어지고 있는 현실이 문제가 있는 것인데 현실을 고칠 생각은 안 하고 현실에 문제가 없는 것으로 생각해 달라, 그렇게 하도록 노력하겠다 라고 답변하시면 되느냐 이거지요. 그러니까 지금 계속해서 이 전관예우 문제가 해결이 안 되고 있는 것 아닙니까?

또한 노회찬은 2016년 8월 30일 자신이 공동주최한 "고위 공직자 비리 수사처 입법 토론회"에 토론자로 참석해 다음과 같이 토론문을 발표했다.

저도 2005년 3월 정치적 권력 비리 사건에 대한 수사의 공정성과 독립성을 보장하기 위해 '특별검사의 임명 등에 관한 법률'을 발의한 바 있습니다. …… 그렇지만 지금 대한민국의 검찰 개혁은 제자리걸음은커녕 뒷걸음질 치고 있습니다. 정치권력에 기생해 온 검찰이 부정부패 고위 공직자 양성소로까지 전락했습니다. 현직 검사장이 120억 원이 넘는 뇌물을 받은 혐의로 긴급 체포되어 구속되고 해임되는 사상 초유의 일이 벌어졌습니다. 전직 검찰 고위 간부가 15억 원이 넘는 세금을 탈세한 혐의로 기소되고, '몰래 변론' 등 전관예우 비리를 통해 수백억 원의 사건 수임료를 벌어들였다는 의혹이 제기되었습니다. 검사 출신인 현직 청와대 민정수석 비서관의 비리 의혹이 연일 제기되고 있습니다. 또 사법부는 부와 권력을 가진 사람들에게만 평등하다는 여론의 평가를 받으며 대다수 국민들의 신뢰를 잃고 있습니다.

이런 현실에서 무엇을 해야 하고, 어떻게 해야 할 것인지 깊은 고민을 했습니다. 지금이야말로 지난 10여 년간 결론 내지 못한 '고위 공직자 비리 수사처'를 설치할 적기라고 생각했습니다. 그리고 산을 돌고 언덕을 넘어 바다로 모이는 물처럼 대한민국의 검찰 개혁, 사법 개혁과 부정부패 척결을 바라는 모든 분들과 함께 힘을 모아야 한다. 그렇게 힘을 모아서 이번엔 반드시 '고위 공직자 비리 수사처'를 만드는 데 헌신하겠다는 생각을 했습니다. 그리고 11년 만인 지난 7월 21일 다시 '고위 공직자 비리 수사처 설치에 관한 법률안'을 대표 발의하게 되었습니다.

2016년 8월 말 당시 노회찬은, 아직은 잘 알려지지 않았던 미르 재단에 의혹을 제기하고 있었다. 특히 우병우 민정수석이 여러 의혹들에도 불구하고 계속 그 자리를 지키고 있는 상황에 대해 노회찬은 납득할 수 없었다. 이미 대통령 직속 특별감찰반은 우병우 민정수석에 대해 검찰 수사를 의뢰했으며, 대검은 우병우 민정수석을 수사하기 위한 특별수사팀을 가동하고 있었다. 이런 상황에서 노회찬은 2016년 10월 17일 국정감사에서 이런 비정상적인 국정 상황에 대해 법무부장관을 질타했다.

법무부장관께 질문하겠습니다. 우병우 수석과 관련된 수사 상황이 대통령께 보고가 되었습니까? …… 그것이 민정수석을 통해서 대통령에게까지 보고가 되는 것이잖아요. 핵심은 뭐냐 하면 민정수석에게 보고했느냐 안 했느냐의 문제가 아니라 …… 민정수석이 피의자이면서 그 자리에 앉아 있기 때문에, 보고를 받을 수 있는 위치에 앉아 있기 때문에 또 대통령에게 보고를 전달해야 될 위치에 당사자가 앉아 있기 때문에 생기는 문제예요.

그렇기 때문에 저는 장관께서 법무부를 지휘하고 검찰에 대한 감독을 하는 입장이라면 이 사건 초기에, 민정수석이 피의자로 되는 그 순간, 그래서 특별수사팀이 가동되는 그 순간 장관께서 대통령께 '피의자인 민정수석을 그대로 둬서는 안 됩니다', '해임시키십시오'라고 건의했어야 된다고 저는 봅니다. 왜 그렇게 안 했어요?

장관께 제가 한 가지 사례를 말씀드리겠는데, 워터게이트 사건 아실 것입니다. 워터게이트 사건에서 닉슨 대통령이 연루되었다는 사실이 드러나면서 특별검사가 임명됩니다. 당시 미국의 법과 제도는 특별검사를 법무부장관이 임명하도록 되어 있었어요. 그런데 그 특별검사가 대통령의 뜻과 달리 테이프 원본까지 보자 그러니까, 적극적인 수사 의지를 표명하니까 대통령이 법무부장관에게 저 콕스 특별검사를 해임시키라고 명령을 내렸습니다. 법무부장관이 그 지시를 거부하니까 대통령이 사표를 받았어요. 그래서 그다음에는 법무부 차관에게 또 명령하니까 차관도 사표를 내고 말았어요. 대통령 지시를 따르지 않았습니다. 결국에는 법무부 송무국장에게 지시를 내려 가지고 콕스 특별검사를 해임하기에 이릅니다. 그때 당시에 리처드슨 법무부장관이 낸 사표, 그 사표에 뭐라고 나와 있느냐 하면 '저는 특별검사를 임명하면서 의회에 특별검사의 독립성을 보장하겠다고 다짐했습니다. 그 약속을 어길 수는 없었습니다' 이렇게 얘기했습니다. 지금 우리 국민들이 원하는 것은 바로 이런 리처드슨 같은 법무부장관입니다. 또 저런 콕스와 같은 특별검사입니다. 왜 장관이 그렇게 못하십니까?

장관께서는 '고위 공직자 비리 수사처' 도입에 대해서 반대하는 견해를 갖고 계시지요? 검찰이 내내 반대하는데도 불구하고 왜 '고위 공직자 비리 수사처'를 도입하자는 얘기가 나오느냐? 검찰에 부패한 검사가 많아서 그런 것이 아닙니다. 비리를 저지른 검사가 너무 많기 때문에 '고위 공직자 비리 수사처'를 설치하자는 게 아니에요. 오히려 불법·비리 행위를 저지르는 검사는 전체 검사 중에 극소수일 것입니다. 문제는 극소수 예외적인 불법·비리, 그런 권력형 부정부패를 저지르는 경우가 생겼을 때 검찰이 제대로 수사를 못하기 때문입니다. 리처드슨 법무부장관처럼 한 명의 의인이 없었기 때문입니다.

법무부장관께서 법무부를 아끼고 검찰을 아낀다면 나서야지요. 나서서 '피의자를 민정수석이라는 자리에 둔 채 수사가 제대로 될 리가 없고, 후배들이 제대로 수사하더라도 그것을 믿을 국민들이 없다. 그러니까 저 민정수석을 저 자리에 둬서는 안 된다. 본인을 위해서도 저 자리에 두지 않은 채 수사가 진행되어야 한다'라고 얘기할 수 있어야 되는 것 아닙니까? 왜 단 한 명의 의인도 법무부에는 없는 겁니까? 왜 검찰에는 없는 겁니까?

이후 많은 국민들이 거리에서 촛불을 들었다. 2017년 5월 정권은 교체되었고, 그로부터 다시 1년 6개월의 시간이 흘렀다. 그 사이에 노회찬의 제안대로 국회 특수활동비는 폐지되었다. 기득권 정치 세력의 특권 하나가 사라진 것이다. 또 노회찬이 앞장섰던 '양승태 대법원의 사법 농단 책임자 처벌'은 양승태 전 대법원장의 검찰 조사를 눈앞에 두고 있는 상황이다. 노회찬이 이런 사법 개혁을 통해 이르고 싶었던 종착지는 국민들을 위한 '신속하고 공정한' 재판이었다.

어느 입장에 서더라도 대법원은 대한민국 다수 국민들의 권리관계에 영향을 미치는 사건을 신속하고 공정하게 판단할 의무를 지고 있습니다. 저는 지금 열악한 처지에 있는 노동자들이 자신들의 권리 구제와 관련한 재판에서, 대법원에서 사건이 묶여 가지고 여러 피해를 보고 있는 문제에 관해 질의를 드리려고 합니다.

사실 제가 10년 전에도 바로 이 자리에서 이 문제를 다룬 적이 있어요. '해고 무효 확인소송'인데 부당 해고를 당한 사람이 1심, 2심에서 해고가 부당하다는 판정을 받았는데 대법원에서 4년째 재판이 계류 중이었어요. 그 상대는 굴지의 대기업이었어요. 대법원에서도 결정을 내리면 부당 해고를 인정할 수밖에 없게 되니까 계속해서 대법원이 결정을 미루도록 하는 여러 가지 시도를 피고 측에서 한 겁니다. 이것을 제가 3년 동안 법사위 국정감사에서 문제 제기했고 결국 결론이 내려진 사건이 있었습니다.

지금 제가 소개하는, 판결이 지연되고 있는 사건들을 보면 4년, 5년이 경과했습니다. 택시 최저임금 사건, 2010년에 택시임금법을 개정해서 장시간 노동을 하고 있는 택시의 경우에 최저임금의 계산법을 바꾸었습니다. 그럼에도 불구하고 바뀐 최저임금법에 따라 임금을 계산하지 않아서 소송이 제기된 사건인데, 지금 4년이 지나고 있음에도 아직 판결을 안 내리고 있습니다. 사실 저 재판은 해당자가 많음에도 불구하고 몇 사람이 우선 재판을 걸고 나머지는 지켜 보고 있는 그런 사건입니다. 그런데 아시다시피 임금채권 소멸시효가 3년 아닙니까. 저렇게 판결이 늦어지면 나머지 사람들은 재판해 볼 수도 없는 그런 상황까지 가는, 금전적 손해까지 있을 수밖에 없는 사건입니다.

그리고 금호타이어 사건, 2009년에 광주지방노동청이 금호타이어의 협력업체 노동자 두 명에 대해서 직접 고용할 것을 시정 명령했습니다. 2011년 금호타이어가 시정 명령 취소소송을 해가지고 대법원에서 패소가 확정됐어요. 그렇게 되니까 다른 21명이 똑같은 소송을 제기했습니다. 그런데 2015년에 대법원에 사건이 접수됐는데 지금 2년이 넘도록 계속 심리 중입니다.

사건이 아주 복잡한 사건의 경우에는 시간이 꽤 걸릴 수 있다고 저도 생각을 합니다. 그러나 방금 제가 든 예 같은 경우에는 이미 판단을 한 번 대법원에서 내린 바가 있는 사건인데도 왜 저것을 계속 붙잡고 있어야 되는지 납득할 수가 없고, 그리고 무엇보다도 어느 쪽으로 판결을 내리든 그것은 법원에서 해야 될 일이겠지만 빨리 결정을 내려 줘야 그 사건과 연관된 사람들의 생계에 미치는 악영향을 다소라도 줄일 수 있습니다.

제가 시간 관계상 열거하지 않았던, 환경미화원이 휴일 연장 근로 수당을 청구한 사건, 이것은 소를 제기한 지 5년 9개월이 되었습니다. 유성기업의 불법 직장 폐쇄 기간 동안에 임금을 달라고 청구한 것도 3년 4개월이 되고 있고요. 재능학습지 교사 부당노동행위도 지금 3년 1개월째 계류 중에 있습니다.

국회가 '민의의 전당'이라지만,

현재 국회에는 어떠한 민의도 존재하지 않고,

오히려 국회는 민의로 모든 것을 포장하는

'포장 제조업체'로 변질되고 있다.

— 2009년 12월 29일, 4대강 예산 반대 72시간 집중 행동 돌입 기자회견에서

© 김홍구

정의를 실현하는 국회를 만듭시다

2016년 7월 4일, 제343회 국회(임시회) 본회의 비교섭단체 대표 연설

사랑하고 존경하는 국민 여러분, 국회의장과 동료 의원 여러분. 정의당 원내대표 노회찬입니다.

모든 정당의 공통된 현실 인식

지난번 정진석, 김종인, 안철수, 세 분 교섭단체 대표 연설을 경청했습니다. 사회 양극화와 고령화 시대를 걱정하는 목소리들이 높았습니다. 현실 인식과 해법 제시 중에서 특히 현실 인식이 대동소이하다는 점에서 한편으론 다행스럽다는 생각도 들었습니다. 그러나 인식이 비슷하다고 안도하기엔 우리 앞에 놓인 현실이 매우 위중합니다.

우리나라 국민들은 부지런하다고 합니다. 실제 OECD 평균보다 1년 동안 300시간 더 일하고 있습니다. 하루 8시간으로 계산하면 1년에 37일을 더 일하는 셈입니다. 정년퇴직 후에도 세계에서 가장 오래 일합니다. 한국 남성들의 유효 은퇴 연령은 72.9세이며 심지어 75세 이상 인구의 고용률은 세계 최고입니다.

그런데도 65세 이상 노인 빈곤율은 OECD 회원국 가운데 가장 높은 수준입니다. 부지런해서 일을 많이 하는 것이 아니라 가난 때문에 인생의 마지막 순간까지 힘든 노동에서 떠나지 못하는 것입니다.

더욱 우려스러운 것은 상황이 나아지는 것이 아니라 악화되고 있다는 것입니다. 얼마 전 서울 서초구의 고소득층 수명이 평균 86세인데 강원 화천군 저소득층의 수명은 71세라는 보고가 있었습니다. 소득 양극화가 건강 양극화를 거쳐 수명 양극화로 이어지고 그 격차가 점점 벌어지고 있는 현실입니다.

그래서 『성공한 국가, 불행한 국민』이란 책에서 김승식 저자는 이렇게 묻습니다. "대한민국은 경제적으로 성공한 국가라고 일컬어진다. 하지만 대다수 국민은 경제적으로 불행하다고 느끼며 살고 있다. 도대체 왜 경제적으로 성공한 국가의 다수 국민의 삶이 고단하고 불행한 것인가?"

현실 인식이 비슷하다고 말씀드렸습니다만 1997년 외환 위기 이후 우리의 현실은 거의 개선되지 못했습니다. 오히려 악화되었습니다. 이 기간 동안 기업 총부채는 2분의 1로 줄어든 반면, 가계 부채는 4배로 늘었습니다. 비정규직 노동자가 2배로 는 것도 이

시기입니다. 사회 곳곳에서 소수의 강자는 더 강해지고 다수의 약자는 더 약해졌습니다.

이제 우리는 지난 10년, 아니 지난 20년간 우리 사회를 운영해 왔던 해법들이 결국 어떤 결과를 낳았는지 돌아봐야 합니다. 오늘의 상황을 만든 정책들과 결별하지 않고서 현실을 한걸음도 개선하기 어렵다는 사실을 인정할 때입니다.

실패한 해법, 감세·노동 유연화

박근혜 정부에 이르기까지 그간 정부는 일관되게 감세 정책을 펼쳤습니다. 특히 법인세를 대폭 인하했습니다. 기업의 세금을 깎아 주면 그것이 자연스럽게 투자로 이어져, 고용이 창출되고, 소비가 다시 살아나 경제가 활성화될 것이라는 논리였습니다. 그러나 그 결과가 무엇입니까.

투자는 활성화되지 않았고, 일자리는 열악해졌으며, 30대 재벌에는 700조의 사내 유보금이 쌓였습니다. 그중 현금성 자산만 100조가 넘는다는 통계입니다.

또한 지난 정권은 일관되게 노동 유연화를 주장하며, 비정규직을 늘리는 정책을 추진했습니다. 고용이 유연해야 기업들이 해고의 부담에서 자유로워져 일자리를 늘릴 것이라는 논리였습니다. 그러나 그 결과는 세계적으로도 높은 비정규직 비율과 최저임금조차 받지 못하는 230만 노동자, 그리고 임시 일자리와 실업을 반복하는 고용 불안 사회입니다.

이렇듯 부자 감세, 노동시장 유연화 해법이 현실을 개선시키지 못했음이 분명함에도, 박근혜 대통령은 또다시 똑같은 해법, 아니 그 이전보다 더 심각한 해법을 내놓고 있습니다. 간접 고용제도인 파견제를 확대하고, 기업들에게 더 쉬운 해고 권한을 주겠다는 것입니다. 삶이 바닥으로 떨어졌는데 이제 지하실까지 파고 있는 형국입니다.

솔직히 인정합시다. 더 이상 이전의 해법은 대안이 아닙니다. 실패한 해법의 한계를 인정하고, 새로운 해법을 내와야 합니다. 그것이 20대 국회가 짊어진 책무입니다.

정의의 실종

현실 인식의 동일함에도 불구하고, 해법의 차이가 난 것은 '원인에 대한 진단'이 달랐기 때문입니다. 저와 정의당은 사회 모든 분야에서 정의가 실종된 것이 오늘 우리가 맞고 있는 위기의 근본 원인이라고 판단합니다.

특히 경제에서 정의를 찾기 어렵습니다. 헌법 119조 2항이 규정하고 있는 균형 있는 국민경제의 성장, 적정한 소득분배, 시장의 지배와 경제력의 남용 방지, 경제 주체 간의 조화를 통한 경제민주화는 도대체 어디에 있습니까?

헌법을 고치자는 얘기가 많습니다만 저는 이 대목에선 제발 헌법을 지키자고 부르짖고 싶습니다. 사법부는 또 어떻습니까. 사법부를 상징하는 '정의의 여신' 디케는 한 손에는 저울, 다른 한 손에는 칼을 들고 있습니다. 하지만 전직 부장검사가 전화 두 통으로 서민들이 평생 벌어도 못 벌 돈을 벌어들이는 전관예우의 법정에서 과연 법 앞에 만인은 평등합니까? 만 명만 평등할 뿐입니다. 여기에 정의가 어디 있습니까. 오늘날 대한민국 '정의의 여신상'은 한 손에는 전화기, 다른 한 손에는 돈다발을 들고 있을 뿐입니다.

국회의 자화상은 처절하기까지 합니다. 국회 사무처가 최근 발간한 보고서에 따르면 우리 국회는 지난 10년간 대한민국 주요 기관 중 신뢰도가 가장 낮은 기관으로 평가받고 있습니다. 국회의원 300명 전원이 4년마다 한 번씩 국민으로부터 선출되는데 국회가 지난 10년간 연속으로 신뢰도가 가장 낮게 평가되고 있다면 국회의 구성과 운영 방식에 근본적인 성찰이 필요한 상황이라 생각합니다.

이런 우리 앞에 또 위기가 닥치고 있습니다. 대규모 구조 조정과 세계적인 경제 불확실성이 그것입니다. 하지만 이 위기의 극복 해법이, 2년 전 세월호처럼 가장 약자부터 먼저 희생하는 것이어서는 안 됩니다. 그것은 불의일 뿐입니다. 불의한 국가는 오래 유지될 수 없습니다.

사회 전반적으로 정의를 다시 세워야 할 때입니다. 정의당은 그 이름처럼, 우리 사회 모든 분야에 정의를 하나하나 다시 세워 나가겠습니다.

권력의 카르텔에 맞서

20대 국회가 세워야 할 첫 번째 정의는 바로 노동시장에서의 정의입니다. 그리고 그 중심에 비정규직 문제가 있습니다.

우리나라 비정규직은 그 규모로도 세계 최고이고, 그 대우 수준도 가장 열악합니다. 대기업 정규직, 대기업 비정규직, 중소기업 정규직, 중소기업 비정규직. 고용노동부 발표에 따르면 층층이 쌓여 있는 계층구조에서 대기업 정규직 임금을 100으로 보았을 때 대기업 비정규직은 65퍼센트, 중소기업 정규직은 49.7퍼센트, 중소기업 비정규직은 35퍼센트에 불과합니다.

'동일노동 동일임금' 원칙을 실현해서 비정규직과 정규직의 차별을 폐지해야 합니다. 비슷한 업무를 하는데도 급여가 차이 나고, 옷 색깔과 식권 색깔이 다릅니다. 이런 차별을 그냥 두어서는 안 됩니다.

전체 고용 인구 속에서 우리나라가 비정규직 비율이 유난히 높은 것은 비정규직에 대한 임금 차별이 무한정으로 허용되어 왔기 때문입니다. 한국과 비슷한 실상이었던 일본도 비정규직 임금을 인상해 정규직의 80퍼센트 수준까지 올리겠다고 공언하고 있습니다.

박근혜 대통령께선 2012년 대선 과정에서 공공 부문부터 상시·지속적인 업무에 대해서는 2015년까지 비정규직 노동자를 정규직으로 전환하고, 비정규직을 차별하는 회사에 대한 징벌적 금전 보상 제도를 적용하겠다고 공약하셨습니다. 동시에 일방적인

2012년 10월 27일, 비정규직 철폐를 위한 희망도보행진   ⓒ 이종수

노회찬 의원 : 우리나라에서 법 앞에 만인이 평등하다고 생각하십니까?

이용훈 후보 : (망설이다) 법은 그렇게 돼 있죠.

노회찬 의원 : 판결문에 보면, 양형과 관련해서 이런 것들이 나옵니다.
'전문 경영인으로서 한 직장에서 수십 년 동안 성실하게 재직해 온 것을
감안하여' …… 대한민국 판결문 중에 '피고인은 지난 수십 년간
저임금과 장시간 노동을 감수하면서 산업재해의 위험에도 불구하고
오랜 기간 동안 산업 현장에서 노동자로 일해 온 점을 감안하여',
뭐 이런 구절이 들어가 있는 걸 보신 적이 있습니까?

이용훈 후보 : 글쎄요, 아직 …… 아 ……

— 2005년 9월, 이용훈 대법원장 인사청문회에서

구조 조정이나 정리 해고 방지를 위한 사회적 대타협 기구를 설립하고 해고 요건을 강화하겠다고 약속하셨습니다.

저와 정의당은 박근혜 대통령의 약속을 강력히 지지합니다. 약속을 지키십시오. 그렇지 않으면 정의당이 박근혜 대통령의 약속을 대신 지키는 '진박 정당'이 되겠습니다.

둘째, 폭발 직전의 자영업에 대한 근본적인 대책이 필요합니다.

1997년 외환 위기 이후 한국의 노동시장만큼 낙수 효과 이론이 횡행한 곳도 없을 것입니다. 강자가 살아야 약자도 살 수 있다는 논리를 앞세우고 노동시장의 약자, 즉 노동자를 보호하던 제도들이 후퇴하면서 노동시장에서 축출되거나 퇴각한 노동자들로 자영업 인구가 폭증했습니다. 이제 자영업 종사자는 600만, 경제활동인구 대비 미국의 4배입니다. 미용사 자격증을 가진 분들이 60만을 넘어섰다고 합니다. 60만 대군이면 대한민국 국군을 넘어서는 인구입니다.

그리하여 음식점 절반이 1년 내에 문을 닫는 치열한 경쟁 속에서 자영업은 중산층 몰락의 현장이 되고 있습니다. 도시 자영업자 평균 소득이 도시 근로자 평균 소득의 절반 이하로 떨어진 지 오래되었습니다. 영세 자영업이 대자본의 갑질로부터 보호받고 공생할 수 있는 특단의 대책을 정부와 국회가 만들어야 합니다.

그러나 근본적으로는 비정상적인 자영업의 규모를 줄여 나가야 하고 그것은 일자리 창출과 노동시장에서의 격차와 차별을 시정해 노동시장을 떠난 분들을 다시 노동시장으로 흡수하는 길밖에 없습니다.

세상에서 가장 경계해야 할 의사가 있다면 병 주고 약 주는 의사일 것입니다. 사회안전망이 부족한 우리 현실에서 실업 부조를 늘리는 것은 시급하지만 실업자를 양산하는 구조를 그대로 둔 채 실업수당을 올리는 것만으로는 병을 내버려 둔 채 약만 주는 꼴이 되기 쉽습니다. 1차 분배 구조의 문제를 그대로 둔 채 시장에서 생긴 격차를 온전히 2차 분배, 즉 복지로 메꾸려는 시도는 현실적이지 못합니다.

대기업과 중소기업, 대형 마트와 재래시장, 프랜차이즈 업체와 가맹점, 정규직과 비정규직의 격차와 차별 등을 완화하고 제대로 된 일자리 창출을 위해 정의당이 앞장서겠습니다.

셋째, 교육에 있어서의 정의는, 교육을 통한 부의 대물림, 사회 신분의 고착화를 막는 것입니다.

세계적으로 짧은 시간에 성장한 모든 나라의 특징은 평등한 교육제도를 가지고 있었다는 것입니다. 우리나라도 1960, 70년대 고교 평준화 등 교육 기회의 확대를 통해 한강의 기적을 만들어 낼 수 있었습니다. 이 모든 것이 평등한 교육 때문에 가능한 것이었습니다.

그러나 지금은 어떻습니까. 부모의 지위가 자식의 대학을 결정하고, 부모가 부유할수록 자녀의 대기업 취업률도 높아졌습니다. 가난하면 학업과 돈벌이를 같이해야 하기 때문에 제대로 된 경쟁이 불가능합니다. 이제 평등한 교육을 통한 자수성가의 꿈은 한낱 교과서에만 나오는 얘기입니다. 한국의 교육은 기회의 균등이라는 본연의 사명을 저버린 지 오래되었습니다. 정반대로 교육은 이제 부와 가난이 세습되고 승계되는 통로로 전락했습니다.

교육 정의의 과제가 너무도 많지만 저는 오늘 한 가지만 제안합니다. 입시를 격화시키는 외고·국제고 등의 특목고와 자사고를 폐지하고 일반고로 전환해야 합니다. 사실상의 고교 서열화와 중학교 서열화까지 부추기는 특목고, 자사고 입시를 폐지해야 우리 아이들은 물론, 부모들에게도 숨통이 트일 것입니다. 특목고·자사고의 일반고 전환에 관한 사회적 논의를 추진하겠습니다.

마지막으로, 국내 인권 상황에 관한 국제사회의 우려와 관련해 말씀드리고자 합니다. 최근 유엔인권이사회에서 "대한민국에 대한 평화적 집회 및 결사의 자유 특별보고관 보고서"(이하 '한국 보고서')가 채택되었습니다. '한국 보고서'는 한국 경찰이 집회 금지 시 적용하는 규정 및 차벽·물대포 사용, 집회 참가자에 대한 민형사상 탄압, 교사와 공무원 등의 노조 설립 어려움, 삼성 등 기업의 노조 무력화 등에 대해 우려를 밝히고 있습니다.

또 지난해 11월 민중 총궐기 집회에서 물대포를 맞고 쓰러진 농민 백남기 씨 사건을 언급하고 한상균 민주노총 위원장의 기소를 예로 들며 집회 참가자에 대한 형사 기소는 사실상(de facto) 집회의 권리를 '범죄화'하는 일이라고 지적했습니다.

특히 한국 보고서는, 차벽 설치와 집회 금지 규정은 유엔 '시민적·정치적 권리 규약'(이하 'ICCPR') 21조에 어긋난다며 한국 정부에 ICCPR 준수를 촉구했습니다. 한국은 1990년 4월 ICCPR을 비준했고 7월부터 법률과 동일한 효력으로 국내에 적용되고 있습니다.

한국은 현재 유엔인권이사회 순회의장국입니다. 유엔인권이사회에서 의장국의 인권 보장 상황이 열악하다는 보고서가 발표된 것은 국제적으로 망신스러운 일이 아닐 수 없습니다. 국회가 비준한 조약이 실현되도록 국회가 앞장서도록 협조를 부탁드립니다.

이제 증세를 말해야 할 때

존경하는 국민 여러분. 동료 의원 여러분.

앞서 말씀드린 모든 것들을 하기 위해 우리가 마주해야 할 마지막 관문이 있습니다. 그것은 세금 인상, 즉 '증세'입니다.

경제를 살리고, 비정규직과 사회적 약자를 보호하며, 청년 창업을 지원하고, 보육과 교육에 투자하려면 유일한 해법은 재분배를 통해 복지를 강화하고, 그것을 통해 역동적인 사회를 만드는 것뿐입니다. 대기업과 고소득자들이 좀 더 많은 세금을 납부해 사회에 기여하고 약자들도 기본권을 누리는 복지국가를 만드는 것이 해법인 것입니다. 법인세를 다시 원상태로 회복해야 합니다.

1990년대 말 28퍼센트였던 법인세는 계속해서 인하되어 지금은 22퍼센트까지 떨어졌습니다. 기업들은 법인세를 올리면 기업 활동이 위축될 것처럼 말하지만, 그 이전에 우리 사회의 안정성이 유지되어야 기업도 안전하게 유지 가능함을 알아야 합니다.

인도 출신으로 시카고 대학교 석좌교수이자 IMF 최연소 수석 이코노미스트를 역임한, 세계적 석학 라구람 라잔은, 지난 2003

년 『자본가로부터 자본주의 구하기』Saving Capitalism From The Capitalist라는 책을 썼습니다. 그는 이 책에서 현재 자본주의 체제의 개혁에 가장 걸림돌이 되는 세력으로 자본가 집단을 지목하며, 지나친 부와 소득의 집중이 사회를 후퇴시킬 것임을 경고했습니다. 세계적으로나, 우리 사회에서나, 재벌과 대기업의 책임이 막중해지고 있고, 이 위기 시대에 책임을 회피하거나 오히려 위기를 이용해 자신의 부를 확대해서는 안 된다는 경고인 것입니다.

그런 점에서 저는 대기업과 경영진, 고소득층이 경제 위기 시대에 증세 등을 통해 공동체의 유지에 함께 나서 줄 것을 다시 한 번 호소합니다.

선거제도 개혁

존경하는 국민 여러분,

지금 우리 사회에 놓인 많은 과제가 있지만, 또다시 개헌 문제가 수면 위로 부상하고 있습니다. 그러나 권력 구조를 변화시키자는 개헌 주장 이전에 더 중요한 것이 있습니다. 그것은 국민의 의지가 정치권력에 정확히 반영되는 제도, 즉 선거제도를 바꾸는 것입니다.

권력 구조가 지붕이라면, 선거제도는 기둥입니다. 그런데 기둥을 그대로 둔 채 지붕만 바꾸는 것을 진정한 개헌이라고 우리는 부를 수 없는 것입니다. 대통령제를 유지한다면 결선투표제를 통해 국민 과반의 지지를 받는 대통령이 나와야 합니다. 또 어떤 권력 구조이든 국민의 지지가 국회 의석수에 일치하는 연동형 비례대표제가 도입돼야 합니다.

승자 독식과 지역 패권 정치를 연명시켜 온 현행 소선거구 다수대표제를 그대로 둔 채 권력 구조 변경을 추진하는 것은 기둥을 그대로 둔 채 초가지붕을 기와지붕이나 콘크리트 슬라브 지붕으로 바꾸는 것에 다름 아닙니다.

물론 20대 총선을 앞두고 선거제도 개혁에 대한 논의가 있었지만 실현되지 못했습니다. 많은 국민들은 선거제도 개혁을 국회에만 맡겨 둘 경우 똑같은 결과가 나올 것을 우려하고 생각하고 있습니다.

국회의원 선거제도는 국회의원이 되려는 사람들을 위한 제도가 아니라 국회의원에게 자신의 권력을 위임하고자 하는 국민을 위한 제도입니다. 따라서 최근 영국이나 뉴질랜드에서 한 것처럼 국민들이 직접 선거제도를 정할 수 있게 보장합시다. 각 당과 차기 대통령 후보들이 책임 있게 안을 내고 차기 정부 첫 해인 2018년 12월 31일까지 국민투표를 통해 국민들이 선거제도를 결정하게 합시다. 그리고 이를 위해 국회 내에 국회의원 선거제도 개혁위원회를 설치할 것을 제안합니다.

특권은 내려놓고 일하는 국회

존경하는 국회의장과 동료 의원 여러분.

이제 앞서 말씀드린 것들을 제대로 실천하기 위해, 우리 국회가 어떻게 혁신해야 할지를 말씀드리면서 오늘 대표 연설을 마치겠습니다.

우리 국회가 요즘 몸살을 앓고 있습니다. 가뜩이나 사회에서 가장 신뢰도가 낮은 집단이 국회인데 더 말하기가 부끄러울 지경입니다. 정의당은 다음과 같은 국회 개혁의 방향을 제안합니다.

특권은 내려놓고 일하는 국회를 만듭시다.

국회의원의 불체포 특권의 남용을 막읍시다. 국회의원의 체포 동의안이 보고된 지 72시간이 지나면 본회의에 자동 상정되도록 합시다. 또한 각 정당은 소속 의원이 부패, 비리에 연루되었을 경우, 회기 중이더라도 영장 실질 심사에 자진출석하도록 하고, 이를 거부할 경우, 출당 및 제명 조치를 당헌 당규에 명시합시다.

다음으로, 국회의원의 세비를 줄입시다.

2012년 기준으로 우리나라 국회의원 세비는 OECD 주요 국가 중 일본, 미국에 이어 3위입니다. 우리나라 국민소득이 독일의 약 절반인데 국회의원 세비는 독일과 거의 같습니다. 국민소득 대비 의원 세비를 독일 수준으로 받으려면 세비를 절반으로 낮춰야 합니다.

저는 국회의원 세비를 절반으로 줄일 것을 제안하고자 합니다. 그러면 현 최저임금의 다섯 배가 될 것입니다. 제가 있는 의원회

관 5층을 청소하는 청소 노동자 중 한 분에게 여쭤 보니 새벽 6시부터 오후 4시까지 일하면서 약 130만 원 가량의 월급을 받습니다. 주말에 특근까지 해야만 140만 원이 조금 넘는 액수를 수령할 뿐입니다. 국회의원 세비를 반으로 줄이더라도 우리나라 근로자 평균임금의 세 배, 최저임금의 다섯 배 가까운 액수입니다.

같이 삽시다. 그리고 같이 잘삽시다. 평균임금이 오르고 최저임금이 오른 후에 국회의원 세비를 올려도 되지 않겠습니까? 20대 국회가 먼저 나서서 고통을 분담하고, 상생하는 모범을 만듭시다.

마지막으로, 일하는 국회를 만듭시다. 국회의 역할은 정부가 제대로 일하도록 견제하고, 감시하며, 그럼으로써 결과적으로 정부의 활동을 돕는 것입니다. 그러기 위해서 가장 중요한 것이 무엇입니까.

정부가 행하는 각종 활동에서 국회가 검증할 수 있는 부분을 끊임없이 검증합시다. 그런 점에서 상시 청문회법 통과야말로 일하는 국회의 첫 걸음이라고 저는 주장합니다.

나아가 20대 국회는 공직자들을 철저히 검증해 박근혜 대통령이 훌륭한 공직자들과 일할 수 있도록 해주어야 합니다. 미국에서는 대통령이 임명하는 공직자 중 1200여 명이 인사 청문 대상이고 그중 600여 명이 상원 인준을 필요로 합니다. 우리나라에서 대통령이 임명에 영향을 행사하는 자리 중에 인사 청문 대상은 63명에 그칩니다. 국회 동의를 거쳐 임명되는 자리는 훨씬 적은 23명입니다. 우리 사회에 영향을 미치는 수많은 공직 책임자들이 제대로 된 검증도 거치지 않고 임명되어 나중에 말썽이 되는 경우가 부지

기수입니다.

박근혜 대통령이 결단해 주시면, 국회에서 훌륭한 인물들을 검증해 정부로 보내 드리겠습니다.

이외에도 특수활동비 폐지, 독립적 국회의원 징계 기구와 독립적 국회 감사 기구 설치, 그리고 상시 회기 제도 도입과 예결위 상임위화, 소위원회 실시간 중계, 교섭단체 요건 완화 등 "특권은 내려놓고, 일을 하는 국회"를 만들기 위해 저희 정의당은 계속 노력할 것입니다.

여야를 넘어서서 국회의 신뢰도를 회복하는 일에 힘을 모아 주실 것을 다시 한 번 호소 드립니다.

세월호 특조위와 마지막 인사

새누리당, 더불어민주당, 국민의당, 그리고 저희 정의당까지, 우리는 비록 서로 다른 정책과 비전을 갖고 있지만 20대 국회는 많은 부분 머리를 맞대고 토론하며 좋은 법안들을 만들어야 할 것입니다.

하지만 그중에서도 모든 당이 마음으로 함께 통과시켜 주셨으면 하는 법안을 마지막으로 말씀드립니다. 바로 세월호 특별조사위원회 활동 보장 법안입니다. 지금 정부는 세월호 특조위의 활동을 지난달 말로 강제 종료시켜 버렸습니다. 이에 대해 유가족들은 청와대 앞에서, 국회 앞에서 눈물을 흘리며 농성을 진행하고 있습니다.

그러나 동료 의원 여러분. 세월호 진상 조사는 누군가의 이해득실로 따질 쟁점이 아니지 않습니까. 한 사람도 억울함이 없도록 철저히 조사하라고 했던 분은 바로 박근혜 대통령이었습니다. 새누리당의 이주영 전 장관은 팽목항에서 수십 일을 묵묵히 구조에 힘썼습니다. 이 문제에는 여와 야가 없습니다.

그런 점에서 20대 국회에서 세월호 희생자의 넋을 기리고, 유가족의 마음을 달래며, 국민들이 갖고 있는 상처를 어루만져 주기 위해서라도, 세월호 침몰의 진상을 규명하는 데 여야 모두가 함께 나서 주시기를 간곡히 호소 드립니다.

사랑하고 존경하는 국민 여러분,

비록 저희 정의당은 6석의 작은 정당이지만, 정당 투표에서 7.23퍼센트, 172만 명 국민들의 지지를 받았습니다. 제대로 된 비례대표제였다면 저희들의 의석수는 20석이 훌쩍 넘어 있을 것입니다. 그런 국민 여러분의 성원을 바탕으로, 원내 유일 진보 정당답게 국민들의 권익을 지키고, 확대하기 위해 최선을 다할 것입니다. 저희 정의당의 행보에 여러분의 많은 관심과 격려를 부탁드립니다.

감사합니다.

정의를 실현하는 국회를 만듭시다

타이타닉호인가 세월호인가

2016년 6월 9일 야3당 원내대표 공동 주최 조선업 구조 조정 대토론회 인사말

배가 침몰하는 위기에 봉착했을 때 이에 대응하는 방법은 두 가지가 있습니다. 하나는 타이타닉호 방식이고, 하나는 세월호 방식입니다. 타이타닉호 방식은 위기에 처한 배에서 어린이, 여성, 노약자, 사회적 약자부터 먼저 구출하는 방식입니다. 잘 알고 있다시피 세월호에서는 거꾸로 됐습니다. 선장부터 먼저 탈출했습니다. 무고한 어린 학생들은 구조되지도 못한 채 희생됐습니다.

지금 조선업의 위기에 어떻게 대응할 것인가, 정부가 어제 대책을 내놨습니다. 그 대응책에는 특별 재난 고용 지역을 선정하는 등 과거보다 진일보한 부분들이 있습니다만 전체적으로 세월호 방식의 기조 위에 있습니다. 약자의 희생을 전제로 하고 있습니다. 가장 약한 사람부터 가장 먼저 희생시키는 대전제 위에서 여러 가지 방식을 내놓고 있습니다.

10년 전 우리나라의 조선업은 전체 해외 수출액의 4분의 1을 차지했습니다. 1년에 600억, 700억 달러씩 수출했습니다. 그 호황기에 가장 이윤을 많이 가져간 사람들, 지금 어디에 있습니까? 그 호황기에 가장 이윤을 적게 가져갔던 사람들이 지금 가장 먼저 해고당하는 사람들입니다. 물량팀이 그렇고, 사내 하청이 그렇고, 비정규직이 그렇고, 노동자들이 그렇습니다.

어제 홍기택 전 산업은행장이 증언을 했습니다. 대우조선해양에 낙하산 인사를 보낼 때 비율이 있었다는 겁니다. 청와대에서 3분의 1, 금융 당국에서 3분의 1, 그리고 산업은행도 3분의 1, 낙하산을 내려보냈다는 겁니다. 이 비율은 무슨 비율입니까. 저는 현 상태를 책임져야 할 비율이라고 봅니다. 청와대가 3분의 1, 금융 당국이 3분의 1, 산업은행이 3분의 1 책임져야 되지 않겠습니까. 그런데 지금 누가 책임지고 있습니까. 누가 해고당하고 있습니까. 누가 이 고통을 전담하고 있습니까. 낙하산 인사 내려올 때 노동조합이 있었어요? 사내 하청에서 내려보냈습니까? 물량팀에서 낙하산을 내려보냈습니까? 다 빠지고 없습니다. 오늘 이 자리에 안 온 사람이 누구입니까. 바로 낙하산 인사 보낸 그 집단들이 오늘 이 자리에 안 왔습니다.

저는 구조 조정할 때는 인력 감축 위주로 가고, 또 인력 감축에 있어서도 가장 대접받지 못하던, 차별받는 사회적 약자부터 먼저 당하는 그런 세월호 방식, 이 기조를 바꿔야 한다고 생각합니다. 그 기조를 유지한 채 거기서 해고당한 사람들에게 실업 급여 2개월치를 준다고 해서 무엇이 달라집니까. 저는 지역구가 창원이기 때문에 약 한 달 전에 박종식 연구위원, 우리 해고 당사자들, 노동조합 관계자들, STX 사측까지 모시고 토론회를 연 바 있습니다. 오늘 이 자리에서도 아마 좋은 방안들이 나올 것입니다. 그러나 저는 그 방안들이 어제 발표된 정부의 대응책을 근본적으로 재고하는 방식이 되어야 한다고 생각합니다.

우리는 이미 충분히 경험했습니다. 1997년 외환 위기를 극복하는 과정에서도 약자부터 희생되었습니다. 강자를 살려서 강자가 나중에 손해 보는 약자까지 다 구한다는 그 낙수 효과 이론은 세계적으로 이제 폐기 처분되어 가고 있는데, 유일하게 이 대한민국 땅에서는 그 낙수 효과 이론에 근거해서 여전히 정부 시책이 만들어지고 있습니다.

오늘의 토론회가 지난 IMF 대응에 대해 반성하는 자리, 지난 20년간 한국 사회에서 그 결과로 이뤄진 사회 양극화와 자영업자의 대폭 증가 등 여러 사회적 병리 현상을 극복하고 치유하는 새로운 전환점이 모색되는 자리가 되기를 희망합니다. 정의당 이정미 원내수석부대표가 오늘 이 문제에 대한 정의당의 당론을 가지고 토론자로 참석하고 있습니다. 여러분들께서 어려운 때일수록 작은 차이를 넘어 서로 힘을 모아 현재의 위기를 극복하는 데 사회적 약자들끼리 연대할 수 있도록 정의당도 앞장서겠습니다. 늘 함께해서 다시는 IMF 이후의 20년과 같은 20년이 되풀이되지 않도록 정의당이 앞장설 것을 약속드립니다. 오늘 보람 있고 성과 있는 토론회가 되기를 바랍니다. 감사합니다.

반기문 총장에게 보내는 편지

2016년 7월 11일

친애하는 반기문 유엔사무총장님께

안녕하십니까? 대한민국 국회의원 노회찬입니다.

올해는 참으로 뜻깊은 해입니다. 대한민국이 정부 수립 이후 최초로 유엔인권이사회(UNHRC)의 의장국이 되었기 때문입니다. 잘 아시듯이 유엔인권이사회는 유엔 가입국의 인권 상황을 정기적·체계적으로 검토하고, 국제사회의 인권 상황을 개선하고자 만든 상설위원회입니다. 그런데 지난 6월 17일 유엔인권이사회 제32차 정례회의에서 마이나 키아이(Maina Kiai) '평화로운 집회와 결사의 자유에 대한 유엔 특별보고관'은 "한국 보고서"를 발표해, 한국 정부가 국민의 '집회와 결사의 자유'를 부당하게 제한한다고 고발했습니다. "한국 보고서"는 "집회에 대한 권리는 정부가 허가해 주는 것이 아닌 기본권이며 한국 정부는 적극적으로 이 기본권의 행사를 보장해야 한다"는 상식을 재확인했습니다. 한국 정부가 차벽을 사용해 집회를 진압하는 관행이 유엔 시민적·정치적 권리 협약(ICCPR) 제21조에 어긋난다고 지적하기도 했습니다.

특히 2015년 11월 민중총궐기 집회에 참석해 물대포를 맞고 쓰러져 200일 넘게 사경을 헤매고 있는 백남기 농민에 대해 "정당화하기 어려운 물대포 사용"이 야기한 "비극적 사례"라고 밝혔습니다. 같은 집회에 참석해 특수공무집행방해치상 등으로 기소된 민주노총 한상균 위원장에 대해서도 "집회 참가자 기소는 집회의 권리를 사실상 범죄화하는 것"이라며, "정부의 조치가 집회의 자유를 위축"시킨 사례라고 지적했습니다. 또한 특별보고관은 "한국의 전국교직원노동조합(전교조)을 법외 노조화하고, 전국공무원노조의 설립 신고를 반복해서 거부하는 것은 이들 집단의 결사의 자유에 대한 권리를 부당하게 침해하는 것이라 판단한다"라고 밝혔습니다. 나아가 "노동조합을 설립하고 가입하는 것을 포함해 결사의 자유에 대한 권리가 직업의 유무나 종류에 상관없이 모든 노동자들에게 보장되어야 한다. 누가 노동조합에 가입할 수 있는지를 결정하는 것은 정부의 역할이 아니다"라고 일침을 놓았습니다.

저는 "한국 보고서"가 조목조목 폭로한 대한민국의 후진적 인권 상황을 읽으며 부끄러워 고개를 들 수 없을 지경이었습니다. 지난해 11월 유엔 시민적·정치적 권리 협약(ICCPR) 위원회가 이미 한국 정부에 "집회의 자유를 보장할 것"을 권고했는데, 다시 한 번 비슷한 지적을 받았기에 더욱 부끄러웠습니다. 그러나 대한민국 정부는 "합법적인 시위는 보장하고 있다"는 이야기만 앵무새처럼 반복합니다. 심지어 지난 7월 4일에는 서울 중앙지방법원이 민주노총 한상균 위원장에게 징역 5년의 실형을 선고했습니다.

유엔인권이사회 의장국의 인권 현실이 유엔 인권 기구의 권고와 반대 방향으로 나아가고 있습니다. 저는 지난 6월 21일, 뜻을 같이하는 국회의원들과 함께 대한민국 국회에 '유엔인권이사회의 대한민국 정부에 대한 평화적 집회 및 결사의 자유 특별보고관 보고서 권고 사항 이행 촉구 결의안'을 발의했습니다. 저는 이 결의안이 국회에서 통과될 것이라 확신합니다.

존경하는 사무총장님, 사무총장님께서는 이미 여러 나라에 집회·결사의 자유를 보장하라는 메시지를 전달하셨습니다. 2013년 3월에는 터키 정부가 반정부 시위대에 대한 강경 진압을 자제하고, 대화에 나서라는 성명을 내셨습니다. 2014년 8월에는 미국 정부에, 올해 4월에는 감비아 정부에 각각 집회의 자유를 존중하라고 촉구하셨습니다.

이제 사무총장님께서 유엔인권이사회에 보고된 "평화적 집회 및 결사의 자유에 관한 특별보고관 대한민국 보고서"의 권고 사항을 정부가 조속히 이행할 것을 강력히 촉구해 주시기 바랍니다.

존경하는 사무총장님, 유엔의 수장이 대한민국 출신이고, 유엔 인권이사회 의장국도 대한민국입니다. 한국이 인권 분야에서도 선진국이 될 수 있도록 사무총장님께서 적극적으로 나서 주십시오. 유엔 사무총장으로서 직무를 마치고 조국으로 돌아오셨을 때, 제1의 업적이 한국의 인권 상황을 개선하신 일이 되기를 바랍니다. 감사합니다.

평등한 사회,
공정한 대한민국

2018년 2월 6일, 국회 비교섭단체 대표 연설문

존경하는 국민 여러분, 정세균 의장과 동료 국회의원 여러분.

바로 1년 전, 한국 사회를 뜨겁게 달궜던 촛불 시민혁명의 현장에서 우리 국민들이 가장 많이 들고 있었던 팻말은 "박근혜 퇴진", "이게 나라냐" 두 가지였습니다. 그로부터 1년의 시간이 지난 지금, "박근혜 퇴진"은 불가역의 현실로 실현되었습니다.

법의 심판과 역사의 평가만이 남았을 뿐입니다.

반면 "이게 나라냐"는 물음 앞에 대한민국은 아직 답을 주지 못하고 있습니다. 우리 국회 역시 마찬가지입니다. "이게 나라냐"라는 구호는 단순히 국정 농단 사건에 연루된 최고 권력자와 그를 둘러싼 일부 인물들의 용납하기 어려운 행태만을 문제 삼는 게 아니었습니다. 그것은 한국 사회에서 오랫동안 누적되어 온 불평등과 불공정으로 인한 사회적 격차를 해소하고 최소한의 인간다운 삶을 살 수 있는 나라를 만들어 달라는 것이었습니다.

저는 지금도 똑똑하게 기억하고 있습니다. 20대 국회가 시작된 2016년 6월 개원 국회에서 당시 민주당의 김종인 대표, 새누리당의 정진석 원내대표, 국민의당의 안철수 대표 그리고 정의당 원내대표인 본의원 등 국회 4당 대표자들이 바로 이 자리에서 한 국회 대표 연설에서 놀랍게도 모두 똑같은 현실 진단을 얘기했습니다.

"대한민국의 가장 심각한 현안은 날로 벌어지는 사회적·경제적 격차이며 격차 해소 없이 대한민국은 한걸음도 나아갈 수 없다"는 진단이었습니다. 이렇듯 우리 20대 국회는 "이게 나라냐"라는 외침을 지난해 겨울, 촛불 광장에서 처음 들은 것이 아니었습니다. 우리는 이미 알고 있었습니다.

불평등·불공정 구조 타파와 격차 해소를 위한 초당적 노력을 경주합시다.

원내 각 정당과 선후배 동료 국회의원 여러분께 제안합니다.

고질적인 불공정과 불평등의 현실을 타파하는 것이 20대 국회의 가장 중요한 과제임을 재확인합시다. 그리고 불평등·불공정 구조 타파와 격차 해소를 위한 초당적 노력을 경주합시다. 사실 불평등·불공정 구조 타파를 통한 격차 해소는 지난해 대통령 선거에서도 모든 후보들의 공통 공약이었고, 다양한 정책이 제시되었습니다.

그래서 지난해 5월 19일 대통령과 5당 원내대표 오찬 회동에서 저는 대통령 선거 당시 5당 후보들의 공통 공약을 최우선으로 실현해 국민들이 정치를 보다 신뢰할 수 있게 하자고 제안했고 참석자 전원의 동의를 얻었습니다만, 그 약속은 아직도 실현되지 않고 있습니다. 그중 최저임금 문제는 각 정당 대표 연설에서도 논란이 증폭되고 있습니다.

지난해 5월 대선 당시, 5당 후보들의 최저임금 인상 공약은 최저임금 1만 원을 2020년까지 달성하느냐 2022년까지 달성하느냐로 나뉘었습니다. 사실 2022년까지 1만 원 달성은 그동안의 평균 인상률만큼만 인상하겠다는 것이었고, 2020년 1만 원 달성은 최저임금을 평시보다 조금 더 큰 폭으로 인상해야 격차 해소에 도움이 된다는 것이었습니다. 그러나 2020년과 2022년 사이에는 한강이 흐르는 것도 아니고 휴전선이 가로막고 있는 것도 아닙니다.

원내 각 당이 격차 해소에 기여할 수 있는 구체적인 최저임금 인상 로드맵을 제시하고 합의에 즉각 착수합시다.

공정하고 평등한 사회

최저임금 인상과 관련해 영세 자영업의 어려움이 많이 지적되고 있습니다. 매우 현실적이고 중요한 문제입니다. 그런데 최저임금 인상에 따른 중소기업, 영세 자영업자의 피해를 말하는 국회는 지금까지 중소기업과 영세 자영업자를 위해서 무슨 일을 해왔습니까. 중소기업에 대한 대기업의 갑질에 단호한 태도를 보였습니까. 영세 자영업자를 위한 상가임대차보호법은 도대체 왜 아직도 국회 법사위에서 낮잠을 자고 있는 것입니까. 건물주의 임대료

폭리에 대해서는 무슨 조치를 취했습니까. 우리 모두가 알고 있는 것처럼 최저임금 인상을 회피하는 것으로 자영업의 문제가 해결되는 것은 아닙니다.

서울에서 신장개업한 음식점 중 1년을 버티지 못하고 폐업하는 경우가 70퍼센트를 넘는 현실이 보여 주듯 자영업은 대한민국에서 중산층 몰락의 현장이기도 합니다.

이 같은 현상은 차별과 격차로 노동시장에서 축출된 많은 사람들이 자영업으로 몰리면서 경제활동인구 대비 자영업 종사자의 비율이 미국의 4배에 이르는 비정상적인 현실입니다. 동시에 자영업 시장 내부의 부당한 계약 관행이 쌓인 결과이기도 합니다. 따라서 격차 해소를 위한 대책은 최저임금 인상이나 공공 부문 일자리 창출을 넘어서는 종합적이고 장기적인 로드맵의 수립이 필수적입니다.

20대 국회의 최대 과제와 사명이 격차 해소를 통해 공정하고 평등한 사회로 나아가는 것이라면 격차 해소 로드맵을 만드는 데 머리를 맞대고 지혜를 모읍시다. (……)

공정한 대한민국

우리가 나아가야 할 두 번째 방향은 공정한 대한민국입니다. 지난해 드러나, 지금까지 파장을 일으키고 있는 공공 기관 채용 비리는 우리 사회의 불공정을 보여 주는 바로미터입니다. 공공 기관의 80퍼센트가 채용 비리에 연루되었다고 합니다. 강원랜드의 경우에는 518명의 최종 합격자 중 493명이 부정 선발자인 것으로 확인되었습니다.

참으로 충격적인 사실이 아닐 수 없습니다. 더욱 놀라운 것은 채용 비리 의혹을 받고 있는 청탁 명단에 현역 국회의원 5명 등 전·현직 의원 7명과 관련 부처 공무원들의 이름이 등장한다는 사실입니다.

불평등은 그 자체만으로도 고통스럽지만 그것이 불공정의 결과일 경우 그 누구도 참을 수 없는 분노로 나아가기 마련입니다.

실로 우리는 국정 농단이 아니라 국회 농단의 심연에 빠져 있으며 이게 국회냐는 분노에 직면해 있고 이런 국회에서 사법 개혁을 논하는 것은 오염된 칼로 수술하는 것과 다를 바 없다는 자괴감을 떨칠 수 없습니다.

저는 국회 제 정당들에게 요구합니다. 만약 우리가 사법 개혁을 속도감 있게 추진했다면, 그래서 우리에게 고위 공직자 비리 수사처, 즉 공수처가 있었다면 이런 사안은 국민 앞에 당당하게 밝혀질 수 있었을 것입니다.

공공 기관 채용 비리에 대한 특검을 실시하고, 공수처 설치를 하루 빨리 처리할 것을 각 정당에 제안합니다. 공정한 사회는 공정한 정치로부터 가능합니다. 2016년 총선에서 저희 정의당은 7.2퍼센트의 국민 지지를 받았으나 국회 의석수는 전체의 2퍼센트밖에 차지하지 못했습니다. 그러나 소선거구제의 수혜를 온몸으로 받는 거대 정당들은 자신이 받은 지지보다 훨씬 많은 국회

의석을 차지하고 있습니다.

국민의 지지가 국회 의석에 정확히 반영되는 선거제도, 즉 연동형 비례대표제의 도입이야말로 공정한 정치를 만드는 시작입니다. 그 토대 위에서 공정한 사회도 가능합니다. 그런 점에서 이번 지방선거에서부터 연동형 비례대표제를 도입하거나, 그것이 시간상 어렵다면 현재 서울시 선거구 획정위원회가 중대선거구제의 정신을 살려 4인 선거구를 제안한 데 대해 민주당과 한국당이 당론으로 확정해 주기를 요구합니다. 만약 양당이 이를 수용하지 않는다면 이는 양당에게는 사실상 소선거구제나 다름없는 2인 선거구를 방패로 지방 정치를 독점하는 것으로 해석할 수밖에 없습니다.

2018년 동시 지방선거에서부터 국민 지지가 반영되는 선거제도로의 변화를 시작합시다. (……)

개헌과 정치 개혁

존경하는 정세균 의장과 국회의원 여러분!

지난 1월 28일 정의당은 원내 정당 중 처음으로 개헌안을 발표했습니다. 정의당은 20대 국회가 추진하는 개헌이, 첫째 국민에 대한 약속을 지키는 개헌, 둘째 정치권이 아닌 국민을 위한 개헌이 되어야 한다고 생각합니다. 그런 점에서 지방선거와 동시에 개헌 국민투표를 실시하겠다는 약속은 반드시 지켜져야 합니다. 합당한 이유와 구체적 대안 없는 약속 위반은 정치의 신뢰를 떨어뜨릴 뿐입니다.

또한 이번 개헌은 철저히 국민을 위한 개헌이 되어야 합니다. 제왕적 대통령제의 폐단을 거론하면서 대통령 권한의 분산을 얘기하지만 분산된 권력이 어디로 가는지 저는 묻고 싶습니다. 어떤 분들은 분산된 대통령의 권력을 국회로 몰아주는 권력 구조 개편을 주장하고 있습니다. 300명의 국회의원이 선출하는 이른바 실세 총리가 4000만 명의 국민이 선출하는 대통령보다 훨씬 더 많은 권한을 갖는 권력 구조 개편안을 국민들이 원할지 의문입니다. 특히 총선에서 7.2퍼센트를 득표하고도 2퍼센트의 의석만 점유하는 정의당 사례처럼 승자 독식의 선거제도하에서 민의가 왜곡되고 있는 현실에서 선거법 개정 없는 권력 구조 변경은 오히려 개악이자 퇴행일 가능성도 높습니다.

이번 개헌은 무엇보다도 권력의 분산이 중앙정부에서 지방정부로, 권력기관에서 국민에게로 이뤄지는 개헌이어야 합니다. 제가 지금 미국의 투표용지를 가지고 나왔습니다. 트럼프 대통령이 당선되던 2016년 11월 8일 미 대통령 선거의 투표용지입니다. 유권자 10퍼센트 이상이 사용하는 언어로 투표용지가 인쇄되는 미국 법률에 의해 한글로 인쇄된 미 캘리포니아 주 오렌지카운티의 투표용지입니다. 기표란이 모두 26개입니다. 어떤 분은 지방선거 때 개헌 국민투표를 하면 모두 8번 기표해야 하기 때문에 고령자들이 힘들어서 안 된다고 말씀하시는데 미국의 유권자는 26번 기표하고 있습니다. 26 대 7. 이것이 미국 유권자와 한국 유권자가 갖는 권력의 차이라고 생각합니다.

대한민국 국민이 미합중국 국민보다 더 작은 권력을 가져야 하는 이유는 없습니다. 집중된 권력의 분산은 지방에게 그리고 국민에게 권력을 되돌려 주는 것으로 이어져야 합니다.

촛불 이후의 국회

존경하는 국회의원 여러분!

20대 국회는 출범 직후 대통령 탄핵소추라는 격변을 함께 겪었습니다. 다행히 국회의원 3분의 2 이상이 국민의 여망을 과감히 수용하는 결단을 내림으로써 20대 국회는 시대의 요구와 국민의 여망을 대변했습니다. 이제 20대 국회의 남은 과제는 불평등하고 불공정한 현실을 타파하고 한반도의 평화 실현을 앞당겨야 하는 중차대한 과제를 앞두고 있습니다.

기원전(B.C.) 역사가 되풀이될 수 없듯이 Before Candle(B.C.), 즉 촛불 이전 시절도 반복되지 않을 것입니다. 20대 국회의원 모두 촛불과 함께 한 시대를 건넜습니다. 촛불 이전의 낡은 정치를 반복하지 맙시다. 정치가 스스로 개혁할 때 비로소 나라도 나라답게 설 수 있다는 사실을 잊지 맙시다.

경청해 주셔서 감사합니다.

한국판 기업살인법

2017년 4월 12일, '중대재해기업처벌법' 대표 발의

안녕하십니까, 정의당 원내대표, 창원 성산구 국회의원 노회찬입니다.

나흘 후면 세월호 참사 3주기가 됩니다. 그러나 세월호 선체는 어제에야 비로소 육상에 거치되었습니다. 아직 참사의 진실은 다 밝혀지지 않았고, 유족들의 고통 역시 여전합니다. 한편 가습기 살균제로 인한 건강 피해 문제가 처음 불거진 것은 2011년입니다. 올해로 벌써 6년째이지만, 피해자 구제는커녕 피해의 규모도 아직 모두 파악되지 않았습니다.

이처럼 현대 사회에서 기업이 안전 의무를 소홀히 해서 발생하는 재해는 커다란 비극으로 이어집니다. 저는 오늘 이 같은 비극이 다시는 발생하지 않도록 일명 '한국형 기업살인법', 중대재해기업처벌법 발의를 발표하려 합니다.

현대 사회에서 재해 사고는 개인의 잘못만으로 일어나는 것이 아닙니다. 성과를 위해 사람의 안전을 소홀히 하는 기업의 조직 문화와 제도가 낳은 결과입니다. 따라서 세월호 참사와 같은 중대 재해의 재발 방지를 위해서는, 기업의 안전 관리 의무를 명확히 규정하고, 이를 위반한 때에는 경영자와 기업에게 무거운 책임을 지도록 하는 입법이 필수적입니다.

그런데 우리 현행법은 재해가 일어나도 경영 책임자를 형법상 업무상 과실치사죄로 처벌하는 경우가 드뭅니다. 기업의 조직 구조 때문에 경영자의 과실을 입증하기 쉽지 않다는 이유입니다. 존리 전 옥시 대표도 이런 이유로 무죄판결을 받았습니다.

기업의 불이익도 미미합니다. 세월호 참사로 청해진 해운이 선고받은 벌금은 고작 1000만 원입니다. 옥시 역시 허위 광고 표시에 대해서만 1억5000만 원의 벌금을 냈습니다. 이들 기업이 안전 의무를 지키지 않으면서 얻은 영업이익에 비해 너무나 적은 액수입니다.

재해가 일어나도 경영자와 기업이 별다른 불이익을 입지 않는다면, 어떻게 기업이 철저한 안전 관리를 하도록 유도할 수 있겠습니까? 이대로는 '제2의 세월호', '제2의 옥시 사태'를 방지하기 어렵습니다.

영국과 캐나다, 호주 등의 해외 국가는 일찍이 이 같은 현실을 반영해 '기업살인법'을 도입했습니다.

세월호 참사 3주기, 이제 우리에게도 재해를 일으킨 기업을 제대로 처벌하는 법률이 필요합니다. 제가 이번에 발의하는 '재해에 대한 기업 및 정부 책임자 처벌을 위한 특별법안', 약칭 '중대재해기업처벌법'은 사업주와 경영 책임자에게 두 가지 의무를 부과합니다.

첫째, 기업이 불특정 다수가 이용하는 공중 이용 시설 및 공중 교통수단을 소유·운영·관리할 때, 시설을 이용하는 시민과 노동자 등 모든 사람에 대한 위험 방지 의무입니다. 둘째, 사업장에서 취급하거나 생산·판매·유통 중인 원료나 제조물로 인해 사람이 위해를 입지 않도록 할 의무입니다.

이런 의무를 어겨서 사람이 죽거나 상해를 입으면 기업주와 경영자가 형사처벌 대상이 됩니다. 나아가 기업에도 10억 원 이하의 벌금을 부과합니다.

소위 '관피아'의 의식적 직무유기로 인한 재해도 막아야 합니다. 이 법안에 따르면, 인허가 권한 및 감독 권한을 가진 공무원이 의식적으로 직무를 유기해 그 결과로 사람이 죽거나 상해를 입으면, 공무원 역시 처벌 대상이 됩니다.

나아가 피해자의 손해를 충분히 보상하고 재해의 재발을 방지할 수 있도록 징벌적 손해배상 제도를 도입했습니다.

세월호 참사, 가습기 살균제 참사와 같은 사태가 다시는 발생하지 않도록 국회는 중대재해기업처벌법을 신속하게 통과시켜야 할 것입니다.

510

노 회 찬 의원

노회찬의 법안들

박창규 | 노회찬재단

노회찬은 17대(2004년 6월~2008년 3월 9일), 19대(2012년 6월~2013년 2월 14일), 20대(2016년 6월~2018년 7월 23일) 의정 활동 기간 동안 총 127건의 법안 및 결의안 등을 대표 발의했다. 이 가운데 34건(원안 가결, 수정 가결, 대안 반영)이 국회 본회의를 통과했다. 호주제 폐지, 장애인차별금지법 제정, 개인 파산 제도의 합리화, 아파트 분양가 상한제 도입, 하도급 거래 징벌적 손해배상 확대, 소방공무원의 권익 확대, 국회 배지 한글화, 검찰 개혁, 무주택 서민 세액공제 확대, 장애인의 관광 활동에 대한 차별 금지, 학교 시설 재해 예방 강화, 공공 업무의 부패 방지 등이 대표적이다.

노회찬이 국회의원이 된 후 처음 발의해 통과시킨 법안은 '민법 개정법률안'이었다. 2004년 9월에 발의해 2005년 3월 국회 본회의를 통과한 이 개정안은, 변화된 사회상을 반영하지 못한 채 호주와 다른 가족 구성원들의 관계를 종적이고 권위적인 관계로 규율한 호주제를 폐지해 개인의 존엄과 성평등을 실현하고자 한 것이었다.

또한 노회찬은 2005년 9월 장애인 단체의 숙원이었던 '장애인 차별금지 및 권리구제에 관한 법률안'을 발의했다. 이 역시 '장애인 권리 확대'에 대한 현실적 요구를 국회가 입법적으로 해결하지 못하고 있는 상황을 해결하려 한 것이었다. 여러 난관을 헤치고 2007년 3월 여야 합의로 국회를 통과한 이 법안으로 정치·경제·사회·문화 등 모든 생활 영역에서 장애를 이유로 한 차별 행위가 금지되고, 장애를 이유로 차별을 받은 사람의 권익을 효과적으로 구제할 수 있게 되었다. 20대 국회에 들어서도 노회찬은 장애인의 관광 활동에 대한 차별 금지 규정을 신설한 '장애인차별금지 및 권리구제에 관한 법률 개정안'을 발의했고, 이 개정안은 2017년 8월 31일 국회 본회의를 통과했다.

그 밖에도 노회찬은 중산층과 서민, 중소기업 등 경제 약자들의 현실을 개선하기 위한 입법 활동을 성실히 수행했다. 아파트 분양가 상한제 도입을 위한 '주택법 개정안', 중소기업에 대한 대기업의 불공정 행위를 억제하고자 징벌적 손해배상 제도를 확대하는 '하도급 거래 공정화법 개정안', 경찰에 비해 차별 대우를 받고 있던 소방공무원들의 권익을 확대하기 위한 '공무원연금법 개정안' 등은 모두 국회를 통과했다.

이와 같이 노회찬에 의해 발의된 법안들은 한국 사회의 노동권 강화, 안전 및 인권 확대, 정치 개혁, 국회 개혁, 검찰 개혁, 중소기

노회찬의 법안들

업 및 자영업자 보호, 경제민주화, 증세 및 복지 확대, 부패 및 비리 방지 등 한국 사회의 개혁 과제를 총망라하고 있다. 이 가운데 42개 법안이 임기 만료로 폐기되었고 43개 법안이 20대 국회에 계류 중이다.

중대재해기업처벌법: 시민과 노동자의 안전을 위한 제안

노회찬은 19대 국회 때인 2012년 11월부터 영국의 기업살인법을 검토하기 시작했다. 이미 노동자들과 진보적 의료 단체는 한국 사회의 심각한 산업 안전 문제를 해결하기 위해 산업안전보건법 개정이 필요하다는 데 한목소리를 내고 있었다. 이에 노회찬은 '한국형 기업살인법' 제정을 2013년도 사업 계획에 포함시켰지만, 2013년 2월 14일 삼성 엑스파일 사건으로 의원직을 상실하면서 이는 더 이상 진전되지 못했다.

2016년 6월, 20대 국회로 돌아온 그는 인재 사고 등 기업의 안전 불감증이 노동자들뿐만 아니라 시민들의 생명을 위협하는 문제임을 심각하게 받아들였다. 당시는 세월호 참사가 발생한 지 2년이 지났고, 가습기 살균제 피해 문제가 사회적 쟁점이 되고 있었으며, 하청업체 소속 열아홉 살 노동자가 구의역에서 혼자 스크린 도어를 수리하다 사망한 지 얼마 되지 않은 때였다.

노회찬은 세월호 유가족들, 가습기 살균제 피해자들, 중대재해기업처벌법 제정연대와 함께 법안을 준비해 2017년 4월 14일 '중대재해기업처벌법' 제정안을 발의했다. 기업주나 경영 책임자, 관련 공무원에게 위험 방지 의무를 부과하고, 이 의무를 다하지 않아 산업재해나 안전사고가 발생했을 때 이들에게 책임을 물을 수 있도록 하는 것이었다. 또 2017년 9월, 산업재해의 합리적 처리와 산재 예방을 위해 근로복지공단이 산업재해 사업장을 조사할 때 재해 당사자나 유족을 참여시키도록 하는 산업재해보상보험법 개정안을 발의했다. 2018년 5월에는 고용노동부 장관이 기술상의 지침 및 작업환경의 표준을 정할 때 고령자와 준고령자의 안전에 관한 사항을 고려하도록 했으며, 사업주로 하여금 고령 근로자의 건강 상태 및 근로 능력을 고려해 근로자를 적정 배치하도록 하는 산업안전보건법 개정안을 발의했다.

그러나 '중대재해기업처벌법'은 국회 법제사법위원회에서 1년여가 지나도록 논의조차 되지 않았다. 그 사이 2018년 12월 11일 새벽, 스물네 살 발전소 하청 노동자 김용균 씨가 혼자 컨베이어벨트를 점검하던 중 사망하는 사고가 발생했다. 노회찬의 중대재해기업처벌법 발의는 현재 '김용균 3법' 중 하나로 불리며 국회의 논의를 기다리고 있다.

노동법 개정안 : 정리 해고 제한과 노동3권 보장

2016년 당시 경남과 창원시의 노동자들은 희망퇴직, 권고사직, 구조 조정이라는 이름으로 정리 해고를 당했거나 당할 위기에 처해 있었다. 회사 측과 정부는 조선업의 불황과 제조업 위기의 책임이 이들에게 있는 듯 노동자들을 일터에서 내몰고 있었다. 당시 박근혜 정부는 '쉬운 해고 지침' 등 2대 지침을 개정함으로써 헌법과 근로기준법을 위반하면서까지 노동조건을 악화시키고자 했다.

노회찬은 2016년 2월 2일 기자회견을 통해 20대 국회에 들어가면 1호 법안으로 '정리 해고 제한법'을 발의하겠다고 공약했다. 사용자들이 노동자들을 '경영상의 필요'나 '희망퇴직'이라는 이름으로 빈번하게 구조조정하고 있는 현실에서 "해고는 살인이다"라는 노동자들의 절박한 호소를 입법 활동을 통해 대변하고자 한 것이다. 당시 법원의 판결 또한 '장래의 경영 위기'에 대한 사용자의 판단을 '긴박한 경영상의 필요'로 인정해 주는 등 사용자 측에 유리한 판결을 내리고 있는 상황이었기 때문에 입법을 통해 '긴박한 경영상의 필요'에 대한 판단 기준을 보다 구체화할 필요가 있었다. 이런 문제의식에서 마련된 근로기준법 개정안은 "긴박한 경영상의 필요를 판단할 객관적인 기준"을 마련하여 경영상 해고의 요건을 엄격하게 하고, 해고의 절차를 구체화하며, 해고 노동자의 우선 재고용과 관련한 제도를 정비하고, 대규모 경영상 해고의 경우 정부의 승인을 받도록 함으로써 사업주와 노동자의 신뢰 기반을 만들고 노동자의 노동권을 두텁게 보장하는 것을 그 내용으로 했다.

그의 공약은 20대 국회가 개원한 지 한 달여 만인 7월 7일 이행되었고, 같은 해 11월 21일 국회 환경노동위원회 전체 회의에 상정되었다. 그러나 국회에서 더 이상 논의는 진전되지 못했고, 그

사이 STX조선해양과 성동조선, 한국GM 등의 노동자 수천 명이
정리 해고를 당했다.

고위 공직자 비리 수사처 설치에 관한 법률안:
부패 방지와 검찰 개혁

노회찬은 17대 국회 때인 2005년 3월 29일, 고위 공직자 비리
를 수사하는 특별검사를 대통령이 임명하도록 하는 '특별검사의
임명 등에 관한 법률안'을 발의했다. 그때는 이미 노무현 정부가
'공직부패수사처의설치에관한법률안'을 제출하는 등 고위 공직
자 부패 비리 척결에 대한 각 당의 방안들이 경쟁하고 있었다. 당
시 노회찬은 정부의 공수처법에 대해 "고위 공직자의 부패 행위를
제대로 수사할 수 없는 구조적 문제점"을 지니고 있으며, "여론의
반발에 부딪혀 기소권도 갖지 못했고, 대통령 직속 부패 방지위원
회 산하에 설치되어 공정성 시비에 휘말리게 될 것"이라고 평가했
다. 노무현 정부의 공수처는 "기소권이 없음은 물론 체포, 구속 등
강제수사에 있어서도 검사의 지휘를 받아야" 하기 때문에 "결국
잠재적 수사 대상자인 검사가 공수처를 제약할 수 있게 되는 구
조"라고 평가했다.

노회찬은 수사권, 기소권, 공소 유지권 등 무소불위의 권한을
가진 검찰이 고위 공직자들의 부패 비리 범죄를 뿌리 뽑지 못한다
고 판단했다. 권한과 능력이 부족해서가 아니라 소수의 고위 검사

들이 잠재적 수사 대상자였고 권력에 기생하고 있는 현실 때문이었다. 실제로 20대 국회가 개원하던 시기에도 홍만표, 진경준 등 전·현직 검사장의 비위 의혹이 제기되고 있었다.

노회찬은 20대 국회 초기부터 공수처 설치 입법 방안을 준비하기 시작했고, 개원한 지 두 달이 안 된 2016년 7월 21일 20대 국회 최초로 '고위 공직자 비리 수사처 설치에 관한 법률안'을 대표 발의했다. 노회찬의 공수처는 전직 대통령을 비롯한 차관급 이상 고위 공직자와 국회의원, 장군, 경무관급 이상 경찰, 지방자치단체장, 법관 및 검사 등과 그 가족의 범죄행위에 대해 수사권, 기소권, 공소 유지권을 가진 독립 기구로 구상되었다.

이후 노회찬은 때와 장소를 가리지 않고 "공수처 설치"를 역설했다. 같은 해 8월 30일 민변, 박범계 의원, 이용주 의원과 공동주최한 '고위 공직자 비리 수사처 입법 토론회'에서 "지금이야말로 지난 10여 년간 결론 내지 못한 검찰 개혁과 고위 공직자 부정 비리 척결을 위해 공수처를 설치할 적기"라고 강조했다.

문재인 정부도 노회찬의 말처럼 지금이 '공수처 설치의 적기'라는 데 공감하고 있다. 집권 초기부터 문재인 정부는 '공수처 설치' 의지를 강하게 드러내고 있으며 법무부를 통해 구체적인 입장을 제시하고 있다. 하지만 20대 국회에서 '공수처 설치' 논의는 여전히 국회 법제사법위원회라는 장애물에 막혀 한 발짝도 진전되지 못하고 있다.

유통산업발전법 일부 개정안:
복합 쇼핑몰 입점 규제와 중소 자영업 보호

중소 자영업자를 위한 정치에도 앞장섰던 노회찬은, 20대 국회 들어 대형 복합 쇼핑몰의 중소 자영업 시장 잠식 문제와, 이로 인한 자영업자들의 피해에 주목했다. 현행 유통산업발전법은 전통 시장 범위 밖의 중소 자영업자들을 보호하지 않으며, 결과적으로 전통 시장에 대한 보호 효과도 사실상 미미했다. 이런 현실에서 법의 보호 범위 밖에 있는 중소 자영업자들은, 그 자신의 말대로, 무방비 상태에서 "입마개를 하지 않은 맹견의 위협"에 노출되어 있는 것이나 다름없었다. 복합 쇼핑몰은 대형 유통점보다 더 강력하게 골목 상권을 포함한 도심의 상권을 잠식했으며, 그 숫자도 갈수록 늘어나는 추세였다.

노회찬은 "도시·군 관리 계획의 입안 단계에서 소상공인의 영업 환경에 미치는 영향을 조사"하고, "기초자치단체장 등이 상업 지역의 전부 또는 일부를 '중소 유통 상업 보호 지역'으로 지정"할 수 있도록 하며 "'중소 유통 상업 보호 지역'에서는 1만 제곱미터를 초과하는 복합 쇼핑몰 등 대규모 점포를 개설할 수 없도록 하는" 복합 쇼핑몰 규제 방안을 제시했다.

당시 『한겨레』는 법안에 대해 이렇게 보도했다. "도시계획 입안 단계부터 중소 상권 보호를 위해 복합 쇼핑몰 개설을 제한할 수 있는 내용의 유통산업발전법 개정안은 지금까지 발의된 복합 쇼핑몰 관련 입법안 가운데 가장 앞선 것으로 평가 받는다."[17]

대통령 선거 결선투표제 도입을 위한 공직 선거법 개정안

노회찬은 의정 활동 기간 동안 '대통령 선거 결선투표제' 도입을 위한 '공직선거법 개정안'을 두 번 발의했다. 19대 국회 때인 2012년 7월 29일, 18대 대선을 앞두고 그는 대통령 선거 결선투표제 도입을 제안했다.

대통령 선거를 앞두고서 대선 후보들의 출마 선언이 막바지에 이른 시점입니다. 그럼에도 불구하고 실제 각 당의 대선 후보 선출 방식이 아직 완전하게 결정되지도 않은 상태이고 각 세력들의 후보가 단일화되고 정리될 수 있는가에 대한 논의도 거의 되지 않고 있습니다. 마치 그림의 떡처럼, 볼 수는 있으나 가질 수 없었던 대선 결선투표제를, 콜럼버스의 달걀과 같은 방식으로 전면화시키기 위해 공직선거법 개정안을 통해 결선투표제를 도입하는 입법안을 제출하게 되었습니다.

그 내용은 대통령 선거 개표 결과 유효 투표의 과반수를 얻은 후보자가 없을 경우에는 다수 득표를 한 2인을 대상으로 대통령 선거일 후 14일째 되는 날 대통령 결선투표를 실시하도록 하는 것이었다. 당시 노회찬은 1987년 민주화 이후 20여 년간 "국민들의 다양한 정치적 선호를 반영하는 대통령 선거제도가 도입되지 못한 결과, 정치의 불안정성이 커지고 예측 가능성은 낮아졌으며, 사회경제적 균열을 반영한 정당정치의 안정적 발전이 가로막혀

왔다"고 평가했다. 또한 역대 선거를 예로 들면서 "1987년 대선과 1997년의 대선의 경우 결선투표제를 도입했다면 결과가 뒤바뀔 수 있었다는 점에서 결선투표제가 특정 세력에게만 유리하거나 불리한 제도가 아니다"라고 강조했다.

노회찬은 20대 국회 때인 2016년 12월 29일, 19대 대선을 1년 여 앞두고 다시 한 번 대통령 선거 결선투표제 도입을 위한 공직 선거법 개정안을 발의했다. 2012년 개정안의 내용을 골자로 하면 서 헌법 개정 없이도 공직선거법 개정을 통해 결선투표제를 도입 할 수 있다고 역설하며 정치권의 합의가 결선투표제 도입의 관건 임을 강조했다.

20대 국회에 제출된 노회찬의 법안들은 그가 국회에 없는 지금 도 아직 그 생명을 유지하고 있다. 이전에 제출되었던 법안들 또 한 누군가에 의해 다시 생명력을 가질 수 있다. 이 가운데 어떤 법 안들이 다시 살아남아 그 소임을 다할 수 있을지는 우리의 선택과 의지에 달렸다.

17대

- 2004.7.22. 주한미군용산기지이전에대한감사청구안(노회찬 의원 등 63인), 폐기
- 2004.9.14. 민법중개정법률안(노회찬 의원 등 10인), 대안 반영 폐기
- 2004.9.18. 민법중개정법률안(노회찬 의원 등 10인), 대안 반영 폐기
- 2004.9.23. 특정금융거래정보의보고및이용등에관한법률중개정법률안(노회찬 의원 등 10인), 대안 반영 폐기
- 2004.9.23. 정치자금에관한법률중개정법률안(노회찬 의원 등 10인), 임기 만료 폐기
- 2004.10.21. 국가보안법폐지법률안(노회찬 의원 등 10인), 임기 만료 폐기
- 2004.11.19. 병역법중개정법률안(노회찬 의원 등 10인), 임기 만료 폐기
- 2004.11.22. 통신비밀보호법중개정법률안(노회찬 의원 등 17인), 대안 반영 폐기
- 2004.11.22. 개인정보보호기본법안(노회찬 의원 등 22인), 임기 만료 폐기
- 2005.2.2. 파산법 일부 개정 법률안(노회찬 의원 등 10인), 대안 반영 폐기
- 2005.2.28. 삼성에스디아이 주식회사의 재직 근로자 및 해고자 등에 대한 휴대폰 불법 복제를 통한 위치 추적 의혹 사건 및 이와 관련된 삼성에스디아이 주식회사의 노동조합 설립 및 활동 방해 의혹 사건 등의 진상 규명을 위한 특별검사의 임명 등에 관한 법률안(노회찬 의원 등 10인), 임기 만료 폐기
- 2005.3.29. 특별검사의 임명 등에 관한 법률안(노회찬 의원 등 10인), 임기 만료 폐기
- 2005.5.25. 사면법 일부 개정 법률안(노회찬 의원 등 10인), 대안 반영 폐기
- 2005.5.25. 주택임대차보호법 일부 개정 법률안(노회찬 의원 등 10인), 임기 만료 폐기
- 2005.9.20. 장애인차별금지 및 권리구제에 관한 법률안(노회찬 의원 등 37인), 대안 반영 폐기
- 2005.9.27. 교통안전법 일부 개정 법률안(노회찬 의원 등 10인), 대안 반영 폐기
- 2005.9.27. 군복및군용장구의단속에관한법률 일부 개정 법률안(노회찬 의원 등 10인), 임기 만료 폐기
- 2005.9.27. 군인사법 일부 개정 법률안(노회찬 의원 등 10인), 임기 만료 폐기
- 2005.9.27. 법무사법 일부 개정 법률안(노회찬 의원 등 10인), 원안 가결
- 2005.9.27. 변호사법 일부 개정 법률안(노회찬 의원 등 10인), 원안 가결
- 2005.9.27. 사법시험법 일부 개정 법률안(노회찬 의원 등 10인), 원안 가결
- 2005.9.27. 삭도·궤도법 일부 개정 법률안(노회찬 의원 등 10인), 임기 만료 폐기
- 2005.9.27. 자동차관리법 일부 개정 법률안(노회찬 의원 등 10인), 임기 만료 폐기
- 2005.9.27. 정보통신공사업법 일부 개정 법률안(노회찬 의원 등 10인), 임기 만료 폐기
- 2005.9.27. 정보통신기반보호법 일부 개정 법률안(노회찬 의원 등 10인), 임기 만료 폐기

- 2005.9.27. 지하수법 일부 개정 법률안(노회찬 의원 등 10인), 폐기
- 2005.9.27. 채무자 회생 및 파산에 관한 법률 일부 개정 법률안(노회찬 의원 등 10인), 수정 가결
- 2005.9.27. 측량법 일부 개정 법률안(노회찬 의원 등 10인), 임기 만료 폐기
- 2005.9.27. 통신비밀보호법 일부 개정 법률안(노회찬 의원 등 10인), 임기 만료 폐기
- 2005.9.27. 화물유통촉진법 일부 개정 법률안(노회찬 의원 등 10인), 임기 만료 폐기
- 2005.9.28. 출생·혼인·사망 등의 신고 및 증명에 관한 법률안(노회찬 의원 등 14인), 대안 반영 폐기
- 2005.10.24. 공직자윤리법 일부 개정 법률안(노회찬 의원 등 45인), 임기 만료 폐기
- 2006.4.13. 예산회계에관한특례법 폐지법률안(노회찬 의원 등 10인), 임기 만료 폐기
- 2006.4.17. 국가정보원법 전부개정법률안(노회찬 의원 등 10인), 임기 만료 폐기
- 2006.5.10. 정부조직법 일부 개정 법률안(노회찬 의원 등 10인), 임기 만료 폐기
- 2006.5.15. 국가균형발전특별법 일부 개정 법률안(노회찬 의원 등 11인), 임기 만료 폐기
- 2006.6.7. 형사소송법 일부 개정 법률안(노회찬 의원 등 10인), 대안 반영 폐기
- 2006.10.12. 성전환자의 성별변경 등에 관한 특별법안(노회찬 의원 등 12인), 임기 만료 폐기
- 2006.11.27. 삼청교육피해자의명예회복및보상에관한법률 일부 개정 법률안(노회찬 의원 등 16인), 임기 만료 폐기
- 2006.12.13. 정치자금법 일부 개정 법률안(노회찬 의원 등 12인), 임기 만료 폐기
- 2006.12.18. 정치자금법 일부 개정 법률안(노회찬 의원 등 10인), 임기 만료 폐기
- 2006.12.28. 범죄수익은닉의 규제 및 처벌 등에 관한 법률 일부 개정 법률안(노회찬 의원 등 10인), 임기 만료 폐기
- 2007.2.2. 공동주택공시가격 이의신청 반영에 대한 감사청구안(노회찬 의원 등 10인), 임기 만료 폐기
- 2007.2.2. 정당법 일부 개정 법률안(노회찬 의원 등 10인), 임기 만료 폐기
- 2007.2.2. 주택법 일부 개정 법률안(노회찬 의원 등 2인 외 8인), 대안 반영 폐기
- 2007.4.2. 여신전문금융업법 일부 개정 법률안(노회찬 의원 등 24인), 임기 만료 폐기
- 2007.5.11. 공직선거법 일부 개정 법률안(노회찬 의원 등 10인), 임기 만료 폐기
- 2007.6.19. 행형법 전부개정법률안(노회찬 의원 등 10인), 임기 만료 폐기
- 2007.8.8. 대구 섬유산업진흥사업 연구비 집행 등에 대한 감사청구안(노회찬 의원 등 10인), 임기 만료 폐기
- 2008.1.28. 차별금지법안(노회찬 의원 등 10인), 임기 만료 폐기

19대

- 2012.7.26. 공직선거법 일부 개정 법률안(노회찬 의원 등 22인), 임기 만료 폐기
- 2012.8.3. 국회기및국회배지등에관한규칙 일부개정규칙안(노회찬 의원 등 64인), 대안 반영 폐기
- 2012.9.3. 도시 및 주거환경정비법 일부 개정 법률안(노회찬 의원 등 12인), 임기 만료 폐기
- 2012.9.12. 하도급거래 공정화에 관한 법률 일부 개정 법률안(노회찬 의원 등 14인), 대안 반영 폐기
- 2012.9.12. 독점규제 및 공정거래에 관한 법률 일부 개정 법률안(노회찬 의원 등 14인), 임기 만료 폐기
- 2012.9.12. 여신전문금융업법 일부 개정 법률안(노회찬 의원 등 14인), 임기 만료 폐기
- 2012.9.13. 독점규제 및 공정거래에 관한 법률 일부 개정 법률안(노회찬 의원 등 14인), 임기 만료 폐기
- 2012.9.24. 사법경찰관리의 직무를 수행할 자와 그 직무범위에 관한 법률 일부 개정 법률안(노회찬 의원 등 11인), 대안 반영 폐기
- 2012.9.24. 대부업 등의 등록 및 금융이용자 보호에 관한 법률 일부 개정 법률안(노회찬 의원 등 10인), 대안 반영 폐기
- 2012.11.26. 대·중소기업 상생협력 촉진에 관한 법률 일부 개정 법률안(노회찬 의원 등 18인), 임기 만료 폐기
- 2013.1.8. 대부업 등의 등록 및 금융이용자 보호에 관한 법률 일부 개정 법률안(노회찬 의원 등 11인), 임기 만료 폐기
- 2013.1.31. 표시·광고의 공정화에 관한 법률 일부 개정 법률안(노회찬 의원 등 11인), 임기 만료 폐기
- 2013.2.7. 할부거래에 관한 법률 일부 개정 법률안(노회찬 의원 등 15인), 대안 반영 폐기
- 2013.2.14. 국립묘지의 설치 및 운영에 관한 법률 일부 개정 법률안(노회찬 의원 등 13인), 대안 반영 폐기
- 2013.2.14. 공무원연금법 일부 개정 법률안(노회찬 의원 등 13인), 대안 반영 폐기
- 2013.2.14. 소방공무원법 일부 개정 법률안(노회찬 의원 등 13인), 임기 만료 폐기

20대

- 2016.6.21. 유엔인권이사회의 대한민국 정부에 대한 평화적 집회 및 결사의 자유 특별보고관 보고서 권고사항 이행 촉구 결의안(노회찬 의원 등 24인), 계류 중

- 2016.6.30. 국회법 일부 개정 법률안(노회찬 의원 등 10인), 계류 중
- 2016.7.7. 학교급식법 일부 개정 법률안(노회찬 의원 등 16인), 계류 중
- 2016.7.7. 근로기준법 일부 개정 법률안(노회찬 의원 등 12인), 계류 중
- 2016.7.21. 고위 공직자 비리 수사처 설치에 관한 법률안(노회찬 의원 등 11인), 계류 중
- 2016.8.24. 검찰청법 일부 개정 법률안(노회찬 의원 등 13인), 대안 반영 폐기
- 2016.9.2. 상법 일부 개정 법률안(노회찬 의원 등 10인), 계류 중
- 2016.9.9. 채무자 회생 및 파산에 관한 법률 일부 개정 법률안(노회찬 의원 등 10인), 계류 중
- 2016.10.31. 소득세법 일부 개정 법률안(노회찬 의원 등 10인), 폐기
- 2016.10.31. 법인세법 일부 개정 법률안(노회찬 의원 등 10인), 철회
- 2016.10.31. 가족관계의 등록 등에 관한 법률 일부 개정 법률안(노회찬 의원 등 16인), 계류 중
- 2016.10.31. 상속세 및 증여세법 일부 개정 법률안(노회찬 의원 등 10인), 계류 중
- 2016.10.31. 조세특례제한법 일부 개정 법률안(노회찬 의원 등 10인), 계류 중
- 2016.10.31. 국가유공자 등 예우 및 지원에 관한 법률 일부 개정 법률안(노회찬 의원 등 16인), 계류 중
- 2016.11.1. 법인세법 일부 개정 법률안(노회찬 의원 등 10인), 계류 중
- 2016.11.1. 조세특례제한법 일부 개정 법률안(노회찬 의원 등 10인), 대안 반영 폐기
- 2016.11.1. 소득세법 일부 개정 법률안(노회찬 의원 등 10인), 폐기
- 2016.11.7. 법인세법 일부 개정 법률안(노회찬 의원 등 10인), 폐기
- 2016.11.11. 박근혜대통령 및 박근혜대통령의 측근 최순실 등의 국정 농단 의혹 사건 등의 진상규명을 위한 특별검사의 임명 등에 관한 법률안(노회찬 의원 등 10인), 계류 중
- 2016.11.29. 지방교육재정교부금법 일부 개정 법률안(노회찬 의원 등 13인), 대안 반영 폐기
- 2016.12.3. 대통령(박근혜)탄핵소추안(노회찬 의원 · 우상호 의원 · 박지원 의원 등 171인), 원안 가결
- 2016.12.29. 공직선거법 일부 개정 법률안(노회찬 의원 등 10인), 계류 중
- 2017.1.12. 장애인복지법 일부 개정 법률안(노회찬 의원 등 17인), 대안 반영 폐기
- 2017.1.12. 장애인차별금지 및 권리구제 등에 관한 법률 일부 개정 법률안(노회찬 의원 등 17인), 대안 반영 폐기
- 2017.1.12. 유통산업발전법 일부 개정 법률안(노회찬 의원 등 11인), 계류 중
- 2017.1.12. 국토의 계획 및 이용에 관한 법률 일부 개정 법률안(노회찬 의원 등 11인), 계류 중
- 2017.2.20. 과학기술분야 정부출연연구기관 등의 설립·운영 및 육성에 관한 법률 일부 개정 법률안(노회찬 의원 등 11인), 계류 중
- 2017.2.20. 수도법 일부 개정 법률안(노회찬 의원 등 12인), 계류 중
- 2017.3.9. 공익신고자 보호법 일부 개정 법률안(노회찬 의원 등 10인), 계류 중

- 2017.3.16. 주택임대차보호법 일부 개정 법률안(노회찬 의원 등 11인), 계류 중
- 2017.3.16. 상가건물 임대차보호법 일부 개정 법률안(노회찬 의원 등 10인), 계류 중
- 2017.3.29. 국세기본법 일부 개정 법률안(노회찬 의원 등 10인), 대안 반영 폐기
- 2017.3.29. 변리사법 일부 개정 법률안(노회찬 의원 등 10인), 대안 반영 폐기
- 2017.3.29. 법무사법 일부 개정 법률안(노회찬 의원 등 10인), 수정가결
- 2017.3.29. 군에서의 형의 집행 및 군수용자의 처우에 관한 법률 일부 개정 법률안(노회찬 의원 등 10인), 수정가결
- 2017.4.12. 정치자금법 일부 개정 법률안(노회찬 의원 등 11인), 대안 반영 폐기
- 2017.4.14. 국회법 일부 개정 법률안(노회찬 의원 등 16인), 계류 중
- 2017.4.14. 재해에 대한 기업 및 정부책임자 처벌에 관한 특별법안(노회찬 의원 등 11인), 계류 중
- 2017.6.8. 공직선거법 일부 개정 법률안(노회찬 의원 등 11인), 계류 중
- 2017.6.14. 국회법 일부 개정 법률안(노회찬 의원 등 10인), 계류 중
- 2017.8.7. 공직선거법 일부 개정 법률안(노회찬 의원 등 10인), 계류 중
- 2017.9.4. 초·중등교육법 일부 개정 법률안(노회찬 의원 등 12인), 계류 중
- 2017.9.20. 산업재해보상보험법 일부 개정 법률안(노회찬 의원 등 13인), 계류 중
- 2017.11.9. 법인세법 일부 개정 법률안(노회찬 의원 등 10인), 계류 중
- 2017.11.9. 소득세법 일부 개정 법률안(노회찬 의원 등 10인), 폐기
- 2017.11.9. 상속세 및 증여세법 일부 개정 법률안(노회찬 의원 등 10인), 계류 중
- 2017.11.9. 조세특례제한법 일부 개정 법률안(노회찬 의원 등 11인), 계류 중
- 2017.11.10. 조세특례제한법 일부 개정 법률안(노회찬 의원 등 10인), 대안 반영 폐기
- 2017.11.10. 소득세법 일부 개정 법률안(노회찬 의원 등 11인), 폐기
- 2017.11.10. 법인세법 일부 개정 법률안(노회찬 의원 등 10인), 계류 중
- 2017.11.24. 국가인권위원회법 일부 개정 법률안(노회찬 의원 등 21인), 계류 중
- 2017.12.13. 아동학대범죄의 처벌 등에 관한 특례법 일부 개정 법률안(노회찬 의원 등 17인), 계류 중
- 2017.12.20. 노동조합 및 노동관계조정법 일부 개정 법률안(노회찬 의원 등 10인), 계류 중
- 2018.1.31. 국가정보원법 전부개정법률안(노회찬 의원 등 10인), 계류 중
- 2018.1.31. 국회법 일부 개정 법률안(노회찬 의원 등 10인), 계류 중
- 2018.2.7. 여신전문금융업법 일부 개정 법률안(노회찬 의원 등 12인), 계류 중
- 2018.2.13. 정부의 공공기관 채용비리 점검결과 수사의뢰 사건, 강원랜드 채용비리 사건 및 이 사건의 검찰수사 관련 외압 의혹 사건 등의 진상규명을 위한 특별검사의 수사요구안(노회찬 의원 등 11인), 계류 중

- 2018.4.3. 부정청탁 및 금품등 수수의 금지에 관한 법률 일부 개정 법률안(노회찬 의원 등 11인), 계류 중
- 2018.4.6. STX조선해양 및 성동조선해양의 경영정상화 및 회생을 위한 정부 및 채권단 등의 대책 수립 촉구 결의안(노회찬 의원 등 11인), 계류 중
- 2018.5.16. 산업안전보건법 일부 개정 법률안(노회찬 의원 등 11인), 계류 중
- 2018.7.5. 국회법 일부 개정 법률안(노회찬 의원 등 12인), 계류 중

노회찬의 법안들

우리의
친구

노회찬

부잣집 애는 아니었지만 부족한 거 없이 살다가 …… 열여덟 먹은 소년이 유신이라는 엄청난 사태를 맞이하면서 ……그게 저한테 준 충격과 인생관 세계관의 변화는 엄청난 것이었습니다. 그다음부터 저는 제2의 인생을 살았다고 볼 수 있죠. 그리고 제가 용접을 하기 위해서 노동 현장에 들어오면서 또 한 번 크게 변했는데, 사실 제가 고등학교 때도 삐라 뿌리고, 유인물 제작해서 뿌리고, 대학교 다닐 때도 굉장히 적극적으로 이게 내 직업이다, 이러면서 학생 운동했는데 나중에 노동운동가 할 때 되돌아보니까 그때는 엘리트 의식 같은 게 있었어요. …… 근데 실제로 노동 현장에 가서 굉장히 충격을 받아서 바뀌었죠. 거기서 고생하는 사람들, 그리고 내가 그 나이까지 살아오면서 못 만났던 사람을 만났거든요. …… 제가 노동운동 할 때 사람들이 저보고, 너무 고생스럽지 않느냐 물었을 때, 전 오히려 난 구원받았다, 여기 오지 않았으면, 이 일을 하지 않았으면, 깨닫지 못했을 그런 것들을 여기 와서 깨달았다, 그래서 난 정말 고마웠다. …… 그런 생각을 새롭게 하게 되었어요. 지금은 그 연장선에 놓여 있는 거죠.

—『딴지일보』(2007/05/02).

약자들의 벗

김윤철 | 경희대 후마니타스 칼리지

1

노회찬의 정치적 삶은 '연대'라는 한마디 말로 압축할 수 있다. 그는 산업화와 민주화에도 불구하고 부와 권력의 횡포로 고통 받고 상처 입은 자들을 보듬고, 그들의 인간적 존엄성과 시민적 권리를 지켜 내고자 애썼던 정치가였다. 그는 여성, 노동자, 철거민, 청소 노동자 등과 같은 사회적 약자들의 '동반자'이자 '호민관'이었다. 이는 '사람이 사람답게 사는 세상'을 꿈꾸고, '정치다운 정치'를 구현코자 했던 이가 걸을 수밖에 없는 필연의 길이었다. 민중을 소외시키고 배제하는 방식으로 경제성장을 이루고 민주주의를 제한한 대한민국에서는 특히 그랬다.

2

17대 국회의원 시절 노회찬은 2005년부터 세계 여성의 날이면 다양한 계층의 여성들에게 축하 편지와 장미꽃 한 송이를 전달하기 시작했다. 그의 꽃은 "성별 임금격차", "여성 대표성", "여성의 정치 세력화" 등의 메시지와 함께 국회의원에서부터 국회 출입 기자들, 국회 청소 노동자들 등 다양한 여성들에게 전해졌다.

그는 미투 운동이 한창이던 2018년 3월 8일 세계 여성의 날을 맞이해 쓴 축하 편지에서 이렇게 말했다. "권력의 힘으로 강제된 성적 억압과 착취가 침묵과 굴종의 세월을 헤치고 터져 나오는 현실을 보며 정치인으로서, '한 여성의 아들이자 또 다른 여성의 동반자'로서 부끄러운 마음을 감추기 어렵습니다."

자신이 누구이며 무엇을 부끄러워해야 하고 행해야 하는지를 정확히 인식한 정치가였음을 확인시켜 주는 대목이다.

노회찬은 또한 한국에서 벌어지고 있는 미투 운동을 미국 여성 노동자들이 거리로 나와 여성 참정권 실현과 근로조건의 보장을 외쳤던 110년 전 3월 8일의 재현이라고 했다. 그러면서 성적 억압과 착취의 근절을 '촛불 정신'이라고 보았다.

3

노회찬은 2009년 8월 6일 서울광장에서 이명박 대통령에게 쌍용차 살인 진압 반대와 평화적 해결을 촉구하며 단식 농성에 들어갔다. 산업화의 주역이면서도 그 혜택으로부터 소외되고 배제당한 노동자들의 권익을 지켜 주기 위해 생명을 건 투쟁에 나선 것이었다. 하지만 그의 사투는 '노동자의 벗'으로 살아온 삶의 연장이었다.

당시 600여 명의 쌍용차 노동자들은 사측의 노사 협상 파기 조치에 항의하며 수십 일째 물과 음식 공급이 중단되고 전기마저 끊긴 가운데 평택의 도장 공장에 갇혀 있었다. 또 경찰 특공대가 구사대와 용역 깡패와 합동 진압 작전을 펼치며 노동자들뿐만 아니라 국회의원과 기자들, 시민사회단체 회원들에게도 무자비한 폭력을 행사했다.

평소 법질서를 강조해 온 대통령께 묻습니다. 대한민국의 공권력이 사설 폭력배들과 다름없는 구사대, 용역 깡패들과 합동작전을 펼치는 법적 근거는 무엇입니까? 사측의 불법행위를 오히려 방조하고 회사에 의해 고용된 용역 직원인 양 공권력이 행사된다면 이제 노동자, 서민은 자신을 보호해 줄 경찰을 따로 만들어야 합니까? 지금 600여 명 노동자들이 사실상 갇혀 있는 도장 공장에서 수십 일째 물과 음식 공급이 중단되고 전기마저 끊어졌습니다. 감옥의 사형수에게도 이렇게는 하지 않습니다. 전쟁 포로들에게도 물과 음식은 제공됩니다(314).

노회찬은 단식 농성을 통해 쌍용차 노동자들에 대한 인도주의적이고 평화적인 해결을 촉구하고 이명박 정부의 산업노동정책에 대해서도 엄중히 항의했다. 쌍용차 사태는 기업을 공중분해시키는 한이 있더라도 노동시장의 유연화 원칙을 공고히 하기 위해 노조를 탄압한 데서 비롯된 것이라며 비판했던 것이다. 그런 산업노동정책은 "함께 살자고 절규하는 사람들을 죄인으로 만드는"(318) 정책, 즉 사회적 연대의 정신을 훼손하고 억압하는 정책이었다.

노회찬의 연대 의식에 기초한 산업노동정책관은 조선업 구조 조정 정책에 대해서도 적용되었다. 여기서 특히 주목할 부분은 그가 서로 대비되는 두 가지 위기 대응 방법을 제시했다는 것이다. 그는 2016년 6월 9일에 야3당 원내대표 공동 주최로 열린 조선업 구조 조정 대토론회에서 이렇게 말했다.

> 위기에 봉착했을 때 대응하는 방법은 두 가지가 있습니다. 하나는 타이타닉호 방식이고, 하나는 세월호 방식입니다. 타이타닉호 방식은 위기에 처한 배에서 어린이, 여성, 노약자, 사회적 약자부터 먼저 구출하는 방식입니다. …… 세월호에서는 거꾸로가 됐습니다. 선장부터 먼저 탈출했습니다. 무고한 어린 학생들은 구조되지도 못한 채 희생됐습니다(266).

그는 위와 같은 위기 대응 방식의 분류틀에 근거해, 정부의 조선업 위기 대책은 가장 약한 사람부터 가장 먼저 희생시키는 세월호 방식의 기조 위에 있다며 비판했다. "저는 구조 조정할 때 인력 감축 위주로 가고, 또 인력 감축에 있어서도 가장 대접받지 못하던, 차별받는 사회적 약자부터 먼저 당하는 그런 세월호 방식, 이 기조를 바꿔야 한다고 생각합니다(267)." 산업노동정책의 본질 역시 사회적 연대의 정신에 입각해 있어야 한다는 주문이었다.

4

2010년 1월 9일 노회찬은 이렇게 말했다.

　유족도 울고, 시민도 울고, 하늘도 울고 저도 울었습니다. 하늘에
서 내린 장대비, 그것은 비가 아니었습니다. 사랑하는 가족의 고난
을 보며 흘리신 다섯 분 고인의 통한의 눈물임을 우리는 잘 알고 있
습니다(326).

“언제까지 죄송해 하고만 있지는 않겠습니다”라는 제목의 용산
참사 희생자 추도사였다. 그가 사회적 약자와 서민의 벗으로 불렸
던 이유를 잘 알려 주는 대목이다. 그들과 함께 비를 맞고, 또 함께
눈물을 흘렸던 정치가였기 때문이다.

용산 참사 희생자 추도사는 정치가 노회찬의 삶이 ‘부끄러움’에
바탕해 있음을 다시 한 번 확인시켜 준다. “이 비정하고 단말마 같
은 세상에서 고인들을 외롭게 투쟁하도록 내버려 두었던 우리 자
신이 너무도 부끄럽고 서러울 뿐입니다(326).”

이 부끄러움이 그를 사회적 약자와 서민들과 연대하게 만들었
고, 또 ‘정치의 목적’을 알려 주었던 것이다. 그는 분명하게 말했다.

　언제까지 죄송해 하고만 있지는 않겠습니다. 벗들과 함께 철거민
이 없는 세상을 만들기 위해 싸우겠습니다. …… 다시는 이러한 억

울한 죽음이 없도록 법과 제도를 바꾸어 약자들이 힘을 갖는 세상을 만들 것입니다. …… 그때까지 고인들이시여, 오늘의 고통, 억울함, 서러움 모두 잊으시고 편히 하늘나라로 떠나소서. 먼 훗날 우리가 새 세상에서 만날 때에는 아름다운 세상 만들고 왔노라고 같이 웃을 수 있을 것입니다(326~327).

그가 용산 참사 당시 테러 진압 부대에 배속되었다가 살인 진압 명령에 강제 동원되어 목숨을 잃은 특공대원 김남훈 씨에게 내민 눈길과 손도 따스했다. 그는 희생자들에게 이렇게 부탁했다. "돌아가신 열사들과 마찬가지로 무허가 건물 옥탑방에서 기거하며 특공대원 생활을 하다 억울한 죽음을 당한 김남훈 씨를 만나시거들랑 위로해 주소서. 함께 손을 잡고 보듬어 주소서(327)."

하늘나라에 있는 용산 참사 희생자들과 김남훈 씨 모두, 예기치 않게 일찍 귀천한 노회찬을 분명 환대해 주었으리라. 약속한 세상을 미처 실현하지는 못했어도, 생의 마지막 순간까지 약속한 세상을 만들기 위해 실천했던 정치가였기에.

5

2018년 7월 27일 사상 초유의 무더위가 기승을 부리던 여름날, 그의 운구가 영결식을 마치고 '마지막 직장'이었던 국회를 빠져나올 때, 우리는 대한민국 의회정치사에서 단 한 번도 볼 수 없었던 장면을 목격했다. 국회 청소 노동자들이 그와 작별 인사를 나누기 위해 도열해 있는 모습이었다. 정서적으로 긴밀한 연대감이 없으면, 또 서로에 대한 깊은 존중과 신뢰의 관계가 조성되어 있지 않으면 일어날 수 없는 일이었다.

노회찬에게 국회 청소 노동자들은 소중한 '직장 동료'였다. 그는 초선 의원이었던 17대 국회 때부터 국회 청소 노동자들과 식사 자리를 만들어 동료애를 나누어 왔었다. 2016년 5월 30일, 20대 국회가 시작되는 첫날 마련한 국회 청소 노동자들과의 오찬 간담회 때는 이렇게 말하기도 했다.

> 비록 맡은 바 업무가 차이가 있을지언정, 국민을 위해서 한 공간에서 일하는 동료라는 의식을 저희는 늘 잊지 않으려 합니다. …… 진심과 진심이 잘 통하기를 바라고 저희가 늘 정신 똑바로 차리고 일 제대로 할 수 있도록 옆에서 같이 깨우쳐 주시기 바라고……
>
> (337~339)

또 노조가 쓰던 공간 폐쇄를 둘러싸고 국회사무처와 노조 사이에 갈등이 있던 중임을 감안해 이렇게 말했다.

> 노조가 쓰던 공간이 잘 유지되기 바랍니다. …… 저희들이 노력을 할 것이고요. 혹 일이 잘 안되면, 저희들 사무실 같이 씁시다. 그냥 공동으로 …… 저희 정의당이 국회에 있는 한 여러분들이 외로워지는 일은 없을 것입니다. 제가 원내대표로서 약속드리겠습니다(339).

2018년 7월 27일 국회에서 국회 청소 노동자들과 노회찬의 마지막 작별 인사 장면은 그의 바람처럼 서로를 동료로 바라보는 진심과 진심이 통했기에 만들어질 수 있었다. 대한민국 정치사에 길이 남을 명연설이 된 "6411번 버스를 아시나요" 역시 사회적 약자를 향한, 또 그들과 함께 나누고자 한 진심 어린 동료애가 있었기에 가능했다.

6

사회적 약자와 서민의 벗으로서 노회찬이 남긴 마지막 '연대'의 메시지는 '부치지 못한 편지'에 담겨 있다. 노회찬은 2018년 7월 23일 오전 9시 30분 국회에서 열릴 상무위원회의에서 '삼성전자 반도체 백혈병' 사태와 KTX 승무원들과 관련한 입장을 전할 계획이었다. 그의 정치적 후배와 계승자들뿐만 아니라, 사람다운 삶을 꿈꾸는 자들이 노회찬을 대신해 읽어 주어야 할 편지다. 여전히 부와 권력을 갖지 못한 자들의 생명과 안전을 지켜 주지 않는 이 대한민국에서는 특히나.

누가 봐도 산재로 인정할 수밖에 없는 사안을 10여 년이나 끌게 만들고, 상시적으로 필요한 안전 업무를 외주화하겠다는 공기업의 태도가 12년 동안이나 용인된 것은 잘못된 것입니다. …… 다시는 이런 일이 반복되지 않기를 바랍니다(340~341).

휴가 중인
이명박 대통령께

2009년 8월 6일, 쌍용차 살인 진압 반대와 평화적 해결을 위한
서울광장 단식 농성에 돌입하며

안녕하십니까? 진보신당 대표 노회찬입니다.

격무 중에 얻은 귀한 시간인 여름휴가를 잘 보내고 계신지 인사
드리는 게 도리겠으나 지금의 상황이 그런 인사마저 허용하지 않
는 상황임을 유감스럽게 생각합니다.

어제 클린턴 전 대통령이 평양을 방문해 북한에 억류된 여기자
두 명을 데리고 미국으로 돌아간다는 기사를 접하고 만감이 교차
했습니다. 같은 시각 한국 정부의 경찰이 일자리를 지키기 위해
농성하고 있는 600여 명의 쌍용자동차 노조원들에 대해 전투를
벌이고 있다는 소식이 동시에 전해졌기 때문입니다.

비록 휴가 중이시지만 인터넷 유튜브에 올라온 경찰 진압 동영
상을 보시기 바랍니다. 공장 지붕 위에 주저앉아 무저항 상태인
노조원을 서너 명의 경찰이 군홧발로 짓밟으며 진압봉을 높이 쳐

들고 내리치는 장면은 1980년 광주에서 공수특전대원들이 광주 시민을 살인 진압하던 바로 그 모습입니다. 뉴욕타임스 인터넷판에도 같은 사진이 실렸습니다. 경찰 특공대에 의해 토끼몰이 당하던 노동자 중 세 명은 10미터 옥상에서 떨어져 중상을 입기도 했습니다.

그들이 폭도입니까? 테러리스트입니까? 테러 진압 부대인 경찰 특공대가 왜 그곳에 투입되어야 합니까? 대통령께서 직접 지시한 것입니까? 그들은 단지 부당한 정리 해고에 반대하는 생계형 파업을 벌였을 뿐입니다. 정당한 요구를 무시하고 강제해산하려는 데 저항했을 뿐입니다. 경찰과 용역 깡패들이 폭력 진압을 시도하기 전에는 어떤 선제공격도 한 적이 없는 사람들입니다.

같은 시각 강희락 경찰청장은 "노사 간 의견 차이가 크지 않은 만큼 경찰이 도장2공장에까지 들어가는 일은 없길 바란다"라고 말했습니다. 의견 차이가 크지 않고 대화로 풀기 바란다면서 헬기로 특공대원을 투입해 유혈 진압 작전을 펼칩니까?

유튜브 동영상을 보시면 알게 되겠지만 어제 옥상 위에서 폭력 진압을 하는 경찰 특공대원들 바로 옆에서 회사 구사대가 대형 새총으로 볼트와 너트를 발사하며 공동으로 작전을 수행하고 있었습니다. 최루액을 뿌리던 헬기 안에 회사 측 직원도 동승했다는 목격담도 나오고 있습니다. 어떤 법적 권한도 없는 구사대가 기자들과 시민사회단체 회원들을 폭행하고 시설물을 강제 철거할 때도 경찰은 이를 방조하고 있었습니다. 같은 시각 정문 앞에서 창조한국당 유원일 의원이 회사 구사대에 의해 무차별 구타를 당할 때도 경찰은 구사대를 보호하며 폭력 사태를 방치했습니다. 저녁엔 무차별 연행에 항의하는 조승수 진보신당 의원을 경찰 버스로 연행하기도 했습니다.

평소 법질서를 강조해 온 대통령께 묻습니다. 대한민국의 공권력이 사설 폭력배들과 다름없는 구사대, 용역 깡패들과 합동 작전을 펼치는 법적 근거는 무엇입니까? 회사 측의 불법행위를 오히려 방조하고 회사에 의해 고용된 용역 직원인 양 공권력이 행사된다면 이제 노동자, 서민은 자신을 보호해 줄 경찰을 따로 만들어야 합니까?

지금 600여 명의 노동자들이 사실상 갇혀 있는 도장 공장에 수십 일째 물과 음식 공급이 중단되고 전기마저 끊어졌습니다. 감옥의 사형수에게도 이렇게는 하지 않습니다. 전쟁 포로들에게도 물과 음식은 제공됩니다. 그런데 국가인권위원회가 물과 음식 반입을 권고하고 경기 소방방재청장이 소화전 단수 조치를 고발하겠다고 해도 회사는 꿈쩍도 않습니다. 만일 단전 단수 조치가 청와대의 지시에 의한 일이 아니라면 공권력을 투입해서라도 물과 음식 그리고 약품을 반입해야 하는 것 아닙니까? 회사 측에서 막으면 경찰 헬기를 동원해서라도 음식을 공급해야 되지 않습니까? 공권력은 이럴 때 사용하라고 존재하는 것 아닙니까?

이명박 대통령께 정중히 묻고 싶습니다. 지금 정부의 정책 방향은 쌍용자동차를 살리는 것이 목표입니까 아니면 이른바 강성 노조를 굴복시켜 노동시장 유연화의 기세를 높이는 것이 목표입니까? 쌍용자동차를 살리는 것이 목표라면 이 파업이 이렇게 오래

갈 필요가 없으며 공권력이 투입될 이유도 없습니다. 애초 2646명을 정리 해고해야 회사를 살릴 수 있다는 회사 측 주장을 근거로 해서 보더라도 이미 그 수의 3분의 2는 희망 퇴직한 상태이며 나머지 3분의 1의 인원을 가지고 무급 순환직, 영업직 전환, 분사 조치 등을 노사는 협의하고 있었습니다. 무박 4일의 최근 협상에서 거리를 좀 더 좁히는 협상을 한 번 더 하자는 노조의 마지막 요청을 묵살하고 일방적으로 협상 파기를 선언한 것은 회사 측이었습니다. 그리고 그 배후에 청와대 경제수석과 지식경제부 그리고 노동부가 있다는 것은 잘 알려진 사실입니다.

쌍용자동차를 공중분해시키고 협력업체 직원 등 20여만 명의 일자리를 날려 보내는 한이 있더라도 강성 노조를 길들이고 정리 해고를 강제함으로써 노동시장 유연화 원칙을 공고히 하겠다는 정치적 의도 때문에 오늘의 쌍용자동차 사태가 발생한 것입니다. 경영상의 문제로 접근하지 않고 정치적 의도로 접근하는 것은 바로 정부 당국입니다. 실용 정부를 자처하면서 실용은 간 데 없고 오직 현 정부의 이데올로기를 강제하려는 데서 비극은 발생하고 있습니다. 오늘날 쌍용자동차 회사의 부실을 낳은 원인은 중국 상하이 자동차로의 인수를 결정한 정부의 정책 판단 오류와 경영진의 무능함인데도 묵묵히 땀 흘리며 일한 죄밖에 없는 노동자들에게만 일방적 희생을 강요하고 있는 것이 바로 사태 악화의 원인인 것입니다.

휴가 중인 이명박 대통령께

쌍용차 살인진압 반대와 평화적 해
진보신당 노회찬 대표단
평등·생태·평화·연대
진보신당
삼성화재
Happy Forever 삼성화재

성

MB가 책임져야 한다

이명박 대통령님,

대통령께서는 2008년 2월 25일 대통령으로 취임하면서 헌법 제69조에 따라 "나는 헌법을 준수하고 국가를 보위하며 조국의 평화적 통일과 국민의 자유와 복리의 증진 및 민족문화의 창달에 노력해 대통령으로서의 직책을 성실히 수행할 것을 국민 앞에 엄숙히 선서합니다"라고 약속한 바 있습니다. 대한민국 국민 중 물을 마실 자유를 합법적으로 제한당해도 좋은 사람이 존재합니까? 그렇지 않다면 생수 한 병 들고 쌍용자동차 정문으로 달려가 보십시오. 물을 건네주려는데 검은 옷 용역업체 직원들이 가로막습니다. 그들 뒤엔 진압복 차림의 경찰이 버티고 서있습니다.

국민의 자유와 복리 증진을 위해 노력하겠다는 선서를 지키겠다면 물과 음식물 그리고 의약품이 반입되도록 직접 지시하십시오. 국가 공권력이 일개 자본의 사설 폭력배 같은 역할을 하는 것을 당장 중지시키십시오. 경찰 병력을 쌍용자동차로부터 완전 철수시키십시오. 그리고 노사의 자율적인 교섭을 보장하십시오. 일방적인 정리 해고 통보가 없었다면 파업도 없었을 것입니다. 노사 간 의견 차이가 크지 않다고 하면서 하루 안에 해산 안하면 강제진압하겠다는 식의 억지를 그만두게 하십시오. 그리고 일자리를 보존하면서 쌍용자동차 회사를 살릴 중장기적 전략 수립에 정부 차원에서도 책임 있게 참여하십시오.

쌍용자동차 노조원들이 입고 있는 단체복의 등 뒤에는 "함께 살자"는 구호가 크게 새겨져 있습니다. "함께 살자"고 절규하는 사람들을 죄인으로 만드는 대통령이 되지 마십시오. 함께 살기 위한 방안은 다소 시간이 걸리더라도 평화적인 방식으로 타결되어야 한다는 원칙을 세워 가는 대통령이 되어 주십시오. 경찰이 다수 국민들의 사랑을 받고 공권력 행사가 정의롭다는 평가를 받을 수 있도록 하십시오. 무엇보다도 어렵고 힘든 사람들을 먼저 위하는 인도주의가 대통령의 이념임을 앞장서서 보여 주십시오.

휴가 중인 이명박 대통령께

어느 나라 전직 대통령은 억류된 자국민 두 명 구하러 평양까지 가는데

이 나라 대통령은 사실상 억류된 자국민 6백여 명에게

물 끊고 전기 끊고 헬기 띄워 최루액 분사하면서 휴가 중이랍니다.

일자리 지키겠다는 노동자가 무장 공비입니까? ……

클린턴은 미 여기자 두 명 구출해 함께 비행기 타고 LA로 향하고

MB는 헬기, 경찰 특공대 보내 살인 진압 개시하고 …… 유구무언입니다.

— 2009년 8월 4, 5일 노회찬 트위터

2009년 8월 4일 쌍용차 평택 공장 정문에서 열린 시국미사에서

노무현 대통령이
가다 멈춰 선 곳에서

2009년 6월 10일, 6·10 범국민대회 연설

존경하는 시민 여러분, 저는 먼저 어젯밤 폭우가 쏟아지는 한밤중에도 서울광장을 지키기 위해 애쓰신 민주당 의원단 여러분들께 진심으로 존경과 감사의 인사를 드리고 싶습니다. 그리고 온몸을 던져 삼보일배를 하면서 앞장서 서울광장을 수호하려고 했던 강기갑 대표와 일주일째 단식하며 경찰에 맞서다 구급차에 실려 갔다가 방금 이 자리에 참석한 이정희 의원을 비롯한 민주노동당 의원들께도 존경과 감사의 인사를 드립니다. 그리고 무엇보다도 어제오늘 이 서울광장을 가득 메우면서 이 자리를 지키신 시민 여러분들, 바로 여러분들이 서울광장을 지켰습니다. 여러분이 지금 이 나라의 민주주의를 수호하고 있습니다, 여러분.

정치 집회라고 해서 안 된다고 했습니다. 오늘 집회도 불법 집회라고 얘기하고 있습니다. 헌법 전문에 나와 있는 3·1운동,

4·19 혁명이 다시 벌어져도 서울광장만큼은 못 내놓겠다, 이것입니까. 전직 대통령이 정치 보복으로 죽었는데 정치 집회를 하는 게 당연하지, 그러면 체육대회를 해야 합니까, 여러분.

이명박 대통령에게 분명히 상기시켜 드리고 싶습니다. 1987년 박종철이 고문으로 숨지고, 이한열이 최루탄에 맞아 사망하면서 그때 흘린 피와 눈물로 6월 항쟁이 일어났습니다. 6월 항쟁이 없었으면 직선제도 없었습니다. 그 직선제가 없었으면 이명박 대통령의 당선도 없었을 것입니다. 동의하지 않을 수도 있지만, 이명박 대통령의 아버지는 바로 대한민국 민주주의이고, 어머니는 국민입니다. 그런데 대통령은 아버지에게 칼부림을 하고, 어머니에게 발길질을 하고 있습니다. 이런 패륜 정권을 용납할 수 있겠습니까, 여러분. 용납할 수 없습니다. 전직 대통령이 이명박 정권의 수사에 스스로 목숨을 내던진 지경인데 보름이 지나도록 사과 한마디 없는 대통령을 국민들이 납득할 수 있겠습니까? 사과하라, 내각 총사퇴해라, 국정 쇄신하라고 외치는 걸 듣는 척 만 척하고 있습니다. 이명박 대통령에겐 2009년 6월이 마지막이라고 생각합니다. 헌법에 보장된 대통령의 임기는 대통령직을 제대로 수행하는 사람에게만 보장된다는 사실을 깨달아야 합니다. 우리 국민은 독재자에게 한 번도 임기를 보장해 준 적이 없습니다. 대통령이 지난 1년 4개월간 보여 준 이명박식 사고를 바꾸지 않는다면 우리가, 우리 국민이 대통령을 바꿔야 합니다. 우리는 이명박 정권과 결별할 마음의 준비가 돼 있습니다.

오늘 6월 항쟁 22주년 기념식이 있었습니다. 국기에 대한 맹세가 흘러나오는데 죄송스럽게도 저는 국기 앞에 맹세할 수가 없었습니다. 국기에 대한 맹세에 자유롭고 정의로운 대한민국이라는 구절이 있습니다. 자유는 이미 미네르바의 구속으로 사라져 버렸습니다. 죄 없는 철거민을 죽이고도 범죄자로 내몬 용산 참사로 이 땅의 정의는 사라졌습니다. 정부의 실책으로 망해 가는 쌍용차에서 살인과도 같은 2600명의 정리 해고가 자행됨으로써 이 땅의 정의는 사라져 버렸습니다.

이제 제2의 6월 항쟁이 일어나야 합니다. 대통령이 생각을 바꾸지 않으면 국민이 대통령을 바꿔야 합니다. 1987년 이후 20년 동안 민주주의가 성장했지만, 그 민주주의는 정치 민주주의에 국한돼 있었습니다. 이제 정치 민주주의는 경제민주주의와 같이 가야 합니다. 새는 하나의 날개로 날 수 없고, 양날개로 날아야 하듯이 이제 민주주의 역시 정치적 민주주의와 경제적 민주주의라는 두 개의 날개로 날아야 합니다. 그렇지 않으면, 민주주의의 괴물, 민주주의가 만들어 낸 괴물 이명박 정부가 다시 나타날 수밖에 없습니다. 이명박 정부보다 더 심각한 괴물 정부가 나타날 수도 있습니다.

이명박 정부가 오늘날을 5공화국으로 다시 되돌리려 하고 있습니다. 그러나 그렇다고 해서 우리가 다시 1987년으로 돌아가서는 안 됩니다. 우리는 노무현 대통령이 가다가 멈춰 선 바로 그 자리에서부터 새로운 민주주의의 전진을 시작해야 합니다. …… 감사합니다.

우리의 친구 노회찬

언제까지
죄송해 하고만 있지는 않겠습니다

2010년 1월 9일 용산 참사 희생자 추도사

대한민국 시민으로 용산 남일당 건물 옥상에 올라갔다가 이명박 정권의 살인 진압으로 주검이 되어, 열사가 되어 땅으로 내려오신 고 이상림 님, 양회성 님, 한대성 님, 이성수 님, 윤용헌 님, 지난 355일을 영하 10도의 냉동고에 갇혀 지내신 님들을 이제 우리는 얼어붙은 땅에 묻기 위해 이 자리에 모였습니다.

그 차가웠던 겨울의 한복판에 우리를 떠나 일 년이 지난 이 차가운 겨울의 누리에서 다시 이렇게 마주하기까지 얼마나 고통스러우셨습니까. 옛말에 '이승을 떠난 한 많은 영혼은 구천을 떠돈다'는 말이 있습니다. 그러나 고인들의 영혼은 구천이 아니라 구십천, 아니 구백천을 떠돌아 다녔을 것입니다. 이 억울함, 이 원통함을 어디에 비유할 수 있단 말입니까.

지난여름 뜨거웠던 서울광장 앞에서 우리는 고인들을 생각하며 삼보일배를 했습니다. 미안하다는 대통령의 단 한마디 말을 기대하며 청와대로 향했던 유가족과 시민들의 삼보일배는 또다시 경찰의 방패에 가로막혔습니다. 삼보일배가 가로막힌 그 자리에 하늘에서 억수 같은 비가 내렸습니다. 유족도 울고, 시민도 울고, 하늘도 울고, 저도 울었습니다. 하늘에서 내린 장대비, 그것은 비가 아니었습니다. 사랑하는 가족의 고난을 보며 흘리신 다섯 분 고인의 통한의 눈물임을 우리는 잘 알고 있습니다.

인간의 힘으로 어쩔 수 없는 사고였다면 이렇게 억울하지는 않았을 것입니다. 사랑한다는 말 한마디만이라도 전하고 보내 드렸으면 이렇게 슬프지는 않았을 것입니다. 아니, 돌아가시는 날 따뜻한 국물이라도 드시게 하고 보내 드렸다면 이토록 원통하지는 않았을 것입니다. 삼가 고인들께 엎드려 사죄합니다. 지켜 드리지 못해 미안합니다. 지켜 드리지 못해 죄송합니다. 이 비정하고 단말마 같은 세상에서 고인들을 외롭게 투쟁하도록 내버려 두었던 우리 자신이 너무도 부끄럽고 서러울 뿐입니다.

하지만 언제까지 죄송해 하고만 있지는 않겠습니다. 고인들의 뒤에 남은 가족과 함께, 그리고 벗들과 함께 철거민 없는 세상을 만들기 위해 싸우겠습니다. 언젠가는 저 뻔뻔한 대통령이 고인들의 무덤 앞에서 참회의 눈물을 흘리도록 만들겠습니다. 용산의 진실을 규명하고 책임자를 처벌하며 다시는 이런 억울한 죽음이 없도록 법과 제도를 바꾸어 약자들이 힘을 갖는 세상을 만들 것입니다.

그때까지 고인들이시여, 오늘의 고통, 억울함, 서러움 모두 잊으시고 편히 하늘나라로 떠나소서. 먼 훗날 우리가 새 세상에서 만날 때에는 아름다운 세상 만들고 왔노라고 같이 웃을 수 있을 것입니다.

그리고 또 한 가지 테러를 진압하기 위해 테러 진압 부대에 배속되었다가 무모하기 짝이 없는 살인 진압 명령에 강제 동원되어 그 참사 과정에서 함께 운명하신 특공대원 고 김남훈 씨, 돌아가신 열사들과 마찬가지로 무허가 건물 옥탑방에서 기거하며 특공대원 생활을 하다 억울한 죽음을 당한 김남훈 씨를 만나시거들랑 위로해 주소서. 함께 손을 잡고 보듬어 주소서.

그리고 남은 가족들에게 힘을 주시고 저희들에게 용기를 주옵소서. 사람이 사람답게 사는 세상을 위해 저희들은 남은 혼을 불태우겠습니다. 삼가 고인들의 명복을 빕니다.

2010년 1월 9일 서울 용산구 남일당 앞, 용산 참사 희생자 노제에서

한글 국회

2012년 7월 19일, 기자회견 [+]

안녕하십니까, 통합진보당 노회찬 의원입니다.

지난 2일, 저는 국회 개원식 선서문의 절반 이상이 한자로 작성되어 있는 것에 대해 강창희 국회의장에게 서신을 보내 이에 대한 시정을 요청했습니다. 공공 기관 등의 공문서는 어문 규범에 맞춰 한글로 작성해야 하는 국어기본법 14조에 따라 선서문도 한글로 바꿔야 한다는 의견이었습니다. 이에 강창희 의장님이 저의 의견을 받아들여 지난 주 서기호 의원의 국회의원 선서부터 한글로 된 선서문을 읽게 되었습니다. 세종대왕께서 한글을 만든 지 600년이 넘는데 이제 국회에서 선서문이 겨우 한글화되었으니 만시지탄할 일이지만 다행스러운 일이라고 생각합니다.

오늘 저는 우리 국회가 제정한 국어기본법 제14조 "공공 기관 등의 공문서는 어문 규범에 맞춰 한글로 작성해야 한다"라는 규정에 따라서 국회기 및 국회의원 배지에 등에 들어가 있는 한문으로 되어 있는 나라 '국'자를 한글인 '국회'로 바꾸는 '국회기 및 국회 배지 등에 관한 규칙 개정안'을 제출하기에 이르렀습니다.

여기 판넬을 보십시오. 이미 입법부를 제외한 사법부와 행정부는 한글로 된 표기를 쓰고 있습니다. 그럼에도 민의의 전당이라는 국회는 여전히 나라 '국'자인지 '흑'자인지 모를 한자를 쓰고 있습니다. 저는 이 나라 '국'자를 우리 이자스민 의원이 읽고 쓸 수 있을지 의문입니다. 그리고 국회가 대변하고자 하는 것은 한문을 잘 이해하는 국민만 대변하는 것이 아니라 한글만 이해하는 국민도 대변하고자 함인데 이런 식으로 국민들이 다 알기 어려운 한자를 고집하는 이유가 무엇인지 의문입니다.

지금 국회 대정부 질의를 하고 있습니다만 의장석을 보면 한문으로 '議長'이라 쓰인 명패가 있습니다. 아마 그걸 제대로 읽을 수 있는 초등학생, 중학생이 얼마나 될지 의문을 가지지 않을 수 없습니다. 그리고 우리 300명의 국회의원 중에서 공문서에 자신의

+

노회찬 의원은 제19대 국회 개원일인 2012년 7월 2일, 국회의원 선서문의 절반가량이 한자로 돼 있음을 지적하며 시정을 요구했다. 이것이 받아들여져 7월 11일 통합진보당 서기호 국회의원이 본회의에서 헌정 사상 처음으로 한글로 된 선서문을 낭독했다. 이어 국회기와 국회 배지를 한글로 바꾸기 위해 7월 19일 기자회견과 함께 '국회기 및 국회 배지 등에 관한 규칙 개정안'을 제출했으며, 2014년부터 그가 2년 전 제시한 문양대로 제작된 한글 배지가 사용되기 시작했다. 그는 2004년 초선 의원으로 여의도에 입성하자마자 국회의원 배지가 한글화될 때까지 착용하지 않겠다고 선언한 바 있다.

이름을 한자로만 표기해 달라고 신청한 분이 20분이 계십니다. 그래서 그분들이 제출한 모든 법안에는 그분들의 이름이 한문으로만 표기하게 되어 있습니다. 대만에 계시는 분, 중국 본토에 계시는 분을 의식해서 그랬는지 모르겠지만 이것은 국어기본법의 기본 취지와 정신에도 어긋나는 일입니다. 저는 의원 선서문에 이어 국회의원 배지, 국회기, 그리고 국회의장 자동차에 있는 문양까지 한글로 바꾸는 노력을 시작할 것입니다. 더 나아가서 국회의원이 제출하는 모든 법률에 명기되는 발의자 성명도 한글로 바꾸는 노력을 해나갈 것입니다. …… 많은 국회의원 여러분의 동참을 요청 드립니다. 감사합니다.

국회의원 선서문이 이제 한글로 바뀌었기 때문에 내용을 몰라
(선서를) 못 지켰다는 변명은 통할 수 없다.

— 2012년 7월 11일 노회찬 트위터

모든 공문서는 한글로 작성한다는 국어기본법의 정신에 따라
국회의원 명패도 한글로 써야 한다. 집권당 당대표를 위시해서
한자 표기를 고집하는 분들은 선거구를 중국으로 옮기든가
명패를 한글로 바꾸든가 선택을 해야 한다.

— 2015년 10월 8일 노회찬 트위터

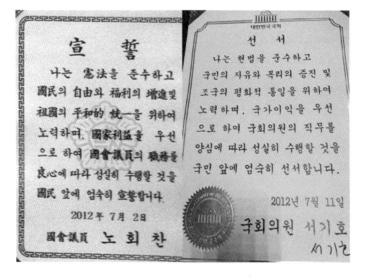

여성의 날을 축하합니다

2015년 3월 8일 여성의 날 축전 ✛

안녕하십니까? 노회찬입니다. 새봄과 함께 찾아온 3월 8일 세계 여성의 날을 진심으로 축하드립니다.

잘 아시다시피 세계 여성의 날은 1908년 3월 8일 미국의 방직 공장 여성 노동자들이 루트거스 광장에 모여 참정권을 요구한 것으로부터 비롯되었습니다. 이를 기려 1910년 클라라 체트킨에 의해 제안되고 1911년부터 기념일로 제정되면서 전 세계에 확산되었습

✛

노회찬 정의당 원내대표는 17대 국회의원이었던 2005년부터 세계 여성의 날이면 다양한 계층의 여성들에게 축하 편지와 장미꽃 한 송이를 전달하기 시작했다. 그의 꽃은 "성별 임금 격차", "여성 대표성", "여성의 정치 세력화" 등의 메시지와 함께 여성 국회의원에서부터 국회 출입 여기자들, 국회 청소 노동자들 등 다양한 여성들에게 전해졌다. 이는 14년간 이어져 2018년 여성의 날에도 그의 장미꽃은 '미투 운동'을 응원하는 메시지와 함께 여성들에게 전해졌다.

니다. 1975년 유엔에서 이날을 세계 여성의 날로 지정하면서 3월 8일은 여권신장과 성평등을 위한 국제적인 명절이 되고 있습니다.

해마다 맞이하는 3월 8일이지만 저는 세계 여성의 날을 맞이할 때마다 우리의 부끄러운 현실에 안타깝고 죄스런 마음을 감추기 어렵습니다. 오랫동안 지적받아 온 한국의 남녀 임금 격차만 하더라도 여전히 37.4퍼센트로 OECD 회원국 중 불명예스런 1위를 지키고 있습니다. 세계경제포럼이 발표하는 글로벌 젠더 격차 보고서에 따르면 한국의 성평등 수준은 세계 142개국 중 117위인 것으로 나타나고 있습니다. 그런 점에서 여성의 명절인 세계 여성의 날을 마냥 축하만 하기 어려운 우리의 부끄러운 현실이 무거운 책임감으로 다가옵니다.

3월 8일을 명절처럼 보내는 세계 각국의 관례대로 축하와 다짐과 반성의 마음을 담아 장미꽃 한 송이를 보냅니다. 다른 나라들처럼 3월 8일 무렵에는 꽃값이 세 배씩 오르길 바랍니다. 밸런타인데이는 알아도 세계 여성의 날은 들은 바 없다는 세태가 바뀌기 바랍니다. 성평등을 위해 열심히 일해 온 여성 단체들이 바라는 바대로 3월 8일이 국가 기념일로 조속히 지정되길 바랍니다. 그리하여 어버이날에 부모님의 은혜를 다시 한 번 생각하듯 적어도 이 날만큼은 우리 모두가 성평등을 통한 삶의 질 향상을 다시 생각하고 다짐하는 뜻깊은 날이 되기를 염원합니다. 새로운 각오와 다짐으로 세계 여성의 날을 진심으로 축하드립니다.

2015년 3월 8일 깊은 반성과 함께 노회찬 올림

우리는 직장 동료입니다

2016년 5월 30일, 국회 청소 노동자와의 오찬 간담회 인사말

여러분 만나 뵙게 돼서 정말 반갑습니다. 여러분들과 함께 식사하는 자리를 제 기억에는 17대 국회 때 현역 의원 중에 제가 제일 먼저 제안해서 아마 그때도 함께하셨던 분 계십니까? 한 분 계시네요. 그리고 제가 19대 때는 본청 귀빈 식당에 한 번 모셔야겠다, 그래서 귀빈 식당에서도 한 번 식사를 같이 했었습니다. 이런 행사는 저희가 사진 몇 장 찍으려고 형식적으로 하는 행사는 아닙니다. 저희 정의당 의원들은 여러분들과 같은 공간, 국회라는 같은 공간에서 함께 일하는 직장 동료들입니다. 비록 맡은 바 업무에는 차이가 있을지언정, 국민을 위해 한 공간에서 일하는 동료라는 의식을 저희는 늘 잊지 않으려고 합니다. 그런 점에서 20대 국회가 시작되는 바로 오늘 첫 행사로 여러분들과 함께 식사하는 행사를 가진 것은 늘 여러분들을 직장 동료로서, 우리나라 곳곳에서 힘들

게 일하고 있는, 여러분들과 같은 처지에 놓인 많은 분들이, 저희들과 똑같은 처지에 놓여 있고, 저희가 누구보다도 먼저 생각하고 대변해야 되는 분들이라는 사실을 잊지 않기 위해서 이 자리를 마련했습니다.

다소 어색하고, 다소 불편할지도 모릅니다. 그러나 그보다 중요한 것은 우리의 진심이라고 저는 생각합니다. 진심과 진심이 잘 통하기 바라고 저희가 늘 정신 똑바로 차리고 일 제대로 할 수 있도록 옆에서 같이 깨우쳐 주시기 바라고, 또 여러분들이 일하는 동안 겪는 여러 문제들에 대해서 저희들이 저희들 일로 생각하고 함께 노력하겠습니다. 그리고 지금 들리는 소문이 사실이 아니길 바라고, 여러분들이 원래 쓰던, 여러분들의 노조가 쓰던 공간이 잘 유지되기 바랍니다. 그렇게 되도록 또 저희들이 노력할 것이고요. 혹 일이 잘 안되면, 저희 사무실 같이 씁시다. 그냥 공동으로. 저희 정의당이 국회에 있는 한 여러분들이 외로워지는 일은 없을 것입니다. 제가 원내대표로서 약속드리겠습니다. 오늘 식사 맛있게 하시고, 종종 뵙겠습니다. 감사합니다.

부치지 못한 편지[+]

 삼성전자 등 반도체 사업장에서 백혈병 및 각종 질환에 걸린 노동자들에 대한 조정 합의가 이뤄졌습니다. 10년이 넘는 시간이었습니다. 그동안 이 사안을 사회적으로 공감시키고 그 해결을 앞장서서 이끌어 온 단체인 반올림과 수많은 분들께 감사의 말씀을 드립니다.

 또한 KTX 승무원들 역시 10여 년의 복직 투쟁을 마감하고 180여 명이 코레일 사원으로 입사하게 됐습니다. 입사 후 정규직으로 전환된다는 말만 믿고 일해 왔는데 자회사로 옮기라는 지시를 듣고 싸움을 시작한 지 12년 만입니다. 오랜 기간 투쟁해 온 KTX 승무원 노동자들에게 축하의 인사를 전합니다.

 두 사안 모두 앞으로 최종 합의 및 입사 등의 절차가 남아 있지만 잘 마무리되리라고 생각합니다. 누가 봐도 산재로 인정할 수밖에 없는 사안을 10여 년이나 끌게 만들고, 상시적으로 필요한 안전 업무를 외주화하겠다는 공기업의 태도가 12년 동안이나 용인된 것은 잘못된 것입니다. 이번 합의를 계기로 다시는 이런 일이 반복되지 않기를 바랍니다.

+

노회찬 정의당 원내대표는 2018년 7월 23일 오전 9시30분 국회에서 열릴 상무위원회의에서 삼성전자 반도체 백혈병 사태와 KTX 승무원들 관련 입장을 전할 계획이었지만 이를 읽지 못했다.

해바라기처럼

『신동아』 1994년 10월호 +

창밖으로 내다보이는 자그마한 화단에 해바라기 씨앗을 심은 것은 1991년 어느 봄날 청주에서였다. 지난 수개월 동안 벼르던 일을 해내서인지 꽃씨를 심은 그날은 물을 뿌린 흔적밖에 없는 화단을 내다보기 위해 몇 번이나 철창가로 다가갔는지 모른다. 물론 그 이후에 전혀 다른 이유에서 분주하게 철창 밖을 내다보아야 할 줄을 당시로선 알 수가 없었다.

안양에서 청주로 이사한 것은 그 전해 늦가을 가랑비가 간간히 내리던 흐린 날이었다. 경주 고속도로에서 빠져나와 청주시로 들어가는 도로는 주변의 울창한 가로수로 인해 지날 때마다 마음이 설레는 곳이지만 잿빛 이감복에 팔찌와 포승까지 걸친 채 호송 버스를 타고 '이사' 가는 그날은 그 유명한 가로수 길도 아무런 감동 없이 지나쳐 버렸다.

그러나 청주에 도착해 새로운 방을 배정받았을 때 방의 출입구 반대편으로 난 철창을 통해 밖을 내다보면서 조금씩 마음의 여유를 되찾기 시작했다. 철창 건너편으로 15척 옥담이 마주 보였고 그 사이의 300여 평 남짓한 빈터에는 관공서 마당에서 흔히 볼 수 있는 폭 2미터 가량의 밋밋한 화단이 조성되어 있었던 것이다.

'그래 봄이 오면 저 화단에 뭔가를 심어 보자.'

한 평 반 독방 생활을 하는 사람으로서는 다소 사치스런 생각이기도 했다. 사람의 행동도 사람이 쓰는 물건도 선택의 여지가 없기로는 매일반인 것이 그곳 실정이듯이 해바라기 씨앗은 화단에 심을 만한 것으로는 유일하게 구할 수 있는 것이었다. 원예반에 출역하는 일반수에게 해바라기 씨앗을 부탁하자 그는 "겨울철 간식으로는 그만"이라며 어른 얼굴만 한 해바라기를 흔쾌히 선사했다.

늘 규칙적이던 옥중 생활에 새로운 긴장이 추가된 것은 얼마 후 해바라기의 어린싹이 바깥세상으로 얼굴을 내민 후부터였다. 흐리거나 비가 오는 날과 공휴일이 아닌 경우에는 하루에 한 번씩 찌든 침구를 밖에 내다 말리는데 5분가량의 그 시간은 나에게 물도 주고 흙도 보듬는 원예 시간이기도 했다. 하루하루 자라는 어

✛

조직 담당 중앙위원으로, 기관지 『사회주의자』 편집위원으로 인천지역민주노동자연맹(인민노련) 활동을 주도하던 노회찬(당시 가명은 정명수)은 수배 7년 만인 1989년 12월 24일, 국가보안법상 이적 단체 가입 혐의로 구속되었다.

린싹을 보며 깊은 숲속에서 심호흡을 하는 여유를 맛보기도 했다. 그러나 그곳은 어린 해바라기가 자신을 유지하고 성장시키기엔 너무나 험난한 환경이었다.

비록 화단의 모양새는 갖추었지만 높은 사람들은 거의 지나다니지 않는 후미진 곳인지라 변변한 나무나 화초가 심겨 있지 않았다. 무심코 지나는 사람들에게 화단임을 인식시키고 행동을 조심스럽게 유도할 아무런 표식도 없는 화단이었던 것이다. 바로 그곳에서 다른 잡초들과 함께 해바라기는 자라고 있었고 그를 돌보는 사람은 7, 8미터 떨어진 철창 속에서 하루 한 번 5분가량만 밖으로 나올 수 있는 처지였다.

드디어 예상했던 일이 발생했다. 아침에 일어나 습관처럼 밖을 내다보니 한 뼘도 안 되는 어린싹이 짓밟힌 형상으로 누워 있었다. 늘 걱정했던 대로 밤사이에 망루 근무 교대를 위해 지나가던 교도대원의 군화에 밟힌 것이다. 청개구리는 개울가에 어미를 묻고 비만 오면 울었다지만 불안한 곳에 해바라기를 심은 나는 책을 보고 있다가도 바깥에서 인기척이 들리면 철창가로 달려가야 했다.

몇 번을 밟히고 다시 일어선 해바라기는 확실히 성장이 더뎠다. 원예반의 해바라기가 어른 키만큼 컸는데도 내 해바라기는 갓 걷기 시작한 어린애 키에 불과했다. 꽃봉오리라도 맺거나 키가 완연히 커서 누구나 해바라기임을 알 수 있을 때까지 해바라기와 나의 긴장은 지속될 수밖에 없었다.

그러던 중 제법 큰 사고가 발생했다. 사람 지나가는 소리가 들려 또 경계를 해야겠군 하며 부리나케 철창가로 가보니 이미 해바라기는 뿌리째 뽑혀 다른 잡초와 함께 온몸을 드러내 놓고 있었다. 교도소 환경 미화 지시에 따라 나온 출역수 십여 명이 잡초를 뽑고 있는 중이었다. 고함을 쳐서 제자리에 묻게 했지만 뿌리를 드러낸 해바라기에 물을 주기 위해선 다음날까지 기다려야 했다.

일이 이쯤 되자 그동안 안쓰럽게 나의 원예 활동을 지켜봤던 '정치범' 후배들이 만류하기 시작했다. 기대가 크면 실망도 큰 법인데 악조건에서 무리할 필요가 있느냐는 것이었다. 이미 정상적으로 성장하지 못하고 있거니와 저대로라면 꽃봉오리를 맺기도 힘들 것이니 이쯤에서 포기하라는 것이었다.

9월로 접어들어 원예반의 해바라기가 2미터가 넘는 키에 한 뼘이 넘는 얼굴을 완전히 숙일 무렵에야 내 해바라기는 70여 센티미터 키에 꽃봉오리를 달았다. 그리고 서늘해지는 날씨 때문에 꽃봉오리를 터뜨리지 못할 것이라는 다수의 예상을 뒤엎고 갓난애 손바닥만 한 꽃을 피웠다. 본래의 줄기가 한 번 꺾인 탓에 옆으로 난 줄기에 꽃을 피운 해바라기는 영락없는 꼬부랑 할머니의 모습이었지만, 늦가을 찬 기운 속에서 후대를 위한 씨앗을 성숙시켜 갔다. 그리고 이듬해 봄, 보통 해바라기의 절반도 안 되는 크기의 씨앗을 화단에 다시 심었다.

그해 4월 청주에서 만기 출소한 나는 화단에 심은 해바라기의 뒷소식을 듣지 못했다. 대신 몇 개의 씨앗을 밖으로 가지고 나와 친지와 동료들에게 나누어 주고 시골집 앞마당에도 심었다. 시골집에 심은 꼬부랑 할머니의 2세는 원예반의 해바라기보다 더 큰 키를 자랑하며 수많은 후세를 만들었다. 지난 추석에 가보니 굵게

영근 제5대 씨앗이 내년 봄을 기다리고 있었다.

해바라기를 키우며 알게 된 것 중의 하나는 해바라기 꽃이 시시각각 변하는 태양의 위치를 따라 움직이는 것은 아니라는 사실이다. 환한 대낮의 해바라기는 움직이지 않는다. 그러나 어두워진 후에 해바라기 얼굴은 빛이 마지막으로 사라지던 곳, 서쪽을 향하고 있었다. 다음날 오전이면 해는 이미 중천을 향하고 있어도 해바라기의 얼굴은 그날 새벽어둠을 뚫고 밝은 빛이 처음 새어 나오던 곳을 향하고 있는 것을 볼 수 있었다. 해바라기가 보여 준 것은 권세를 쫓는 기회주의가 아니라 광명 천지를 향한 희구였던 것이다.

해바라기 정치인이라는 표현은 매우 부적합하다는 생각도 들었다. 물론 그런 정치인들을 비유할 만한 꽃이 이 세상에는 없을 테지만. 아직 국어사전에 오르지 못한 뜻풀이지만, 따뜻한 봄날 좁고 어두운 감방을 나와 양지바른 곳에서 볕을 쬐는 일을 '해바라기'라고 부른다. 얼마나 좋은 표현인가. 무릇 정치가 이래야 할 것이다. 인천 북구청 세금 횡령 사건, 지존파 사건, 성수대교 붕괴 사건 등은 모두 이 사회의 어둠의 산물이며 따뜻한 봄날의 햇볕 같은 정치가 부재한 탓에 발생한 것이 아닌가.

진보 정당 운동은 권세를 쫓아 어둠과 타협하는 것을 거부하고 광명 천지를 향해 나아가는 운동이다. 어둠을 몰아내는 해바라기 정치를 추구하는 운동인 것이다. 그래서인지 진보 정당 운동의 오늘은 청주교도소 화단의 해바라기처럼 불우한 조건에 놓여 있다. 국가보안법이 어린싹을 짓밟고 지나가는가 하면 권세를 앞세운 양대 보수정당의 가지 꺾기가 그치지 않는다. 몇 년마다 한 번씩 있는 '금권 선거' 결과는 진보 정당을 뿌리째 뽑아 놓기도 했다. 다소 개선되었다지만 정치적 기득권층 위주로 되어 있는 정치관계법은 이 어린싹이 자랄 토양을 척박하게 하고 있다.

그러나 해바라기를 길러 본 사람이라면 알 것이다. 해바라기는 어떤 땅에서도 잘 자란다. 그 자태는 숱한 잡종 교배 끝에 만들어 낸 화려한 꽃에 비할 수 없지만 그 열매는 어떤 화초보다도 크고 풍성하다. 무엇보다도 일관되게 광명 천지를 향하는 해바라기의 자세는 많은 이들의 희망이 되고 있다.

1994년 여름 아내와 함께

해바라기처럼

대학 서열과 학력 차별이 없고 누구나 원하는 만큼 교육받을 수 있는 나라,

비정규직이라는 이유로 차별받지 않는 나라, 인터넷 접속이

국민의 기본권으로 보장되는 나라, 그리고 무엇보다도

모든 시민이 악기 하나쯤은 연주할 수 있는 나라.

토머스 모어는 고작 하루 노동시간을 여섯 시간으로 줄여 놓고

그 섬을 존재하지 않는 섬, 유토피아라 불렀지만 나는 그보다

더 거창한 꿈을 꾸면서 꿈이라 여기지 않고 있습니다.

이 꿈을 놓지 못하는 것은 현실 가능성이 크기 때문도 아니고,

그 꿈이 너무 아름다워 포기하기가 어렵기 때문도 아닙니다.

그 꿈 이외에는 대안이 없기 때문입니다.

우리는 행복해지는 것을 두려워하지 말아야 합니다.

이미 그 꿈은 나의 곁에, 우리 모두의 곁에 와 있습니다.

그 아름다운 미래의 선택은 우리의 몫입니다. …… 모자란 것은

서로의 지혜로 채워 넣고, 힘이 부족하면 서로 어깨를 걸어야만 합니다.

그렇게 지혜와 의지를 나누어야 합니다.

―『노회찬의 약속』(2010, 레디앙), 서문 중에서

함께 꿈을 일구며

나에게 인간 노회찬은 함께 일하는 후배들을 동료로 대하고 그들이 겪는 어려움을 말없이 함께 나누는 선배이자 동지였다. 정치인 노회찬은 내게 꿈을 주었다. 노회찬 같은 정치인이 국가를 운영하고 민중을 살피며 좋은 나라를 만들어 가는 꿈을. 그 모습을 정말로 보고 싶었다. 노회찬처럼 진심으로 존경하고 믿음을 줄 정치인은 찾아보기 어려웠다. 그가 그립다.
— 김윤철

나에게 노회찬은 가장 중요한 때, 가장 중요한 역할을 한 정치인입니다.
— 김종철

언제나 자리를 지키면서 우리 팀을 이끌어 줄 대장이라 생각했다. 그를 대장으로만 생각하고 전장으로 밀어냈으니, 단기필마로 나가 싸우다가 죽게 했다. 은퇴하시면 종종 찾아뵙고 세상사 지혜를 배우고 이야기를 듣는 어른으로 편하게 모셔야지 혼자 계획했다. 이제 그와 함께 나이 들어갈 수 없음이 너무 서럽다. 아직도 그의 죽음이 농담 같다.
— 박갑주

61년 동안 122년을 살듯이 치열하고 엄격하게 살았던 노회찬은 호기심 많은 만년 소년이었다. 그는 연애를 하듯이 여성들에게 편지와 장미꽃을 보냈던 '여성의 날'을 두근두근 기다리던 낭만 쩌는 소년이었다.
— 박규님

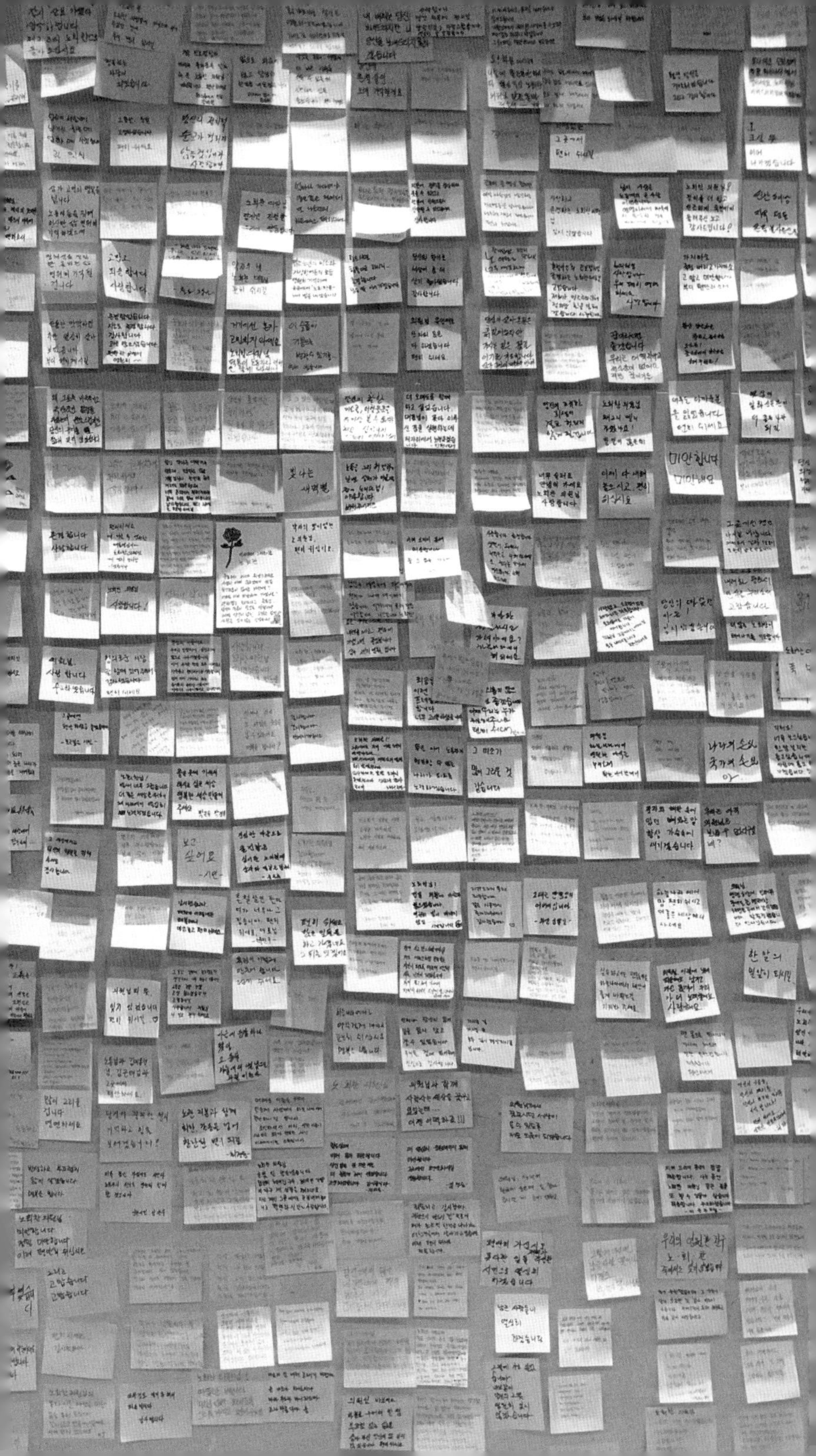

빛나는 새벽별
미안합니다 미안해요
보고 싶어요
한 알의 밀알이 되리

선배였고 동지였고 스승이셨습니다. 함께 도모했던 진보 정치의 그날, 가슴에 고이 간직하겠습니다. ─박창규

노회찬! 당신을 보내고 처음 맞는 연말입니다. 눈에는 보이지 않지만 머릿속에 아른거립니다. 눈에는 보이지 않지만 나의 가슴속에서는 당신의 웃음소리가 요동칩니다. 눈에는 보이지 않지만 허공에 당신의 또렷한 외침소리가 온 세상에 함박눈처럼 울려 퍼집니다. ─박치웅

나는 2002년 권영길 대통령 후보 선본 기획위원장, 노회찬 의원은 선대본부장. 실린더 모두 열어! 전속력 앞으로! 노회찬 선장의 명령에 우리는 두려움 없이 항행했다. 그립고 또 그립다, 나의 선장 노회찬.
─신장식

가까이 있었으나 가깝지 않았고, 쫓아가고 싶었으나 쫓아갈 수 없었고, 넘어서고 싶었으나 넘어설 수 없는 사람. 그의 흔적이 곳곳에 남아 있으나 나의 그는 더 이상 어디에도 없다.
─윤영상

당신과의 토론은 치열했지만 술자리는 유쾌했습니다. 조직이 처한 현실과 진보 정치의 미래가 늘 먼저였던 사람, 노회찬 님, 당신은 큰 형님이었고 스승이었고 친구였습니다. "감사합니다", "사랑합니다"는 말 한마디 제대로 건네지 못한 제 자신이 밉습니다. 너무 일찍 떠나 버린 당신이 야속합니다. 이 책을 통해 당신과의 추억, 당신의 진심을 오래오래 간직하겠습니다.
─이종석

회찬 형은 영창악기 서병철 동지의 조촐한 추모 행사에 잊지 않고 인천까지 매년 찾으셨습니다. 의원이 되고 난 뒤에도 달라진 건 없으셨습니다. 거절당할까 봐 지레 연락을 안 해도 꼬박꼬박 찾아오셨지요. 당연하지만 흔치 않은 일이었습니다. 노회찬은 그런 사람이었습니다.
─임영탁

진보보다 예술을, 예술보다 인간의 아름다움을, 인간보다 가난한 사람들의 고단한 삶을 더 사랑했던 사람.
─조승수

언젠가 한 정치학자가 물었다. 다른 리더들과 그의 차이점이 뭐냐고. 나는 말했다. 노회찬의 가슴은 늘 진보 정당을 품고 있다고. 그래서였을까. 쉽지만은 않았던, 그와 함께해 온 20여 년의 시간을 즐겁게 버틸 수 있었다. 가슴에 당을 품은 진보 정치의 지도자를 또다시 만날 수 있을까?
─조현연

마지막으로, '노회찬의 유산'을 지키는 데 함께해 주시길 부탁드립니다. 현재 국회에는 노회찬 전 대표가 발의한 43개의 법안이 계류 중입니다. 이중에는 무분별한 정리 해고를 금지하는 근로 기준법 개정안이나 고위 공직자 비리 수사처 설치법, 고교까지 무상교육과 무상 급식을 실시하는 초·중등교육법 개정안처럼 정의를 실현하고 약자를 대변하고자 했던 고인의 삶이 담긴 법이 적지 않습니다. 노회찬의 유산이 정의당만의 유산이 아니라, 우리 국회 전체의 유산이 될 수 있도록 법안 처리에 협조를 호소합니다. …… 이제 정의당의 이념은 6411번 버스를 타는 투명 인간입니다. 이제 정의당의 좌표는 그들의 냄새를 맡을 수 있고 손을 잡을 수 있는 곳이 될 것입니다. …… 권력도 돈도 없는 평범한 시민들이 정치의 주역이 돼야 한다는 노회찬의 큰 뜻은 우리 헌법의 약속과 민주주의의 오랜 이상이며 정의당과 진보 정치를 집권의 길로 이끌 길잡이입니다. 그길로 뚜벅뚜벅 전진할 것입니다. 감사합니다.
— 2018년 10월 1일, 이정미 비교섭단체 대표 연설

ⓒ 김홍구

노회찬이 걸어온 길

- 1956년 8월 31일 부산 출생
- 1973년 경기고등학교 입학. 10월 유신 반독재 운동
- 1979~83년 고려대학교 정치외교학과 재학
- 1983년 전기용접기능사 2급 자격 취득, 서울·부천·인천에서 용접공으로 일하며 노동운동 시작
- 1987년 인천지역민주노동자연맹(인민노련) 창립
- 1989년 12월 24일 국가보안법상 이적 단체 가입 혐의로 체포
- 1992년 4월 1일 출소.
- 1992년 제14대 대통령 선거에서 백기완 후보 선거대책본부 조직위원장 활동
- 1993~1998년 진보정당추진위원회, 진보정치연합 대표
- 1993~2003년 『매일노동뉴스』 발행인
- 1997~1998년 국민승리21 정책기획위원장
- 2000~2002년 민주노동당 부대표
- 2002년 민주노동당 사무총장, 선거대책본부장
- 2004년 제17대 국회의원 선거 당선(민주노동당 비례대표). 제17대 국회 법제사법위원회 의원, 정치개혁특별위원회 위원, 예결산특별위원회 위원으로 활동
- 2005년 민주노동당 삼성 불법 정치 자금 및 안기부 불법 도청 특별대책위원회 위원장
- 2005년 8월 18일 안기부 엑스파일에서 삼성의 뇌물을 받은 것으로 언급된 전·현직 검사 7명의 실명 공개
- 2006년 조선왕조실록 환수 추진위원

- 2006~2007년 민주노동당 민생특별위원회 위원장
- 2007년 7, 8월 민주노동당 대선 후보 경선 출마, 낙선
- 2007년 제17대 대통령선거 민주노동당 선거대책위원장
- 2008년 3월 7일 민주노동당 탈당.
- 2008년 3월 16일 진보신당연대회의(약칭 진보신당) 창당 및 공동 대표
- 2008년 4월 9일 제18대 국회의원 선거에서 노원 병에 출마, 낙선
- 2009년 2월 9일 서울중앙지법, 삼성 엑스파일 사건 1심 선고 공판에서 징역 6개월, 자격 정지 1년 집행유예 2년 선고
- 2009년 3월 29일 진보신당 대표로 선출
- 2009년 12월 4일 서울중앙지법 형사항소 8부 2심 선거 공판에서 '통신비밀보호법 위반 혐의' 무죄 판결
- 2010년 1월 31일 진보신당 서울시당 후보 선출 대회에서 서울시장 후보로 선출
- 2010년 6월 2일 지방선거에 진보신당 서울시장 후보로 출마, 낙선
- 2010년 10월 15일 진보신당 대표 퇴임
- 2011년 4월 진보신당 '새로운진보정당건설추진위원회' 위원장
- 2011년 7월 13일~8월 11일 한진중공업 정리 해고 철회 단식 농성
- 2011년 9월 4일 진보신당 제3차 임시 당대회, 새로운 통합진보정당 건설을 위한 통합안 부결
- 2011년 9월 23일 진보신당 탈당
- 2011년 10월 박원순 서울시장 후보 선거대책위원회 공동위원장
- 2011년 10월 새진보통합연대 상임 대표
- 2011년 12월 11일 통합진보당 창당, 통합진보당 대변인
- 2012년 4월 11일 제19대 국회의원 선거에서 통합진보당 후보로 노원 병 출마, 당선
- 2012년 5월 2일 통합진보당 비례대표 경선 진상조사위원회, '비례대표 경선 총체적 부실' 발표
- 2012년 5월 12일 통합진보당 중앙위원회 폭력 사태 발생
- 2012년 8월 7일 통합진보당 내 '진보적 정권교체와 대중적 진보정당을 위한 혁신추진모임'(약칭 진보정치혁신모임) 결성
- 2012년 9월 13일 통합진보당 탈당
- 2012년 9월 16일 진보정치혁신모임, '새진보정당추진회의' 결성. 공동대표로 선출
- 2012년 10월 21일 진보정의당 출범, 공동대표로 선출
- 2013년 2월 14일 삼성 엑스파일 사건 관련, 대법원에서 통신비밀보호법 위반으로 징역 4월에 집행유예 1년, 자격정지 1년형 선고. 국회의원직 상실

노회찬, 함께 꾸는 꿈

- 2013년 4월 24일 노원 병 국회의원 보궐선거에서 진보정의당 후보로 김지선 후보 출마, 낙선
- 2013년 7월 21일 진보정의당 공동대표 퇴임
- 2014년 2월 14일 자격정지 해제
- 2014년 7·30 동작을 국회의원 보궐선거에 정의당 후보로 출마, 낙선
- 2015년 7월 정의당 당대표 선거에 출마, 낙선.
- 2016년 2월 3일 제20대 국회의원 선거 정의당 공동선대위원장
- 2016년 4월 13일 제20대 국회의원 선거에서 경남 창원 성산에 출마, 3선에 성공
- 2016년 5월 4일 정의당 원내대표(1기)
- 2017년 5월 30일 정의당 원내대표(2기)
- 2018년 4월 2일 민주평화당과 정의당 공동으로 구성한 국회 교섭단체 '평화와 정의의 의원 모임' 원내 대표
- 2018년 6월 21일 정의당 원내대표(3기)
- 2018년 7월 23일 별세
- 2018년 12월 10일 대한민국 인권상(국민훈장 무궁화장) 수상

미주

1. 노회찬, 2018, 『우리가 꿈꾸는 나라』, 창비, 143쪽.
2. 신영복, 2016, 『처음처럼』, 돌베개, 21쪽.
3. 2013년 7월 21일 진보정의당 대표직을 마치며 드리는 고별사.
4. 정찬대, "한국정당실록 60년: 진보신당 노회찬 대표 인터뷰 전문①", 『폴리뉴스』 (2009/05/04).
5. 〈퍼슨웹〉(2003/01/01), https://personweb.com/2003/01/01/노회찬-민주노동당-사무총장/
6. 정운영, 2004, 『노회찬, 정운영이 만난 우리 시대 진보의 파수꾼』, 랜덤하우스중앙, 78~79쪽.
7. "진보 정당의 위기와 정체성 찾기: 한국형 사회민주주의"(2013년 1월 25일, 진보정의 연구소 제2차 집담회 발표문).
8. 노회찬·구영식, 2014, 『대한민국 진보 어디로 가는가?』, 비아북, 109쪽.
9. 〈MBC 뉴스〉(2004/04/16).
10. 노회찬·구영식, 2014, 『대한민국 진보 어디로 가는가?』, 비아북, 142~143쪽.
11. 노회찬, 2010, 『진보의 재탄생』, 꾸리에, 7쪽.
12. 노회찬, 2012, 『노회찬과 삼성 엑스파일』, 이매진, 35쪽.
13. 노회찬, 2012, 『노회찬과 삼성 엑스파일』, 이매진, 15쪽.
14. 2005년 12월 14일 검찰의 수사 결과 발표에 대한 기자회견문.
15. 2017년 3월 5일 청년 정당 '우리미래' 창당 대회 축사.
16. 2014년 5월 14일 노회찬 트위터
17. 『한겨레』(2017/01/30).